インプレスR&D ［NextPublishing］
E-Book / Print Book

東日本大震災 陸上自衛官としての 138日間の記録

西郷 欣哉

断片的にしか報道されることのない
震災時の自衛隊の活動。
いま当事者が
そのすべてを語る。

震災
ドキュメント
series

impress
R&D
An impress
Group Company

JN208556

はじめに

　平成28年、4月14日、21時26分、本書を記述している最中に、現在居住している熊本県上益城郡嘉島町の自宅において、熊本地震に遭遇した。また、勤務先は、地震により最も被害の大きかった益城町に所在する。東日本大震災と熊本地震の2つの災害に遭遇した私は、宿命を感じつつ本書を仕上げた。

　本書は、東日本大震災当時、陸上自衛官として139日間、災害派遣任務に従事した私の経験を時系列にまとめたものである。ただし、内容は、単に自衛隊の行動を記しただけではない。使命感に溢れる行政機関の方々、自らも被災しながら災害復旧に携わる民間企業の方々、親身なボランティアの方々の行動を可能な限り克明に記述するとともに、被災された方々の行動・心情・証言を織り交ぜ、災害の状況を、読者の方々にあらゆる方向から感じていただくように努めた。

　また、自衛隊の行動においては、私が震災当時、普通科連隊第3科長という作戦の実務責任者であったこともあり、「なぜ、自衛隊があのように行動したのか」という根拠までを記述し、行政機関の方、会社経営の方の今後の防災・減災対策の参考になるよう工夫した。

　災害に遭遇された方々が口にすることは、「私が、このような災害に遭うとは思わなかった」である。決して、私は、その方々が特別だとは思わない。私を含め、皆がそうである。平穏な生活の中、突然の自然の猛威により、災害に遭い、その脅威を初めて知るのである。

　私は、読者の方に、本書により「災害とは何か」を体感していただくとともに、明日起こるかもしれない災害対処の糧にしていただくことを希望するものである。

2016年11月

西郷 欣哉

目次

第1章　時が経ても

時間の経過

　1年、3年、5年経ても東日本大震災の記憶が鮮明に思い出される。薄れるどころか、益々鮮明になる。3月11日が近づくと頭痛がして、吐き気が襲う。「時間が薬」と言われるが、全く効き目がない。波で流された街や家、瓦礫の中からの子供の御遺体、不安と興奮が入り混じった被災地へ向かう道、すべてが昨日のようである。

　それらを忘れたいという思いとは裏腹に、記憶が蘇ってくる。この思いは、あの日を体験した人々の共通のものだろうか。

想定内という思い上がり

　人間は、自然の手のひらの上で生きている。

　東日本大震災後、「災害での想定外を作らない」という言葉が科学者や防災アドバイザーからよく語られる。決して、その努力を否定するつもりはないが、自分の20年間の自衛官生活の中、災害に遭遇するたびに、自然の常識と人間の常識が異なることを感じる。

　人間の浅はかな知恵は、大きな自然の常識を覆すことはできない。誰が竜巻で、誰が火山で災害が起きると思うであろうか。

　国では、首都直下地震、南海トラフ地震、東海地震の対処が計画され、準備されている。ただし、自然が動き出したならば、人間は、その場で逃げることしかできない。人間は、今一度、自分の小ささを思い返し、古代人のように自然に対して畏敬の念を持たなければならないと思う。

なぜ、今、筆を執ったのか

　私は、宮崎県都城市の高等学校を卒業後、親の反対を押し切り防衛大学校へ入校した。今思うと、充実した学生生活であった。当時は、湾岸戦争、雲仙普賢岳火砕流災害派遣、ペルシャ湾への掃海艇派遣、カンボジアへの平和維持活動参加で、自衛隊の変革時期でもあった。

　防衛大学校卒業後、宮崎県（第43普通科連隊）、福岡県（陸上自衛隊　幹部候補生学校）、山梨県（部隊訓練評価隊）、埼玉県（陸上自衛隊　研究本部）、北海道（第25普通科連隊）、静岡県（陸上自衛隊　富士学校）、そして、自衛官生活最後の勤務地は、山形県（第20普通科連隊）であった。

　東北、山形県は、希望したものであった。九州の人間にとっては遠い地域、その四季を見たかったからである。そして、希望する勤務地において、東日本大震災に遭遇した。

そして、一人の民間人となり、自衛官としての枠がなくなった今、何が起きたのかを後世に伝えるために筆を執った。

私の立場

第20普通科連隊は、山形県東根市の神町駐屯地に立地している。神町駐屯地には、第6師団司令部、第20普通科連隊、第6後方支援連隊、第6施設大隊、第6通信大隊、第6化学防護隊、第6音楽隊が駐屯し、近くの山形空港には、小型の偵察用ヘリコプターと輸送用の中型ヘリコプターを有している第6飛行隊が駐屯している。いわば、宮城県、福島県、山形県の南東北3県を統括する陸上自衛隊の中心地である。

震災当時、私は、第20普通科連隊の第3科長として勤務していた。普通科連隊の第3科長と言えば、約900名の隊員組織にあって、連隊長、副連隊長に次いで、第3番目の地位にあり、教育・訓練、防衛・警備（オペレーション）の統括責任者である。

災害派遣の時は、部隊運用の実務を司る責任のある役職である。状況によっては、普通科連隊第3科長は、航空部隊、重機を保有する施設科部隊をコントロールする。また、派遣地域の行政調整も行う。

私の記述では、津波による被災状況だけではなく、自衛隊の一部のオペレーションにおいて何が基礎となり、何が起こり、何をしていたかも、可能な限り主観に偏らず、飾らず、正直に記していく。それらが、今後、起こるかもしれない災害への備えの糧になるからだと強く思うからである。

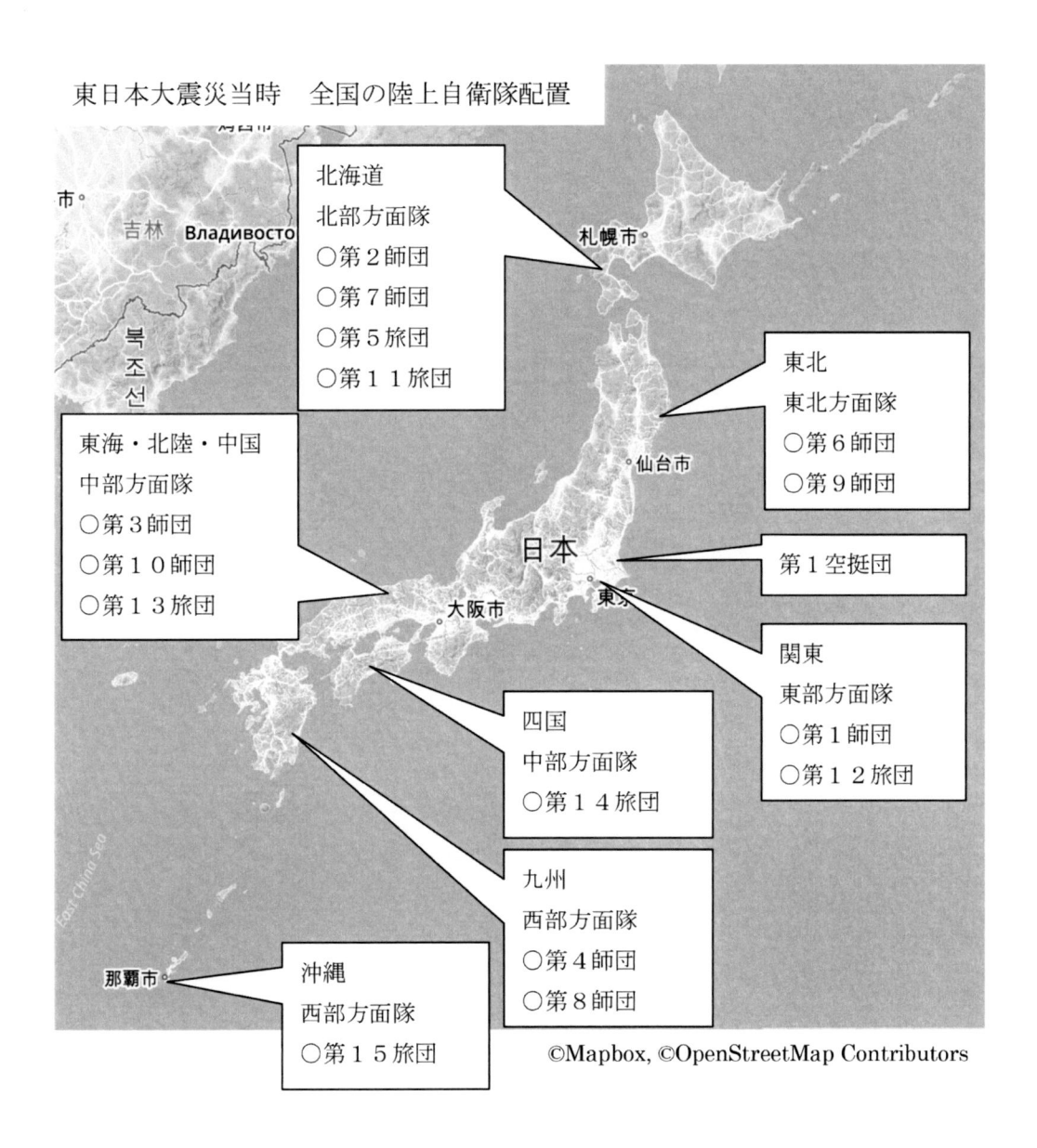

東日本大震災当時　全国の陸上自衛隊配置

北海道
北部方面隊
○第２師団
○第７師団
○第５旅団
○第１１旅団

東北
東北方面隊
○第６師団
○第９師団

東海・北陸・中国
中部方面隊
○第３師団
○第１０師団
○第１３旅団

第１空挺団

関東
東部方面隊
○第１師団
○第１２旅団

四国
中部方面隊
○第１４旅団

九州
西部方面隊
○第４師団
○第８師団

沖縄
西部方面隊
○第１５旅団

©Mapbox, ©OpenStreetMap Contributors

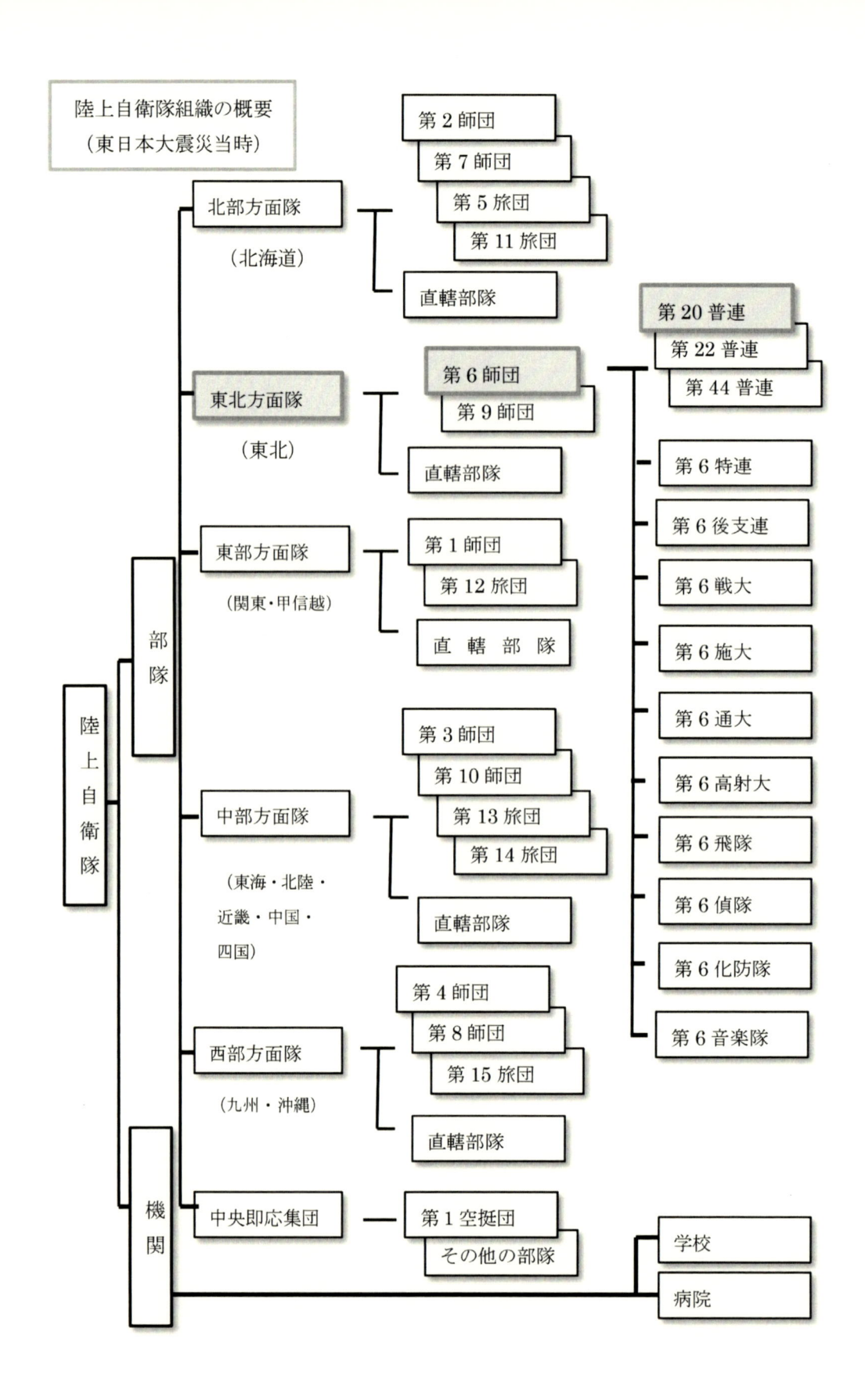

陸上自衛隊組織の概要
（東日本大震災当時）

陸上自衛隊

部隊
- 北部方面隊（北海道）
  - 第2師団
  - 第7師団
  - 第5旅団
  - 第11旅団
  - 直轄部隊
- 東北方面隊（東北）
  - 第6師団
    - 第20普連
    - 第22普連
    - 第44普連
    - 第6特連
    - 第6後支連
    - 第6戦大
    - 第6施大
    - 第6通大
    - 第6高射大
    - 第6飛隊
    - 第6偵隊
    - 第6化防隊
    - 第6音楽隊
  - 第9師団
  - 直轄部隊
- 東部方面隊（関東・甲信越）
  - 第1師団
  - 第12旅団
  - 直轄部隊
- 中部方面隊（東海・北陸・近畿・中国・四国）
  - 第3師団
  - 第10師団
  - 第13旅団
  - 第14旅団
  - 直轄部隊
- 西部方面隊（九州・沖縄）
  - 第4師団
  - 第8師団
  - 第15旅団
  - 直轄部隊
- 中央即応集団
  - 第1空挺団
  - その他の部隊

機関
- 学校
- 病院

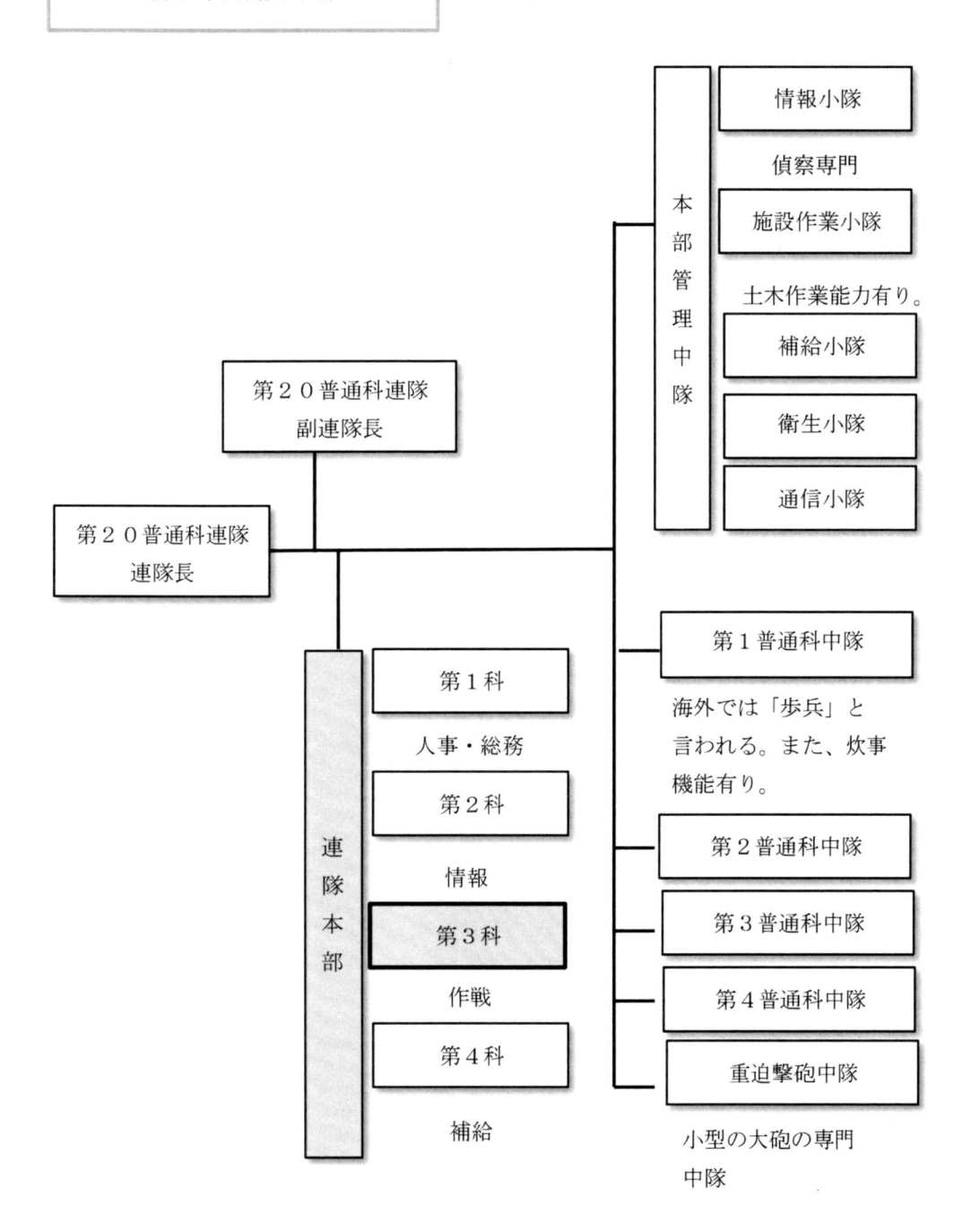

第20普通科連隊編成
（東日本大震災当時）

本部管理中隊
- 情報小隊
  偵察専門
- 施設作業小隊
  土木作業能力有り。
- 補給小隊
- 衛生小隊
- 通信小隊

第20普通科連隊
副連隊長

第20普通科連隊
連隊長

連隊本部
- 第1科
  人事・総務
- 第2科
  情報
- 第3科
  作戦
- 第4科
  補給

- 第1普通科中隊
  海外では「歩兵」と言われる。また、炊事機能有り。
- 第2普通科中隊
- 第3普通科中隊
- 第4普通科中隊
- 重迫撃砲中隊
  小型の大砲の専門中隊

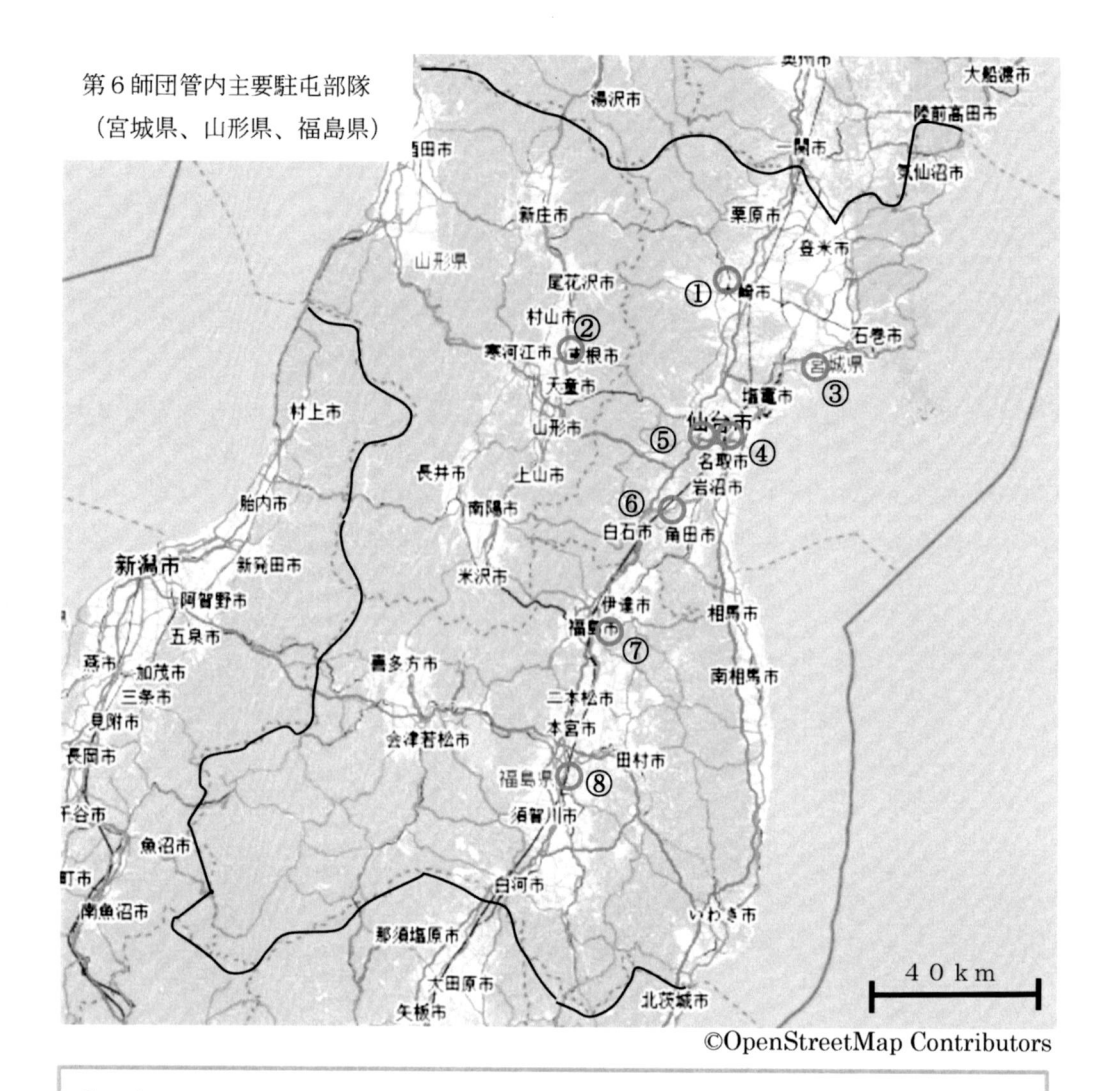

第6師団管内主要駐屯部隊
（宮城県、山形県、福島県）

©OpenStreetMap Contributors

① 大和駐屯地
　　第6戦車大隊、第6偵察隊
② 神町駐屯地
　　第6師団司令部、第20普通科連隊、第6後方支援連隊、第6施設大隊、
　　第6通信大隊、第6飛行隊、第6化学防護隊、第6音楽隊
③ 多賀城駐屯地
　　第22普通科連隊、第38普通科連隊（即応予備自衛官連隊）
④ 霞目駐屯地　　：　東北方面飛行隊
⑤ 仙台駐屯地　　：　東北方面総監部
⑥ 船岡駐屯地　　：　第10施設群
⑦ 福島駐屯地　　：　第44普通科連隊、第11施設群
⑧ 郡山駐屯地　　：　第6特科連隊、第6高射特科大隊

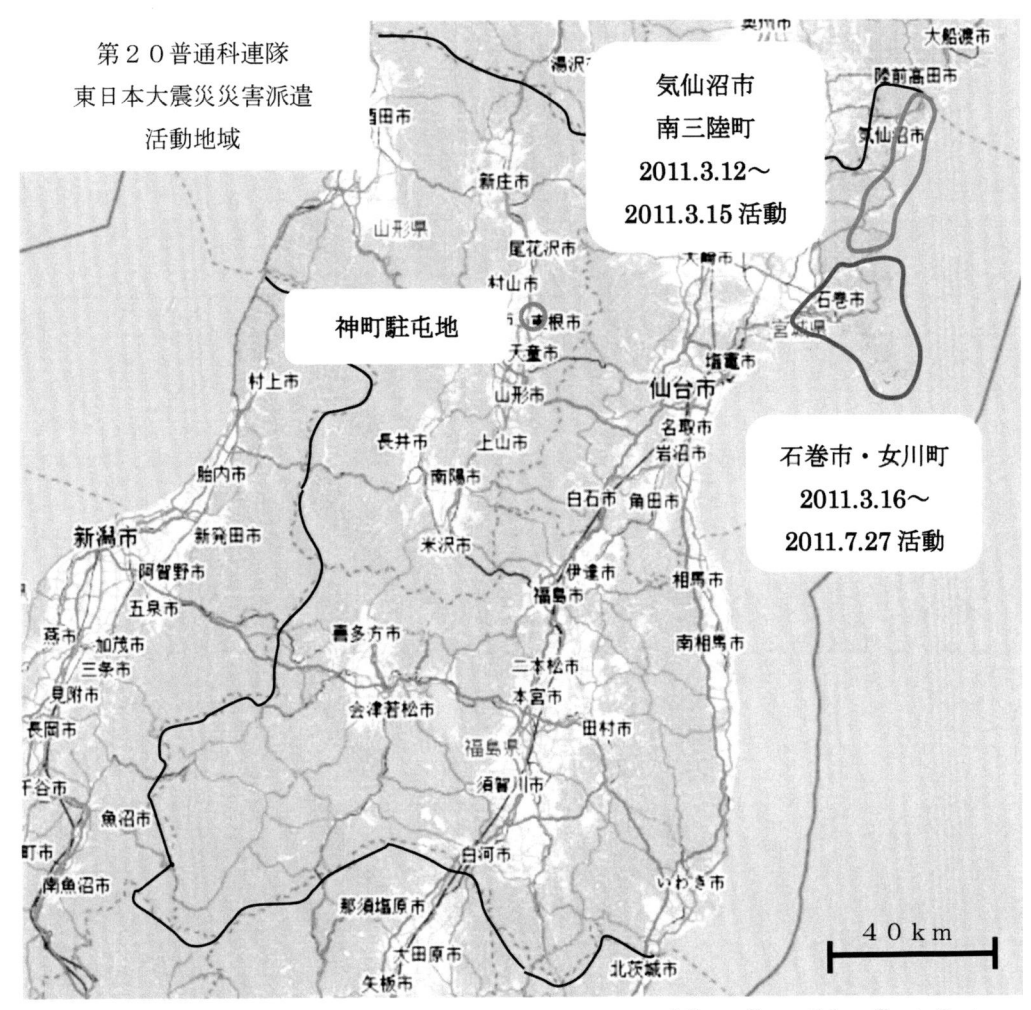

第20普通科連隊
東日本大震災災害派遣
活動地域

気仙沼市
南三陸町
2011.3.12〜
2011.3.15 活動

神町駐屯地

石巻市・女川町
2011.3.16〜
2011.7.27 活動

40km

©OpenStreetMap Contributors

第20普通科連隊　東日本大震災災害派遣　活動推移		
月　　日	章	活動内容
3月11日 〜 3月15日	第2章 初動の5日間	気仙沼市・南三陸町で活動
3月16日 〜 3月19日	第3章 座布団として	第4師団と部隊交代し、石巻市北上・河北・雄勝地区、女川町、石巻市牡鹿半島で活動
3月20日 〜 3月21日	第4章 石巻市街地へ	第14旅団と部隊交代し、石巻市牡鹿半島のみで活動
3月22日 〜 5月2日	第5章 様々な活動の中で	第5旅団と交代し、石巻市大街道地区で活動
5月3日 〜 5月15日	第6章 石巻市・女川町安定化作戦	第44普通科連隊部隊転用に伴い石巻市門脇地区を含め活動
5月16日 〜 5月22日		第5旅団の撤収に伴い、石巻市牡鹿半島、石巻市湊・渡波地区全域において活動
5月23日 〜 6月19日	第7章 「湊・渡波地区一斉捜索」への道	第14旅団の撤収に伴い、石巻市・女川町全域で活動
6月20日 〜 7月27日	第8章 終焉	順次部隊を帰隊させ、東日本大震災災害派遣活動を終了

第2章　初動の5日間

3月11日金曜日　14時46分

　陸上自衛隊の3月は、12カ月の中で最も安らかな時期である。年度の訓練スケジュールを終え、来年度計画も仕上げ、3月後半の定期異動に合わせて、頻繁に送別会が行われる。第20普通科連隊も例外のない3月の金曜日を迎えていた。そして、その日は山形の3月には珍しく、朝から雲一つない空で、濃く澄み渡っていた。また、昨日は、連隊幹部団の送別会があり、連隊長冨田晃生1等陸佐、副連隊長川井2等陸佐は代休、連隊の先任の責任者は、私であった。私の頭の中は、職務とかけ離れ、3日前の宮城沖での地震のことなど忘れ、明日、土曜日、今年最後のスキーを子供と楽しむことぐらいしか考えていなかった。就業時間が終わることを、時計とにらめっこしていた次第である。一応、仕事をする「フリ」をするため、来年度の訓練スケジュールに関して、内線電話を手に取り、師団司令部、訓練担当者に電話を掛けた。

　電話を掛けて、2〜3分後であろうか、小刻みな揺れが自分の体に伝わってくるのを感じた。それから大きな横揺れとなり、自分の体が「振り子」のように振られるのを感じた。もしかして、先日に起きた地震は、序章だったのか。ただ事ではないと感じ、内線電話を切る。少なくとも、その時、災害派遣になることを感じたことは記憶している。揺れが治まると、電話、メール等の通信インフラがシャットダウンすることを肌で感じ、妻にメールする。「下着を全部用意しろ」と。永遠に続くと思われる揺れ、建物が崩れる感覚に襲われたが、先任者である私が狼狽えれば部下の士気に関わると思え、足で踏ん張り、その場を動かず、「第3種非常呼集（全員招集）」を叫んだ。揺れの最中、「ぱちっ」という大きな破裂音とともに全部の電気が消えた。

余震の中で

　本震から1時間ほどの記憶は飛んでいる。ただ、無意識の中、体が動き、部下に指示を出していたと思う。呼集者名簿の準備、災害派遣物品の搬出、車両準備、先遣隊・主力の編成業務等である。余震は続き、常に揺れていた。

　今、記憶に残っていることは、連隊長冨田1佐、副連隊長川井2佐が登庁し、連隊作戦室が開設され、発電機により、テレビ放映が目に入った時だった。それは、仙台市一帯の畑と道路が津波に呑み込まれていく映像と、東京のビルの火災の映像であった。現実の感覚はなく、映画を見ているような感覚である。同時に師団司令部から、午後4時に作戦会議参集の指示があった。

命 令（1日目　3月11日　16:00）

　連隊本部から徒歩5分の師団司令部作戦室へ、私と部下である運用訓練幹部佐々木力1等陸尉の2人で向かう。師団司令部作戦室の中は、停電により薄暗い。また、作戦室に入室したと同時に、第6師団長久納雄二陸将の電話の声が鳴り響く。「何！　波に流されている。街はどうなっているのだ。人は流されていないのか」。当時は、知り得なかったが、津波被害にあった、宮城県多賀城市に駐屯する第22普通科連隊長國友1佐との電話の会話であった。いつもなら、会議が始まる前は、雑談が飛び交うが、40名程集まった各部隊の作戦担当者は、一様に無口であった。薄暗い部屋のため、顔色もわからない。

　師団長自ら、直接口頭により命令が付与されたことを記憶している。「第20普通科連隊及び第6施設大隊の1コ中隊は、山形県の被害状況が確認され次第、宮城県の登米市に前進し、災害派遣活動を実施せよ」。他の命令内容で覚えているのは、第6化学防護隊の福島への前進であった。その時、福島第一原子力発電所が津波被害を受けているとは夢にも思わなかった。

前進準備（1日目　3月11日　17:00）

　午後4時、師団司令部の命令が付与された後、災害派遣任務の現実味が増してきた。「人を助けなければならい」という使命感はなく、「今後、何が起こるかわからない」という不安感の方が強かった。ただ、部下の手前、不安感を見透かされないように、平静な顔を取り繕うように努力していた。私の役目は、部下に不安感を与えないようにすることであった。今から何をすべきかもわからない。しかし私は、すべてを知りつくした「フリ」をして、冷静さを取り繕っていた。

　連隊作戦室に、各中隊長、各中隊運用訓練幹部が参集する。会議の始まる直前、宮城県出身の副連隊長川井2佐が、師団司令部の命令を拡大して、とにかく海へ向かえと指示を出す。私としては、土砂崩れ、雪崩、建造物崩壊のほうを恐れ、テレビ映像にも関わらず、津波被害は眼中になかった。結果として、副連隊長の指示の方が正しかった。海育ちの感であろうか。私が主宰して、連隊災害派遣会議を行う。断片的な情報の中で、先遣隊の編成、前進条件等の指示を出す。皆、無口で平静さを保ち指示を聞く。

　山形の外は、朝と打って変わって、夕闇の空とコラボレーションして、どす黒い雪雲が覆いつくしている。その暗さが、室内の澱みを増し、停電の中、懐中電灯を頼りに、出発の最終準備に取り掛かった。

第20普通科連隊　東日本大震災災害派遣　活動推移		
月　　日	章	活動内容
3月11日 〜 3月15日	**第2章** 初動の5日間	**気仙沼市・南三陸町で活動**
3月16日 〜 3月19日	第3章 座布団として	第4師団と部隊交代し、石巻市北上・河北・雄勝地区、女川町、石巻市牡鹿半島で活動
3月20日 〜 3月21日	第4章 石巻市街地へ	第14旅団と部隊交代し、石巻市牡鹿半島のみで活動
3月22日 〜 5月2日	第5章 様々な活動の中で	第5旅団と交代し、石巻市大街道地区で活動
5月3日 〜 5月15日	第6章 石巻市・女川町安定化作戦	第44普通科連隊部隊転用に伴い石巻市門脇地区を含め活動
5月16日 〜 5月22日		第5旅団の撤収に伴い、石巻市牡鹿半島、石巻市湊・渡波地区全域において活動
5月23日 〜 6月19日	第7章 「湊・渡波地区一斉捜索」への道	第14旅団の撤収に伴い、石巻市・女川町全域で活動
6月20日 〜 7月27日	第8章 終焉	順次部隊を帰隊させ、東日本大震災災害派遣活動を終了

出発、一路、宮城へ（1日目　3月11日　19:40）

　午後7時、師団司令部より、「第20普通科連隊は、速やかに宮城県登米市長沼フートピアに前進せよ」の命令を受け取った。

　午後7時40分、本部管理中隊長、第1中隊長、第2中隊長、第4中隊長、重迫撃砲中隊長と私を核とした25名の先遣隊は、山形県神町駐屯地を出発した。地震を境に降りしきる雪は、心を

一層暗くする。今だから書けるが私の心の中は、「被災者のために！」という使命感は感じていなかった。「なぜ、金曜日に地震が起きたのか」、「これからどうなるか」という不満と不安でいっぱいだった。そして、宮城県に出るための関山峠では、雪崩か、土砂崩れで通行できないのではないのかという恐怖感、永遠に続くラジオ放送は、恐怖感に拍車をかけた。「海岸で、200名の御遺体が確認された」等々。

　車はノロノロ運転で、国道48号線は渋滞している。街々、家々は停電により暗く、車のヘッドライトのみが眩しく光る。ドライバーの渡名2曹に何を話し掛けてもいいのかもわからない。2人で、前のみを注視する。すべての通信インフラ不通であり、連隊長との連絡も取れない。

登米市（1日目　3月11日　23:00）

　3月11日、午後11時頃、宮城県登米市の長沼フートピアに第20普通科連隊先遣隊の25名が到着した。元々、長沼フートピアは、想定された宮城沖地震の予定終結地である。前進途中において、渋滞、電柱の傾き、多少の地割れがあったものの先遣隊は無事に全員が到着した。

　そして、私は、宮城県内陸部の登米市役所、栗原市役所、大崎市役所等に情報収集のため、各中隊長を振り分けて出発させる。私と重迫撃砲中隊長、ドライバー2名を含む合計4名は、2両の車両で海岸部の南三陸町志津川地区に向かうことにした。近代文明ではありえない暗黒の中での出発であった。

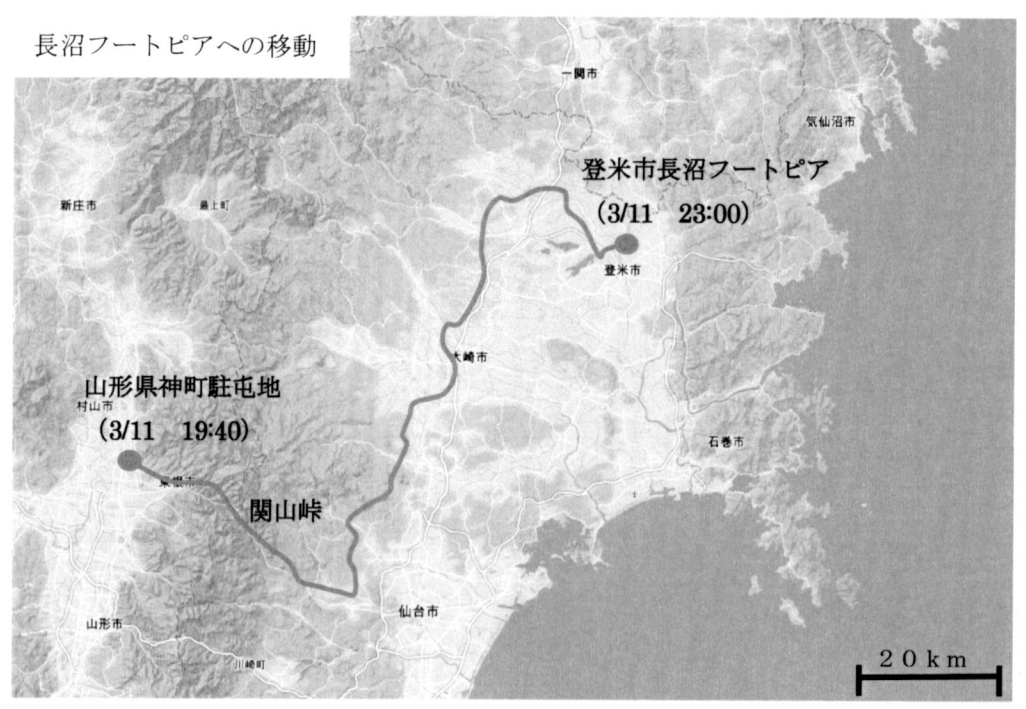

長沼フートピアへの移動

登米市長沼フートピア
（3/11　23:00）

山形県神町駐屯地
（3/11　19:40）

関山峠

20km

©Mapbox, ©OpenStreetMap Contributors

海へ

　南三陸町への前進は、本吉街道を通り、水界峠という険しい道を通らなければならない。再び、前進という恐怖との闘いであった。

　長沼フートピアを出発し20分ほど経ったころ、第一級河川の北上川を通過する。橋を渡るにも恐怖がある。「車の重みで崩れるのではないだろうか」という恐怖心である。そして、橋を渡り、米谷という数十軒の小さな集落に入る。そこで軽自動車とすれ違う。双方とも徐行していたため、私は車を降り、軽自動車のドライバーに声を掛ける。40歳ぐらいの御婦人であった。私は、「陸上自衛隊です。何か被害はありませんか」と声をかける。答えは、「停電ですので、何もわかりません…」。引き続き、土砂崩れか、雪崩が起きているかもしれない山道に、車のヘッドライトだけを頼りに前進を始めた。

津波の入口（2日目　3月12日　00:30）

　時速20kmから30kmぐらいで水界峠を越え、山道を下り始めた。峠を越えてから20分ぐらいだろうか、時計は、3月12日午前0時30分を指している。

　暗闇の中でもポツリポツリと家が見え始める。そうして、白の光と、赤い点滅灯が目に入る。とにかく道沿いの赤い点滅灯の方へ向かう。すると人影が2つ、私の乗っている車の方へ近づいてくる。私は車を降り、人影の方へ寄って行くと大声が響いた。「そこまで、津波が来ているぞ！」。

　この声を聞いた瞬間、恐怖心が消え、自分が現実の中に引き込まれていくのを感じた。恐怖心と入れ替わりに、異常なアドレナリンの分泌と興奮が、私の心の中を支配した。私は、「陸上自衛隊です。もうすぐ、救助のため主力が到着します」と人影であった消防団員に叫ぶ。そして、「避難された方々は」と尋ねると、白い光のほうを指す。私と重迫撃砲中隊長は500mぐらい離れた光のほうに向かう。

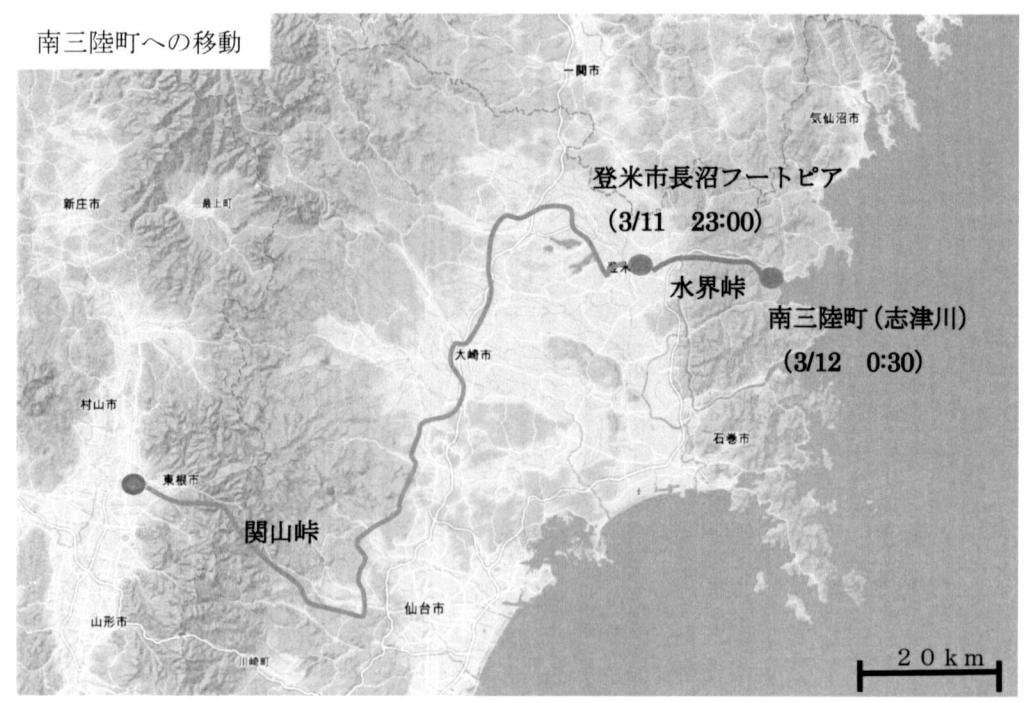

南三陸町への移動

©Mapbox, ©OpenStreetMap Contributors

視　線

　暗黒の白い光は、避難所となっている小さな公民館だった。私は、日本家屋の横扉を開けると同時に、このように言った。「陸上自衛隊です。もうすぐ、部隊が来て、皆様を支援します。安心して下さい」。その時、30名ほどの年配の方々は、呆然と、そして虚ろに私のほうに視線を向けた。私はその視線に耐えられず、次の言葉を失った。その視線は、何年経ても私の胸に突き刺さっている。しかし、何かを言わなければならないという義務感から、二度目の「陸上自衛隊です。もうすぐ、部隊が来て、皆様を支援します」という言葉を発した。

　とにかく私は、重迫撃砲中隊長にここに残るように指示して、今後、南三陸町に向かわせることにした重迫撃砲中隊主力の誘導を頼んだ。私は、他の正面（この時点では、私は被害の全体象を把握しておらず、他の地域の被害状況も確認しなければならなかった）の処置をするため長沼フートピアに戻ることにした。

連隊主力（2日目　3月12日　02:30）

　私は、長沼フートピアに戻り、各中隊長から内陸部市町村の情報を確認した。特に異常はないようである。3月12日、午前2時30分頃から、大きな車両音とともに、十数両の塊ごと、連隊主力が長沼フートピアに到着し始める。

私は、連隊主力を率いた副連隊長川井2佐と接触した。そして、どのように判断したかは覚えていないが、第1中隊長及び第2中隊長の2コ中隊を気仙沼市に投入しようと既に考えていた。副連隊長にその旨を伝え、私は気仙沼市へ先行することを伝える。副連隊長に了解を取り、再びドライバーの渡辺2曹と2人、車両1両で先行し、暗黒の道を進むことにした。

津波の跡（2日目　3月12日　05:00）

　気仙沼市まで選んだ道は、津波の被害がないと思われた内陸部、岩手県との県境沿いから気仙沼市街地に入るものだった。ただし、暗黒である。車のヘッドライト以外、頼りはない。道を間違えて国道346号線（気仙沼市本吉地区に向かう道）に入り、一路、海へ進路を取ったようだ。時計の針は、午前5時30分ぐらいを指していた。道は何の障害もなく、すれ違う車もなく、低速ながらも、ドライバーの渡辺2曹と2人、順調に車を進めていた。

　すると、ヘッドライトの向こうに、工事中のような凸凹の地形が薄すら見てきた。渡辺2曹と私は、海から離れた内陸部を進んでいると思っているため、道路工事ぐらいにしか見えない。車が通行できそうもないので、車を止め、私一人、車を降り、迂回路を確認することにした。懐中電灯を持ってはいたが光が弱く、あまり全体が見えない。既に東北の夜明けの時間帯である。天上の薄明かりから、地上に光が当たってきた。

　初めは、何かわからなかった。しかし、1階部分が流された家、無数の瓦礫、多くの横転した車の影が浮かび上がってきた。私は気付いた。これが津波の跡か。中には、御遺体であったであろう、逆さまになった車のフロントガラスの中に人影が見える。不思議と「ひどい」とも何とも思わない。これが津波の跡かと思う程度の客観的感情の不思議な自分がいた。この津波の跡の向こう2キロ先ぐらいに、数台の動く車と体育館が見えた。とにかく、あそこへ行こうと思った。

気仙沼市への移動

気仙沼市
（3/12
7：30)

本吉
（3/12　5：00)

南三陸町

登米市長沼
フートピア
（3/12　2：30)

関山峠

©Mapbox, ©OpenStreetMap Contributors

20km

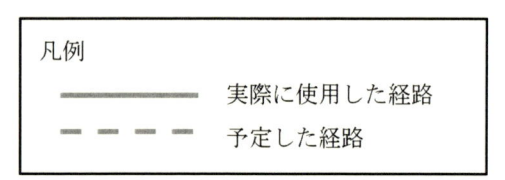

凡例

―――――― 実際に使用した経路

- - - - - 予定した経路

道なき道

　渡辺2曹と2人、車に乗り、津波の跡を通った。回り道をする余裕はなかった。体育館と車が動いている方向に向かった。地面は、海底の砂が持ち上げられたのであろうか砂浜と化し、周辺は横倒しや逆さまの車、瓦礫が点在している。道なき道を進んだが、立ち往生するとは考えていなかった。時折、車を降りて誘導し、車を進ませた。とにかく車を前に進ませた。40分ぐらい経ったであろうか、車が普通に走行できるアスファルト道に出た。そして、目標としていた体育館の駐車場に入った。

同じ光景

　体育館（遠くに見えていた体育館は、実は、気仙沼市本吉総合出張所であった）周辺は、完全に朝の光に包まれていた。夜の雪は止み、快晴である。

　体育館に行き、再び、避難されている方々の部屋に入る。ここでも、「陸上自衛隊です。もうすぐ救援に来ます」の声を掛けたが、無表情に私の顔を眺めるだけだった。ただ、私の目的地

は気仙沼市街地である。行政職員であろうか、作業服を着た若い男性に、気仙沼市街地までの道を尋ね、一路、市街地の方向に向かうことにした。

　人生の中、一日、あるいは一瞬の出来事で、昨日までの生活と一変することがある。交通事故もそうである。災害は、それの最も大きい要因となり得る。昨日までは、普通に食事をし、普通に布団で寝ていた。それが、家から財産がなくなり、肉親の所在さえわからない。その時、現実を受け入れられない場合がある。常に災害対処計画を整備し、訓練をしていた自分でさえ、今が幻覚ではないかと思えた。

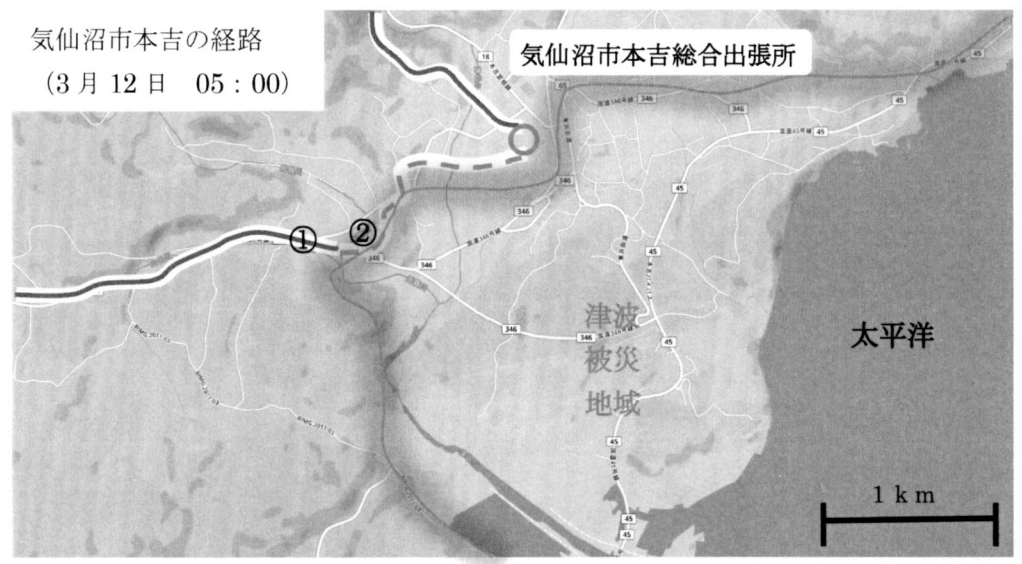

気仙沼市本吉の経路
（3月12日　05：00）

気仙沼市本吉総合出張所

津波
被災
地域

太平洋

1 km

©Mapbox, ©OpenStreetMap Contributors

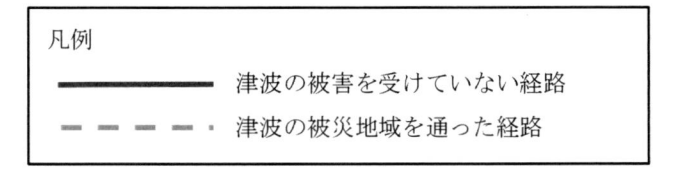

凡例

———————　津波の被害を受けていない経路

- - - - - - -　津波の被災地域を通った経路

①　私はこの地点で、津波の跡だと気が付く。
②　津波の到達した跡を、強引に車を進める。

遮断された情報（2日目　3月12日　07:30）

　県道18号線を通る。山の中の道は通りがなく、極めて順調に車を進める。そして国道284号線に入り、車は下り始める。そこそこ車の通行がある。

　左手にJR大船渡線の立ち往生している3両編成の列車が見える。

　携帯電話は不通、おそらく、被災地域はテレビ映像も遮断されているのであろう。広い範囲

に自衛隊部隊も展開し、その無線網の構成が追い付かず自衛隊無線も不通である。ラジオのみは、けたたましく鳴り、気仙沼市一帯の火災の情報は耳に入る。絶句する惨状だと想像がつく。市街地に近づくにつれ、民家も点在してきた。気仙沼市街地方向に、5本の薄い煙が天井方向に見える。私は、「あれが火災か」とつぶやく。

時計の針は、午前7時30分ぐらいを指していただろう。空は快晴、雲一つない。すると、ある民家の前に3人の中学生ぐらいの少年が、野球のユニフォームを着て何かを待っている。部活へ行くのであろうか。道路周辺の建物、道路には、一見被害はなさそうだ。ラジオ放送は誇張であると思い、気仙沼市街地は、たいした被害はないのではないかという安心感に見舞われる。子供達が部活に行ける環境であれば、すぐに家に帰れると思った。

気仙沼市街地への入口

気仙沼市街地に近づくにつれ、5本の煙は、濃く太くなってくる。次第に車の数は増え、交通の流れが悪くなる。長いトンネルを抜けると、市街地上空を、陸上・海上・航空自衛隊、警察、消防のヘリコプターが無数に乱立し飛行している。そこに、迷彩色の航空自衛隊のジェット偵察機が横切った。右手の運動公園には、幾度となくヘリコプターが離発着を繰り返す。だが、ここに至っても津波の形跡はない。私は、先ほどの少年の姿から、たいした被害がなかったと思い込む。道は、山間部を抜け、平屋建てと2階立ての家が立ち並ぶ街の中に入ってきた。ここに至ってからは、多くの方々が海のほうから、リュックを背負い、ジャージ姿で山の方向へ向かって歩いてくる。私達の車は、山へ向かう方々に逆らって海の方向へゆっくりと進んで行く。

すると、水流の跡が目に入った。家々は、床下まで水の跡がついている。津波で床下の軽い被害はあったようだ。その時、スピーカーで避難を呼びかけている気仙沼市役所の軽トラックと出合い頭になる。私は車を降り、軽トラックを呼び止め、気仙沼市役所の位置を聞いた。ここから300mほど先に行った左側の台上にあるとのことであった。いつのまにか、気仙沼市役所の近くまで来ていたのだ。

惨　状（2日目　3月12日　09:00）

気仙沼市役所の正面まで来た。避難された方々が、溢れかえっているということはなかった。作業服を着た数人の市の職員と思われる方々が行き交うだけであった。既に、第6偵察隊のオートバイ2両、第22普通科連隊の小型車1両が駐車場に駐車してある。

私は、市役所玄関口の市の職員の方に「新たな救援部隊です」と声を掛け、奥の災害対策本部に案内された。市役所内は極めて落ち着いた空気に包み込まれていた。おそらく課長クラスの方であろう。50過ぎの方とお会いし、私が、「140名ほどの陸上自衛隊救援部隊が、午前中に到着します」との旨を伝えると、「細部は市の南西部、市役所から2kmほど離れた防災センターで調整し、活動に入って下さい」との依頼を受けた。海岸側の道路はすべて通行不能ということだったので、気仙沼バイパスを通り防災センターまで進むことにした。

市街地の道路は、行き交う車は少ないが、渋滞している。停電で、信号が全部止まっているせいだ。警察官は、交差点の交通整理に立っていない。救助等で手がいっぱいであるからであろう。ただ、気仙沼市の西側は津波の被害がなく、私自身、津波の被害状況を目視していない。気仙沼バイパスを南に進んだが、津波の被害のない家並みの中、左手にどす黒く太い煙が数本見える。気仙沼市の防災センターに、色々な方に道を尋ねながら1時間ほどで到着した。

　車を防災センターの駐車場に止め、街の状況を見るため、海側が見えるガードレール沿いまで、歩いて進んだ。そこで目に飛び込んできたのは、広大な沼地であった。どす黒く粘り気のありそうな水の上に、材木と化した家、水の通り道に固まる車、骨組みだけの建物、瓦礫の上に乗る船であった。ここで、津波の惨状を見た。その沼地に、橙色、青色、迷彩服の人影がまばらに見える。初動で救助に当たる消防官、警察官、自衛官である。本吉とは異なった津波の爪痕を見た。

　「ひどい光景だ」とか、「痛ましい光景だ」という感情は、全く起こっていない。普通ではない環境に自然に適応してしまったかもしれない。部隊をどのように展開させようかという作戦だけしか考えない、冷徹な自分がいた。

3月12日 気仙沼市市街地での移動

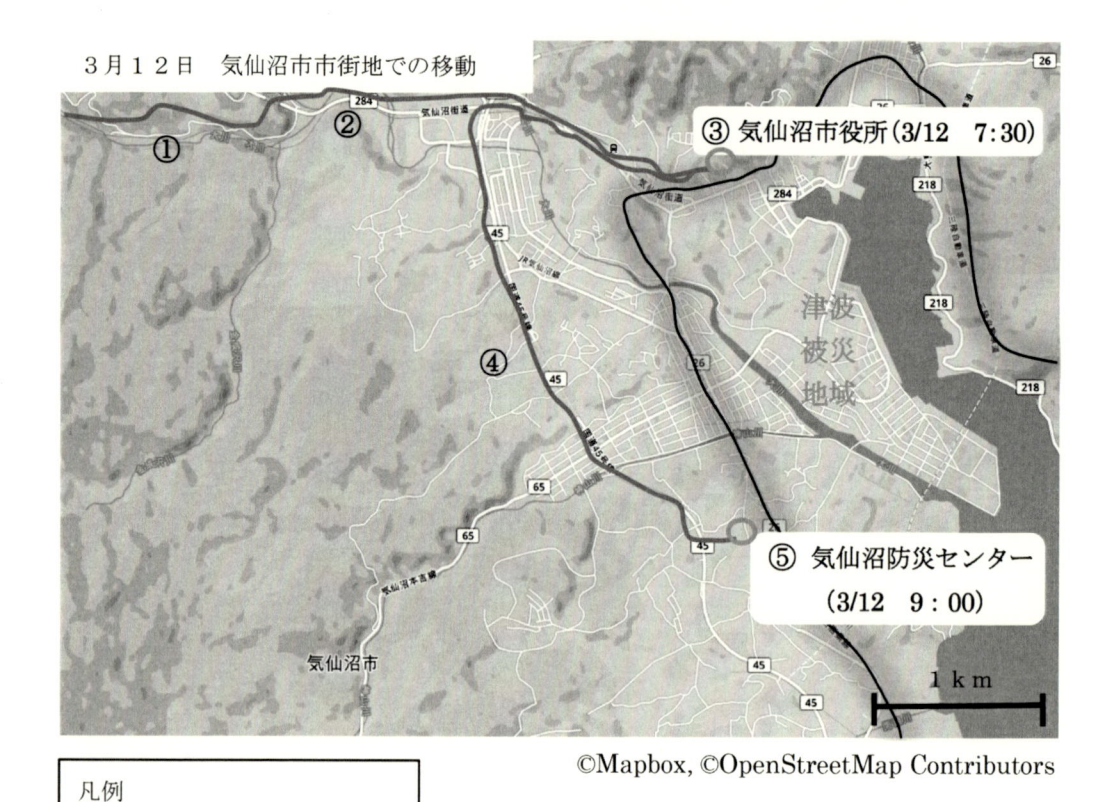

③ 気仙沼市役所(3/12 7:30)

津波被災地域

⑤ 気仙沼防災センター
(3/12 9：00)

1 km

©Mapbox, ©OpenStreetMap Contributors

凡例

―――――― 移動経路

① 内陸側は何の被害もなかった。
② 運動公園において、様々なヘリコプターの離発着が繰り返されていた。
③ 気仙沼市役所
④ 気仙沼バイパスを通り、防災センターまで行く。
⑤ 防災センターにおいて、気仙沼市街地の惨状を目の当たりにする。

気仙沼市防災センターで

　防災センターは2階建てであった。1階部分はロビーになっている。そこには数は多くはないが、避難されている方がいる。あれだけの被害があるにもかかわらず、極めて落ち着いている。そしてロビーには、昭和三陸沖津波の時の被災写真が、パネルとして展示されていた。外で見た光景とこのパネルが、あまりにも似ているため、早朝に写真を撮り、すばやく被害状況を展示しているのかと錯覚をした。よくよく見れば、昭和8年の被害状況である。歴史は繰り返すものなのか。

　私は災害対策本部のある2階に上がる。災害対策本部には、第22普通科連隊の連絡幹部と数

人の消防官、警察官がいた。私は、彼らに140名程度の増援部隊が入ることを説明し、その指揮官と部隊が現地に到着したらすぐに活動ができるように、救助・捜索範囲の割り当てを依頼した。私の役割は、部隊が到着した際、スムーズに災害救援活動に移行できるように事前準備をすることである。私は再びドライバーの渡辺2曹と2人で、気仙沼市街地入口にある運動公園に行き、災害派遣部隊主力の受け入れと誘導を行うことにした。

再 会（2日目　3月12日　10:00）

気仙沼市市街地の入口に当たる運動公園にて、主力である第1中隊と第2中隊を待った。早朝と同様、運動公園には、白、深緑、青、赤、迷彩色のヘリコプターが離発着を繰り返している。連絡手段が遮断されている中、どこを前進しているかもわからない主力を待った。

近辺まで来ているのならば、無線が入るかもしれないと思い、「10（ヒトマル［第1中隊という意味］）、20（ニマル［第2中隊という意味］）、こちら03（マルサン［第3科長という意味］）、おくれ」という言葉を言うため、5分から10分毎に無線機のマイクを口に当てる。しかし、携帯電話も通じなく、自衛隊無線機も通じない。渡辺2曹と2人、寂しさを募らせる。

待つこと1時間以上、突如、「03、こちら、20、おくれ」という第2中隊長の声が入る。その瞬間、私の胸は熱くなった。やっと仲間に会える。曲がりくねった山道の端から、10台以上の自衛隊車両の列が、日光に照らされて、こちらに向かってくるのが見えた。更にその奥からも、10台以上の自衛隊車両の列が見えてくる。第2中隊と第1中隊が連なって、前進してきているのであろう。私は、安堵感で涙が出た。2つの列は、私の目の前で道路脇に車両を止めた。私は、その車のほうに駆け寄り、第1中隊長、第2中隊長と再会した。

この時、私が第1中隊長と第2中隊長に出した指示は、「気仙沼市防災センターまで前進し、関係機関と調整して、災害派遣活動に加入せよ」のみの簡単なものであった。この簡単な言葉で、両中隊長には任務が伝わった。当初の間、人命救助活動に当たるものであった。指示を受けた両中隊長は、早速、両中隊の車両を従え、示した方向へ動き出した。私は、第一段階の任務達成に、一応、胸をなでおろし、連隊集結地、長沼フートピアに戻ることにした。

缶詰と睡眠（2日目　3月12日　15:00）

連隊集結地、長沼フートピアまでの道程は、岩手県側まで抜け、内陸沿いの経路を進んだ。車の数は多くはないが、信号が停止しているため、諸所で渋滞が起きている。また、途中、サイレンを鳴らしながら気仙沼市市街地方向へ行く10台以上の消防車の列とすれ違った。

長沼フートピアに戻ったのは、15時過ぎであったろうか。連隊集結地の長沼フートピアの広大な広場には、大型の家型テントが数か所建ち、20数両の車両が停車して、連隊指揮所を構成していた。私は、その中の一つのテントに入り前面に広がる宮城県の地図で、気仙沼市街地の状況を連隊長冨田1佐、副連隊長川井2佐に報告した。また、副連隊長から、南三陸町、気仙沼市本吉の部隊の配置状況の説明を受けた。現在、第20普通科連隊は、南から、南三陸町志津川

に重迫撃砲中隊、施設作業小隊と第20普通科連隊を直接に支援してくれる第6施設大隊第1中隊、気仙沼市本吉に第4中隊、気仙沼市街地に第1中隊と第2中隊を配置、正面約40kmの広大な地域に展開している。通信能力の面からは、オーバーフローの状態であった。通信小隊は、中継所を探し通信網を構成することに努力している。

　私は、初度の部隊配置が完了したことに少し安堵した。副連隊長のすすめで、私は少し休むことにし、休憩用のテントに行った。既に仮眠用の折り畳みの簡易ベッドが並べてあった。ありがたいものである。地震発生から、カロリーメイトを1箱しか食べていない。急に空腹を感じ、「白飯」と「沢庵」の缶詰をおいしくいただいた。少し、気が抜けたのであろう。気付かないうちに、簡易ベッドに横になり、気が遠くなっていた。

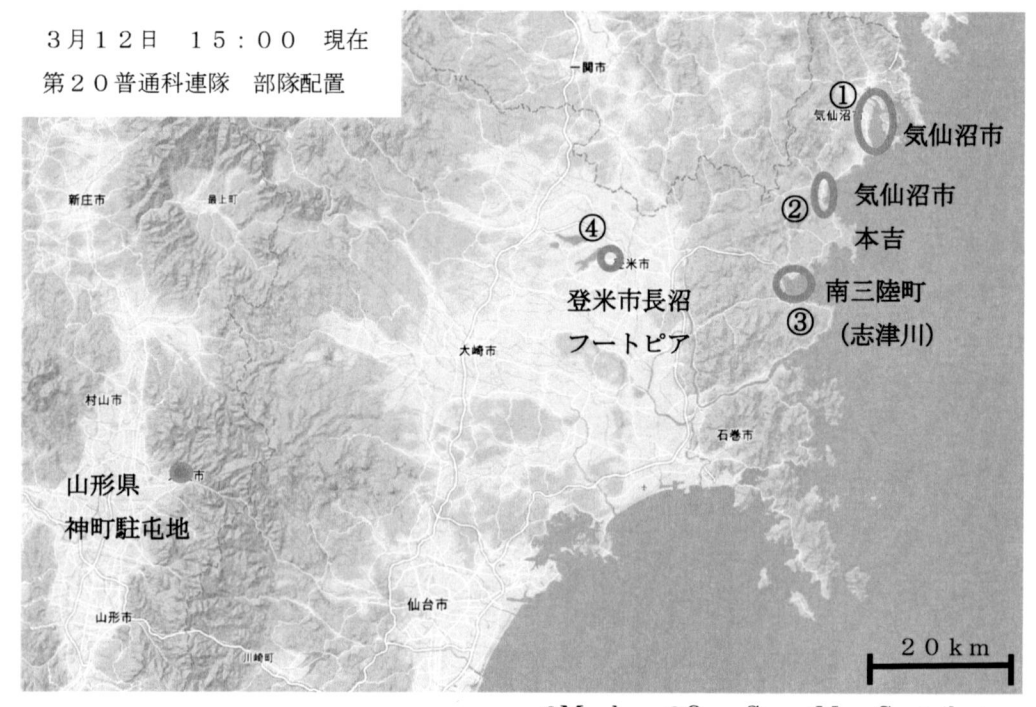

©Mapbox, ©OpenStreetMap Contributors

① 気仙沼市市街地
　　第1中隊、第2中隊
② 気仙沼市本吉
　　第4中隊
③ 南三陸町（志津川）
　　重迫撃砲中隊、第6施設大隊第1中隊、施設作業小隊
④ 登米市長沼フートピア
　　第20普通科連隊指揮所

燃料がありません（2日目　3月12日　19:00）

　東日本大震災以降、行政機関は、様々な通信インフラを使用して、安否確認や避難指示・勧告を与えようという試みを行っている。全く無駄ではないが、最終的には原始的な手段が有効である。以下は、そのような中で生起した状況である。

　気が遠くなって1時間ぐらい経ってからであろうか、部下に起こされた。「連隊長が、お呼びです」という声が聞こえ、重い体を引きずり、連隊指揮所に入った。空は既に夕暮れとなっている。

　通信は、各中隊の展開地域、神町駐屯地と何とか繋がっているようだ。ただし、途切れるし、不明瞭である。現地で活動している中隊とは、幾つもの中継を介している。だが、断片的な報告を合わせると、どの中隊も、車両用燃料と人命救助器材の混合油が不足しているようだ。盲点であった。連隊長は補給の手配をするように、私を呼び出したようだ。私は、山形県の神町駐屯地に残留している第3中隊に山形から補給品を運搬させ、現地に張り付いている中隊に交付することを提案した。また今後、長沼フートピアに集積される補給品を、第3中隊にピストン輸送させることを進言し承認された。

　ただし、連隊指揮所と神町駐屯地の通信状況は不安定であり、明確かつ具体的な指示は伝えられない。よって、私は一旦、山形県に戻り、第3中隊長に直接、指示することにした。連隊長の許可を受け、3月12日、午後7時頃、長沼フートピアを発つ。初日のドライバー渡辺2曹は、疲労の極みであり、ドライバーを交代しての出発であった。

眩しい光（2日目　3月12日　23:00）

　宮城県内は、すべて停電であった。光るのは、車のヘッドライトのみである。

　関山峠を越え、山形盆地へ向け下り始めた。国道48号線は山道であり、カーブが多い。幾つものカーブを抜けた時、街の光が、眩しいばかりに眼下に飛び込んだ。見惚れた。ドライバーに言い、道路の駐車帯に車を止めさせた。私は車を降り、煙草を1本取り、火をつけた。まだ、2日間しか光を見ていないのに、あまりにも、街の光が懐かしかった。

　再び車を進め、神町駐屯地に入り、そのまま神町駐屯地の中央にある第20普通科連隊の建物に入り、連隊作戦室に直行した。駐屯地内の停電は復旧し、水道も出ていた。そして、第3中隊長と主要な係を参集した。そして、私は、次のような指示を出した。「すべての車両にトレーラーを牽引、ドラム缶を満載、シャベル、毛布、携帯食料等の災害救助物品を車両後部に積載可能な限りに積載せよ。神町駐屯地、前進開始時刻は、明朝。04:00（マルヨン　マルマル）時」。私は、睡眠不足による疲れと派遣地域帰りの緊張感から怒鳴り声だったことを記憶している。今、思うと精神の乱れがあったことを恥ずかしく思っている。

　指示が終わったのは、3月13日を少し超えたぐらいだった。せっかく、山形県まで帰ってきている。家に帰り、家族の顔を見たい気持ちがあった。携帯電話は不通である。しかし、被災地で24時間活動している仲間を考えると、家には帰れなかった。顔を洗い、作戦室のソファー

で、少しばかりの仮眠を取った。

2つの無念（3日目　3月13日　04:00）

　午前3時頃、部下に起こされた。身支度を整え、外に出た。第20普通科連隊の建物前には、第3中隊の車両が15両、一直線に並んでいた。トレーラーには、ドラム缶が満載されている。予定通り、3月13日午前4時に私を先頭に出発した。なぜ、午前4時を出発時間に選んだかというと、ちょうど夜明けに長沼フートピアに到着し、各中隊への分派輸送がスムーズにいくと予想したためである。

　山形県側は、信号が点灯している。再び関山峠を越え、暗闇の宮城県の道程を進んだ。狙い通り第3中隊の15両の車両は、午前6時30分に長沼フートピアに到着した。天候は、震災2日目と同様に快晴である。私は第3中隊長とその主要幹部を連隊作戦室に招き入れ、宮城県での各中隊の展開地域を説明し、補給・輸送活動を指示した。第3中隊長は、その部下にキビキビと指示して、すばやく準備をし、各中隊の展開地域に向け、長沼フートピアを出発した。

　ただ、連隊指揮所に入った際、気付いてはいたが、連隊長と副連隊長の姿が見えなかった。それには、理由があった。私が、今回の災害派遣活動に当たり、無念が残ったものである。

　それは、災害派遣活動を終え、しばらく経ってからの平成23年（2011年）12月に開催された、行政機関との防災会議の席上であった。「南三陸町のある病院で、3月13日に陸上自衛隊のヘリコプターにより92名救出された。ただし、発生から2日後の救出であり、津波から生き残った者で、寒さの中、凍死者も出した」という発言が、宮城県庁の職員からあった。

　まさに、連隊長と副連隊長は、その救出指揮に当たっていたのだ。私は、その事実を知る前から、そのことは薄々感じていたが口に出せなかった。もし、一番初めに南三陸町に入った自分が、もう少し丁寧に状況を確認し、山形県に帰る前に仮眠などせず、再び南三陸町に入ったならば、生存された方々に寒い思いをさせず、凍死者を出すことにもならなかったのではないかという無念さが込み上げてくる。

　それと、もう一つの無念が残るものがある。それは、南三陸町の戸倉という地区に関する事柄である。ここの地区は、私の盲点であった。この戸倉地区の被災状況は、災害派遣間、常に私の片腕で働いてくれた運用訓練幹部佐々木1尉から3月13日の午前中に報告を受けたものであった。

　学校は津波を被り、避難された方は食もなく、暖をとる手段もなく、移動したくても車が流されているという状況であったという。佐々木1尉は私への報告後、すばやく連隊本部に残る人員、缶詰、車をかき集め、戸倉地区へ前進した。もう少し私が、宮城沖地震に対して真剣に考え、地図を認識し、準備していたならば、取り残され、寂しい思い、寒い思い、空腹の思いをさせずに済んだのではないか。この罪悪感を背負うことは、私の怠慢さに対する天罰であったと感じている。それは何年経ても消えることはない。

泣き崩れる女性（3日目　3月13日　13:00から17:00）

　連隊長、副連隊長が南三陸町から連隊指揮所に戻って来る間、地図上において部隊配置の整理、補給計画の整備、師団司令部への報告、通信網の構成の指示を行っていた。連隊長、副連隊長が連隊指揮所に戻ってきたのは、午前10時過ぎであったろう。私は、地図上で現況を報告し、現地確認のため気仙沼市街地へ再度向かった。

　気仙沼市街地において、第2中隊長と接触した。第1中隊、第2中隊は、気仙沼市立気仙沼小学校を拠点として活動していた。気仙沼市立気仙沼小学校は、市の中心部にありながら高台に位置し、津波からの被害はない状況であった。小学校でありながら比較的広いグラウンドを有している。避難されて来ている方々も大勢いた。グラウンドには、主として海上自衛隊の白いヘリコプターが頻繁に離発着を繰り返している。

　第20普通科連隊、第1中隊、第2中隊隊員はびしょ濡れになって、顔は泥で薄黒くなって活動している。ただし、余震による度重なる津波警報の発令があり、高台と低地を行ったり来たりの困難な救出活動である。そして、空腹と睡眠不足により、自分との闘いでもあった。また、第1中隊長からは、透析患者の内陸部病院への輸送許可が求められた。私は許可した。本来ならば、瓦礫に存在するかもしれない生存者の捜索が急務であろうが、車両数台と車1台につきドライバーと補助者2名の組み合わせで協力するように指示した。あくまでも、人命救助という観点で了解したのであった。

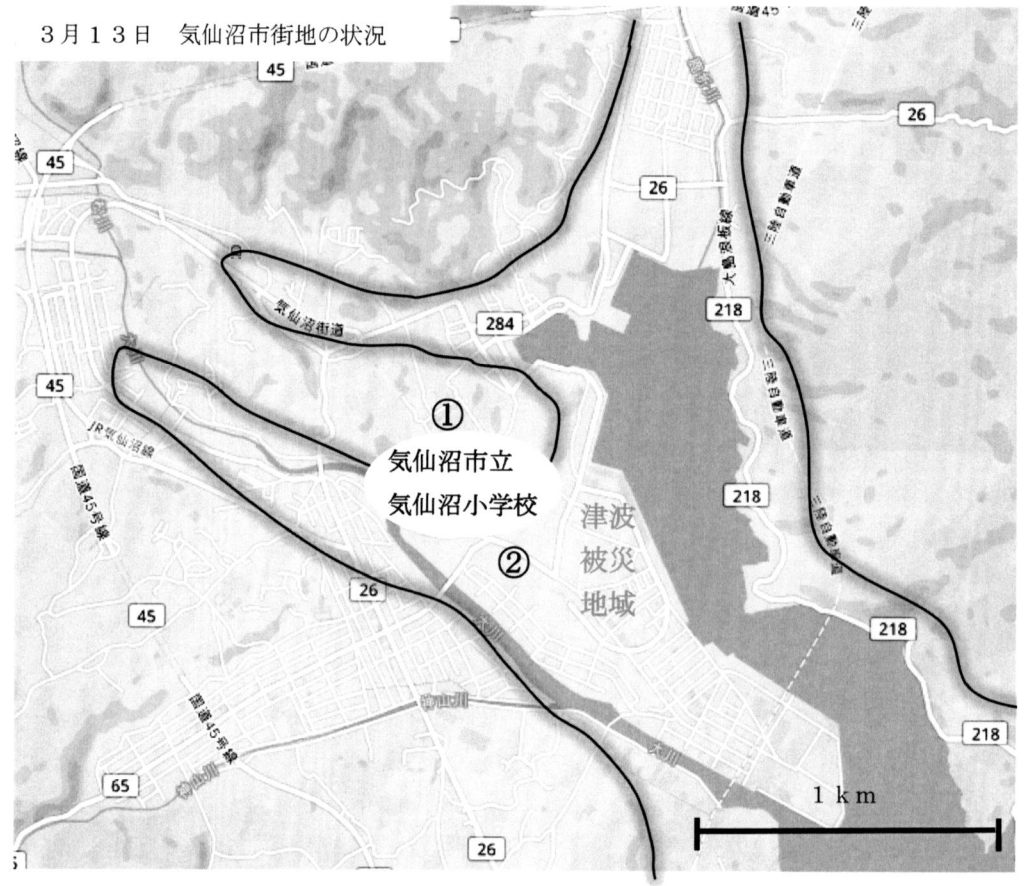

3月13日　気仙沼市街地の状況

©Mapbox, ©OpenStreetMap Contributors

①　気仙沼市立気仙沼小学校
　　高台にあり、第1中隊及び第2中隊の活動拠点であった。
②　津波被災地域での活動
　　津波警報が度重なり、第1中隊及び第2中隊は、気仙沼市立気仙沼小学校が
　　ある高台を上がったり、平地にある住宅地に下がったりの繰り返しによる救出
　　活動であった。

　気仙沼市街地を後にした私は、南三陸町に入った。初日は、暗闇の中でしか見ていない。明るい中での南三陸町志津川地区に入ったのは初めてである。山間からのなだらかな扇状地の海側に、4つのコンクリートの建物が黒くただれ残っている。道路も見えることなく、木材が無数に海側から山側に倒れている。ふと、広島の原爆資料館で見たことのある、原子力爆弾投下直後の広島市の画像と似ていると感じた。私は、元々、南三陸町志津川地区には街並みなどなかったのではないかという錯覚に落ちいった。

　この情景を見ている時、今でも私の瞼に焼き付いていることがある。被災地には似合わない、

都会風のスーツ姿の若い女性が、私の近くに居た。おそらく津波のことを聞き、仙台市周辺から急ぎ里に帰省したのであろう。その女性は、しばらく海を見つめていた。2、3滴、涙を流し、その場に泣き崩れてしまった。現実とは思えない光景なのであろう。このような光景は、災害派遣中、幾度も見た。このような場に遭遇し、何もしてあげられない自分が存在した。

３月１３日　南三陸町（志津川）の状況

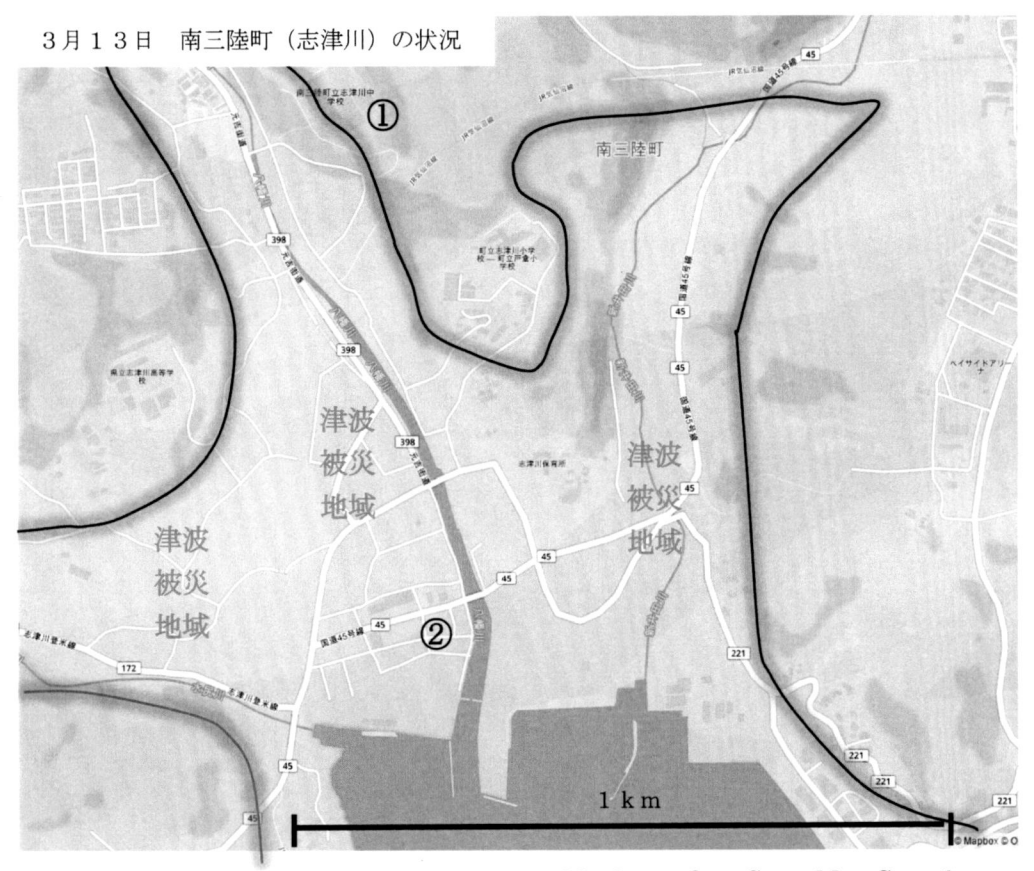

©Mapbox, ©OpenStreetMap Contributors

① 南三陸町立志津川中学校から海の方を見た。そこには、泣き崩れる女性がいた。
② 海の近くに、4つのコンクリート建物が黒くただれ残っていた。

訪問者（3日目　3月13日　19:30）

　長沼フートピアの連隊指揮所に戻った時、既に辺りは暗くなっていた。連隊長、副連隊長と今後の打ち合わせをしていると、突然、テントの入口からガサガサという音をたてて、体格のいい自衛官が入ってきた。第4偵察隊（福岡県駐屯）長大西2佐であった。大西2佐とは、10年

ぶりの再会であった。私が幹部候補生学校の区隊長時代、先輩区隊長であった。

　突然の九州からの訪問者に連隊長も驚いていた。理由を聞くと、第4師団（福岡県、大分県、佐賀県、長崎県を管轄）も3月11日夜に非常呼集がかかり、先発隊として第4偵察隊が宮城県まで来たということであった。そして今後、第4師団が第20普通科連隊と部隊交代し、気仙沼市及び南三陸町に展開するということである。連隊長、副連隊長、私も初耳である。とにかく、事情は事情として、大西2佐に、現在の第20普通科連隊の展開状況、各地域の被害状況を説明した。元々、大西2佐は勘のよい方であったので、短時間の説明にもかかわらず、全部を理解したと言わんばかりに、早速テントを出て、暗闇の中、現地の偵察に向かった。

　第6師団としても展開地域が広く、まだ、通信状態が不安定である。発災直後で、師団司令部も混乱しているのであろう。師団司令部と通じる通信電話を取り確認した。すると、「第4師団が、気仙沼市及び南三陸町に展開する予定であり、3月14日の早朝に第4師団司令部幕僚長、第16普通科連隊長（長崎県大村市）、第40普通科連隊長（福岡県小倉市）、第41普通科連隊長（大分県別府市）が、第20普通科連隊指揮所を訪問する」とのことであった。目的は、状況確認のためである。また、「第20普通科連隊は、石巻市・女川町へ転用予定であり、細部の展開地域は、明日伝達する」とのことであった。私は、すぐに部下に命じて、石巻市と女川町の地図を準備させた。そして道路、海岸沿いの町を頭に入れた。

第4師団の所在地

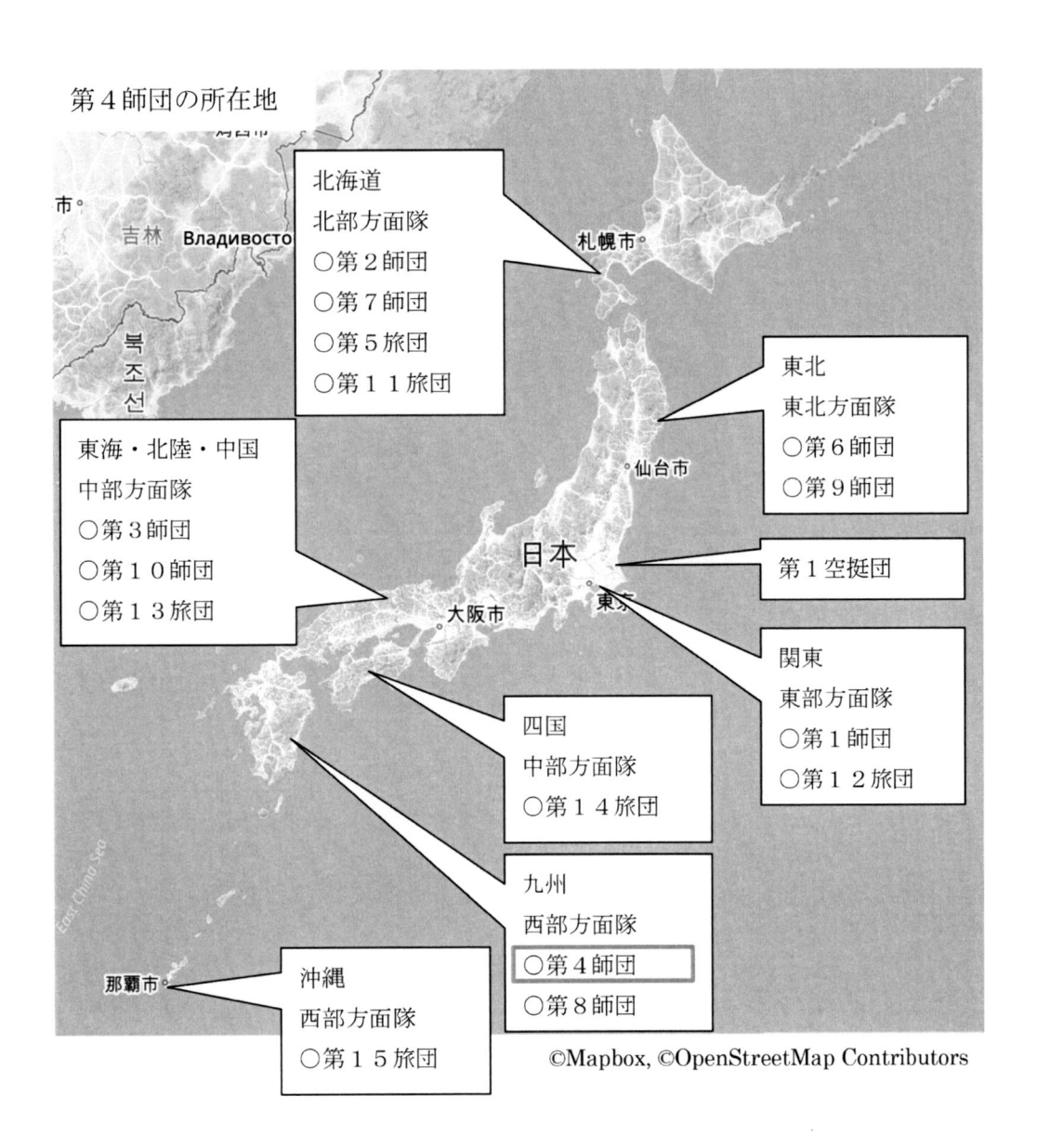

北海道
北部方面隊
○第2師団
○第7師団
○第5旅団
○第11旅団

東北
東北方面隊
○第6師団
○第9師団

東海・北陸・中国
中部方面隊
○第3師団
○第10師団
○第13旅団

第1空挺団

関東
東部方面隊
○第1師団
○第12旅団

四国
中部方面隊
○第14旅団

九州
西部方面隊
○第4師団
○第8師団

沖縄
西部方面隊
○第15旅団

©Mapbox, ©OpenStreetMap Contributors

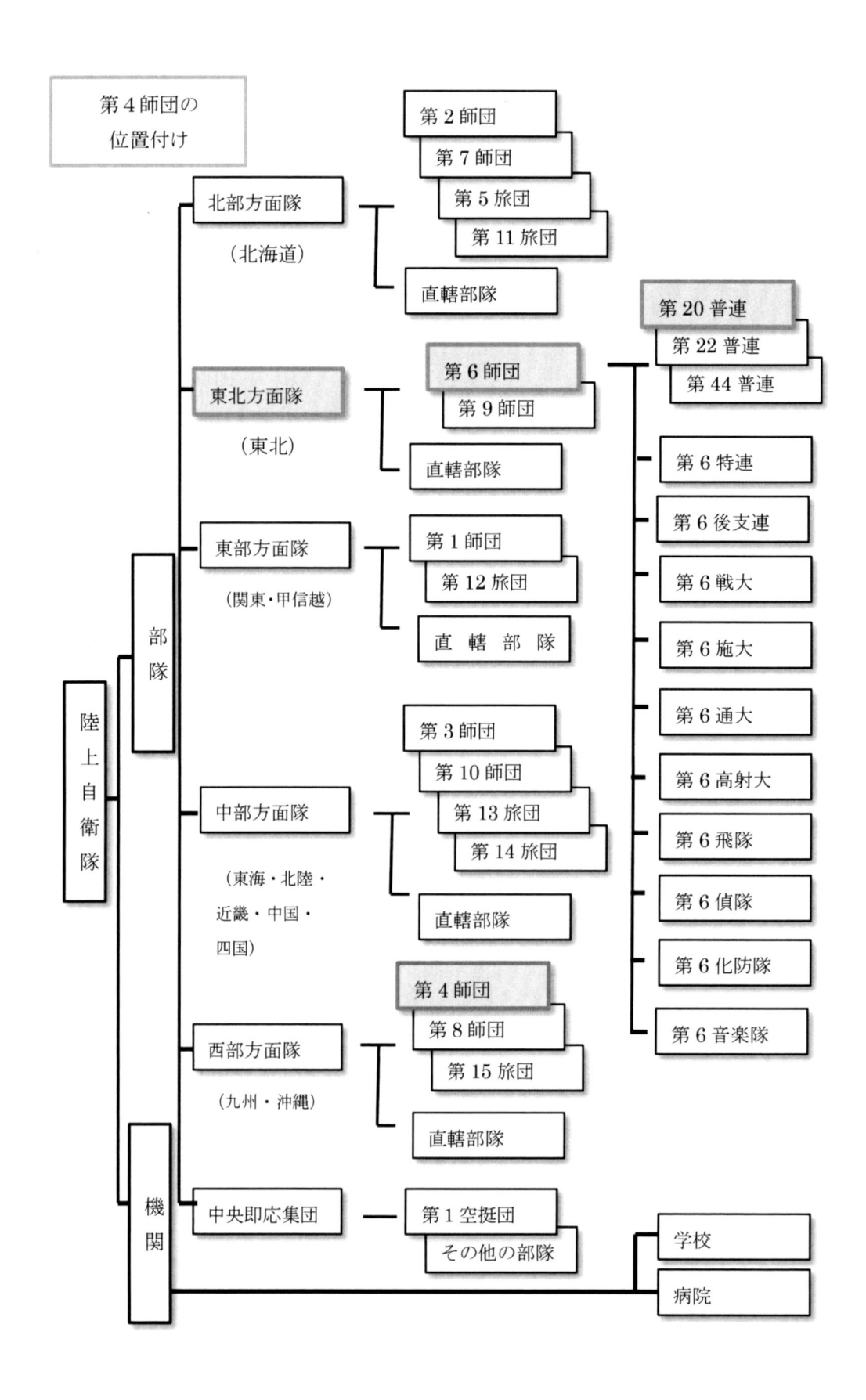

第4師団の
位置付け

陸上自衛隊

部隊
- 北部方面隊（北海道）
  - 第2師団
  - 第7師団
  - 第5旅団
  - 第11旅団
  - 直轄部隊
- 東北方面隊（東北）
  - 第6師団
    - 第20普連
    - 第22普連
    - 第44普連
    - 第6特連
    - 第6後支連
    - 第6戦大
    - 第6施大
    - 第6通大
    - 第6高射大
    - 第6飛隊
    - 第6偵隊
    - 第6化防隊
    - 第6音楽隊
  - 第9師団
  - 直轄部隊
- 東部方面隊（関東・甲信越）
  - 第1師団
  - 第12旅団
  - 直轄部隊
- 中部方面隊（東海・北陸・近畿・中国・四国）
  - 第3師団
  - 第10師団
  - 第13旅団
  - 第14旅団
  - 直轄部隊
- 西部方面隊（九州・沖縄）
  - 第4師団
  - 第8師団
  - 第15旅団
  - 直轄部隊
- 中央即応集団
  - 第1空挺団
  - その他の部隊

機関
- 学校
- 病院

デ　マ（3日目　3月13日　21:00）

　災害の時は、「現状が不明」、「先行きが不安」、「疲れ」により、正常な状態ではない。明るい情報、暗い情報でも信じたくなる。

　3月13日の午後9時頃、師団司令部から電話がかかる。その内容は、「第1普通科連隊（東京）に所属する『ワタナベ　ヒロキ』という隊員が、里帰り中に津波に巻き込まれ、今、志津川中学校近くの瓦礫の下に生存者5名と共に下敷きになっており、携帯電話で連絡が入った」とのことであった。この報を受け連隊本部は沸き上がった。直に無線で、南三陸町で活動する重迫撃砲中隊長に一帯の捜索を指示した。

　直接に情報を収集するため、開設されて間もない、自衛隊の部内内線により、第1普通科連隊に連絡を入れた。すると、第1普通科連隊の当直の答えは、「ワタナベ、ヒロキという隊員は、所属していないし、また、被災地から連絡が入った事実もない」ということであった。何度も聞き返したが、同じ答えであった。連隊本部内は、唖然とした。

　今度は、第6師団司令部に連絡を取った。すると師団司令部の防災担当者の答えは、第20普通科連隊にそのような情報を提供した事実はないとのことであった。いかにも不思議である。ただ、事実は事実として認め、重迫撃砲中隊長に捜索の中断を命じた。

　後から、この時の状況を重迫撃砲中隊長から聞いたが、近くにいた消防士、警察官が走り出して捜索に向かったということであった。事実を知らされ、捜索の中断が伝わった時に、その落胆ぶりは、何も言葉を発することができないほどだったということであった。

九州からの応援

　翌日、3月14日月曜日、早朝、師団司令部から命令があった。「第20普通科連隊は、3月15日に第4師団と部隊交代し、別命する地域へ部隊移動し、災害派遣活動を実施せよ」というものであった。まだ、細部の位置は示されていない。

　午前7時頃、第4師団司令部の幕僚長、第3部長（作戦担当部長）、3コ連隊の連隊長がそれぞれの連隊第3科長（作戦担当）を引き連れて、第20普通科連隊指揮所に到着した。総勢17名であった。連隊長の一人は、私の小隊長時代の中隊長であり、第4師団総務課長は、私が幹部特修課程学生の時の教官であった。普通科連隊第3科長の一人は、防衛大学校時代の同期であった。

　連隊長、副連隊長、私は、それぞれ分担し、被害の状況、被災地までの経路、部隊展開状況、拠点適地、行政機関の活動状況、不足している器材等を15分間ぐらいで説明した。その時、印象的なことは、師団幕僚長は話を聞きながらメモを取り、説明が終わるとすばやく師団司令部スタッフと連隊長に指示を出していた。その時、強力なリーダーシップを感じた。トップに立つ者、待ちの姿勢ではいけない。

　第4師団司令部内で10分ほど打ち合わせをして、部隊配置も決められた。明日、3月15日、第4師団が各地域で配置完了後、それぞれの地域の第20普通科連隊各中隊は撤収するということが決められた。

第4師団司令部スタッフ、第4師団各連隊長が各地域への偵察に出発した後、第40普通科連隊（福岡県小倉市）の何十台もの車両が列をなし、爆音をたてて長沼フートピアに入ってきた。そのすべての車両は、まだ、泥も、ヘドロの汚れもなく、隊員も美しい迷彩服を着ていた。私は、それがたいへん眩しく見えた。

　その風景に私が見惚れていた時、部下の一人が私を呼びに来た。師団司令部から新しい第20普通科連隊の展開地域の指示が来たというものであった。私は、連隊指揮所の大型テントの中に入り、部隊内線電話を手に取った。

新たな土地へ

　師団司令部から、新たな作戦地域の指示が出された。それは、石巻市の北上地区、河北地区、雄勝地区、牡鹿半島、それと女川町であった。展開地域だけ示されて、被害状況、現在の部隊活動状況は、すべて不明である。第6師団司令部も展開地域が広いため、指揮下部隊に詳しい状況を伝える余裕がないのであろう。わかっていることは、石巻総合運動公園に第44普通科連隊（福島県）が、指揮所を構えているということであった。それを師団司令部から聞いた時、福島県も津波被害を受けているのに、なぜ宮城県で活動しているのかという素朴な疑問があった。また、その時、私自身、自分の部隊の災害派遣活動に集中していたため、福島第一原子力発電所が、とんでもない事故を起こしているとは夢にも思わなかった。

　今後、第20普通科連隊に課せられる行動は、第一段階、「第4師団との部隊交代」、第二段階、「再編成」、第三段階、「新たな土地への展開と災害派遣活動の実施」であった。ここで重要なことは、部隊が入れ替わっても、その地域で災害派遣活動を絶えさせてはならないということである。

　南東北全般の地図を見ながら、私のイメージとして浮かんだことは、3月15日火曜日、第4師団と部隊交代後、部隊を一時、山形県神町駐屯地まで帰隊させる。災害派遣物品の積み替え、燃料の積み込みを終え、3月16日水曜日、新たな地域に展開し、災害派遣活動を行うというものであった。また、現在の状況は、気仙沼市から南三陸町まで、南北40kmに部隊展開し、明確に指示が伝わりにくい。よって一度、部隊を山形県に集結させることにより、各中隊長から部隊の現況を確認し、各中隊長と対面により明確に指示を出しやすいというメリットもあった。困難な状況を打破する場合や混沌とした状況を整理する場合は、原始的だが、1分間の相手との対面、一言の会話が効果的である。

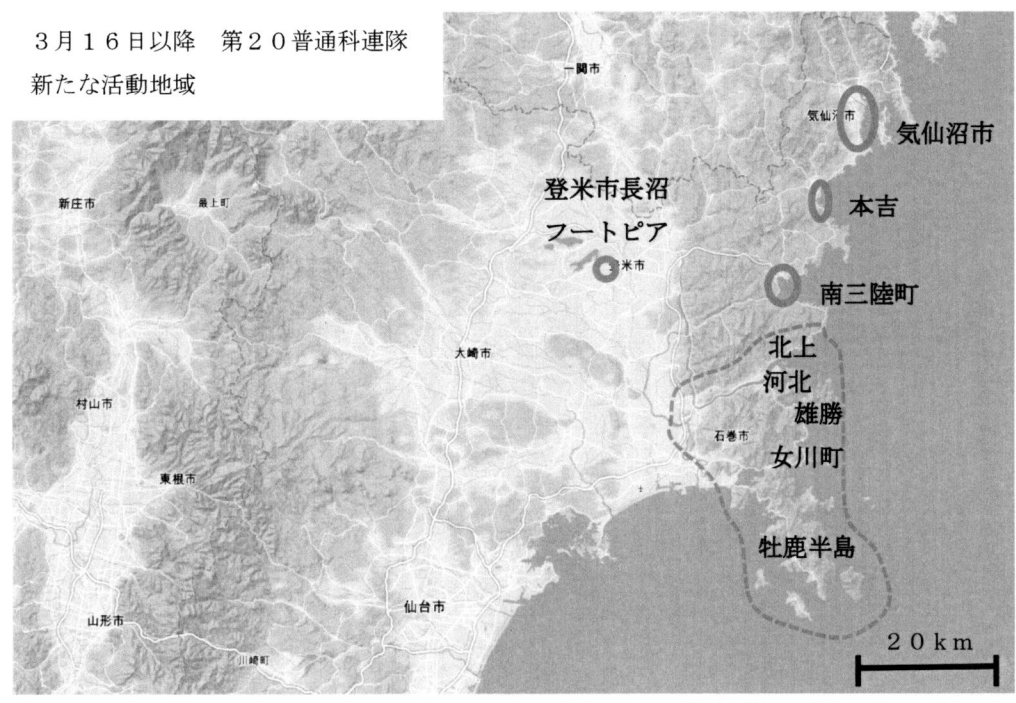

3月16日以降　第20普通科連隊
新たな活動地域

登米市長沼
フートピア

気仙沼市

本吉

南三陸町

北上
河北
雄勝
女川町

牡鹿半島

20km

©Mapbox, ©OpenStreetMap Contributors

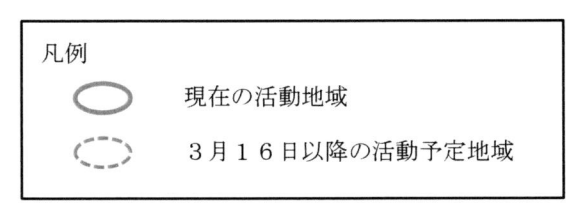

凡例
　　　　　現在の活動地域
　　　　　3月16日以降の活動予定地域

　この考え方を連隊長、副連隊長に提案し、採用された。災害派遣期間を通じて言えるのだが、未熟な私を、連隊長、副連隊長が信頼してくれ、私が立案しやすい環境を整えてくれたことに感謝している。そして、副連隊長からは、部隊交代と再編成の段取りを行うので、私が新しい作戦地域の準備をするように指示を受けた。私は、再びドライバーの渡辺2曹と2人で、新しい土地に向け偵察に出発した。

石巻総合運動公園へ

　一路、石巻総合運動公園の第44普通科連隊（福島県）指揮所を目指した。三陸自動車道は、緊急車両のみ通行可能で、桃生津山インターチェンジから三陸自動車道に乗り入れ、石巻河南インターチェンジまで乗り、そこから一般道に入った。

　三陸自動車道は地震による痛みもなく、順調に車を進ませる。この時、このような状況であれば、石巻市はたいした被害はなかったのではないかと思っていた。石巻河南インターチェンジは、石巻市の郊外にある。インターチェンジの隣には、大型ショッピングセンターが位置し

ていたが、広い駐車場は閑散としていた。地震により、営業を停止しているのであろう。それ以外、石巻河南インターチェンジ付近の地震による被害は見受けられない。ただ、そこから見える石巻市街地の方向は、天の青空にもかかわらず、茶色に霞んでいた。また、自転車に乗る多くの人を見る。その姿のほとんどはジャージ姿で、頭にタオルを巻きつけていた。男性も女性も、大人も子供も、ほとんどが同じ格好であった。その光景は、改革開放政策時代の中国の映像を見ているようであった。日本の街並みに、昔の中華人民共和国の姿が映る。極めて奇異な情景であった。

三陸自動車道を下りて、一般道に車を進めたが、未だ信号が停止していた。ただし、交通量が少なく、渋滞はない。道路案内板に従い、車を石巻市市街地に進める。車窓からは、目立った被害は見受けられない。石巻市の被害は、軽微なのだろうと思った。

車窓は、オフィス的な建物に移り変わっていた。市街中心部に近いのであろう。すると、突然、車の列ができている。私は車を降り、列の最前方に走っていく。旧北上川から流れ込む運河に架かる大きな橋が架かっている。その橋の向こう側を見て、私は唖然とした。街全体が水溜まりになっている。海水と海水の間に建物が建っていた。その間を、多くのゴムボートが行き交い、迷彩服、橙色の制服を着た人がゴムボートを漕ぎ、寒さに震えた方がその中に乗っている。気仙沼市や南三陸町とは異なった光景を見た。津波が堤防を乗り越え、その水が抜けず、街全体が水溜まりになっていたのだ。

交通規制に警察官が立っていた。私は、石巻市総合運動公園に向かう旨を言うと、運河堤防沿いの狭い堤防整備用道路に誘導してくれた。道路沿いは、避難している方々が多く行き交っている。その姿は、石巻河南インターチェンジで見た姿と同様で、ジャージ姿にほとんどの人がタオルを頭に掛けている。男女、若いか、老いているかは区別がつかない。大人と子供だけはわかる。右手の車窓には、自衛官、消防官、警察官がゴムボートを出して救助活動にあたっている。ゴムボートの中には、赤や黄色のレジャー用のゴムボートも見られる。民間の方々が協力してくれているのであろう。

10分間ぐらい車を進めていると、40代ぐらいの男性から呼び止められた。「あの建物に、おじいちゃん、おばあちゃん、子供が取り残されているのです。助けて下さい」。私は、「偵察に来ました」とは言えなかった。今、自分には救助を指示して、動かせる隊員がいなかった。歯がゆかった。とにかく、近くの自衛官を見つけて、救助を求めた男性の状況を説明し、次の救助を依頼した。

私は、声を掛けた男性に「次の救助を、ここの担当部隊に依頼しました。大丈夫です」と言った。そして、救助を求めた男性に「私は、他の地域での救助に向かわなければなりません」というウソを言った。後ろめたさを感じた。左手に野球場の照明灯が見えた。その方向にノロノロと進む。大きい道路に出て、旧北上川の橋を渡る。野球場が近くに見えた。石巻総合運動公園、第44普通科連隊の指揮所の所在地である。

３月１４日　石巻市街地の状況

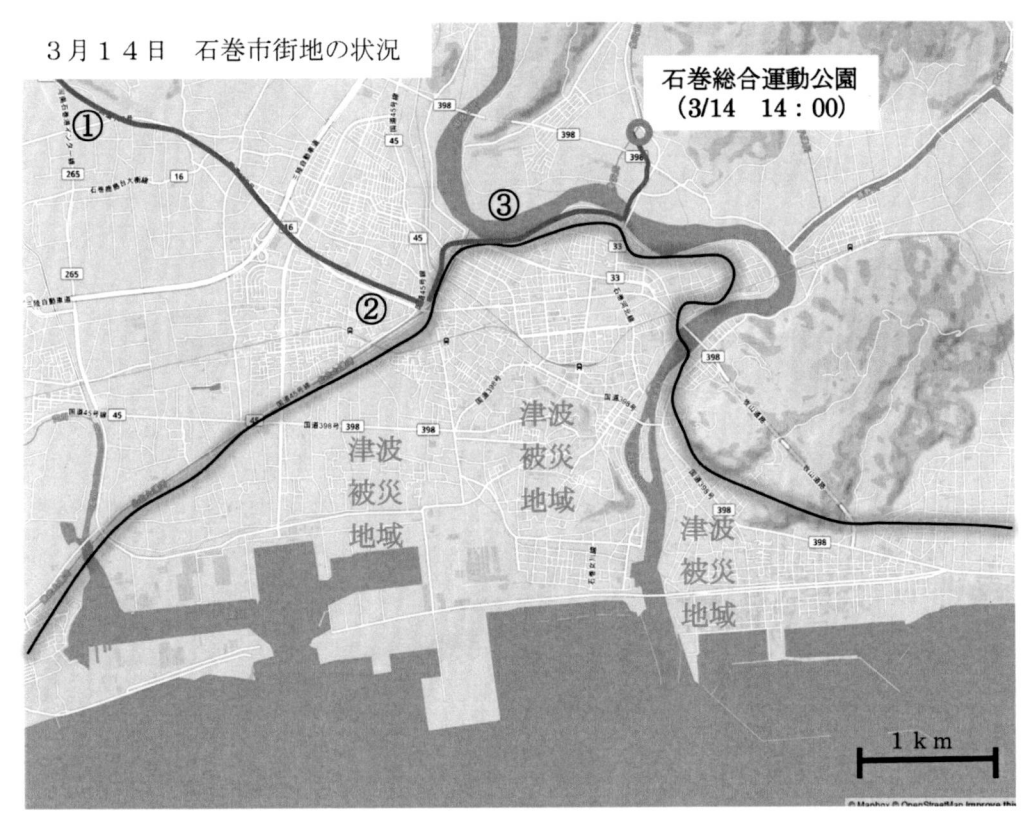

©Mapbox, ©OpenStreetMap Contributors

```
凡例

━━━━━━  移動経路
```

① 石巻河南インターチェンジ付近
　目立つ被害はなかった。ただし、ジャージ姿、頭にタオルを掛けた人を
　多く見た。
② 石巻市街地の入口
　突然、水溜まりとなっている街並みを見た。
③ 旧北上川堤防沿いの道路
　多くの救助活動を行っていた。

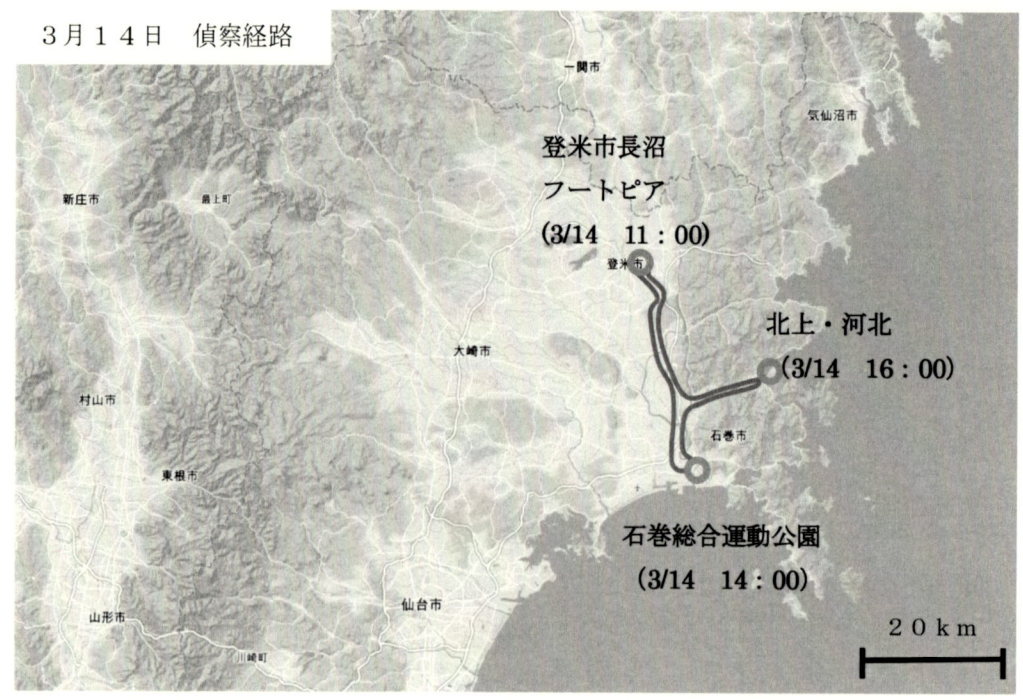

©Mapbox, ©OpenStreetMap Contributors

凡例

―――― 偵察経路

第44普通科連隊指揮所にて（4日目　3月14日　14:00）

　石巻市総合運動公園は、陸上競技場、野球場、フットボール場、サッカー場（当時　建設予定地）を兼ね備えた広大な敷地であった。正面の門から入った際、消防隊のオレンジ色の居住用テントが並んでいた。テントには、北海道、関東、関西のそれぞれの市町村名が書かれている。全国各地から集結しているようだ。正面の門の奥のほうに深緑のテント群が見える。陸上自衛隊のテント群だ。

　第44普通科連隊の指揮所は、フットボール場横の2階建ての建造物である公園の管理棟にあった。渡辺2曹は、その建物の前に車を止め、2人で2階の第44普通科連隊指揮所に入った。第44普通科連隊長の森脇1佐は不在であったが、副連隊長がいた。災害派遣前にも何度かお会いし、話をしたことがあった。胸板が厚く、声が大きく、いかにも第一線部隊指揮官という様相の方だ。

　私が、挨拶を述べると待ってましたと言わんばかりに、3月16日以降、第20普通科連隊が石巻地区に展開をすることを前提で、情報を提供してくれた。情報のポイントは、次の通りであった。「女川町の被害は甚大、街のほとんどが壊滅状態、役場も流されてしまった。ただし、行政

組織は健在で、現在活発に活動している。今後、女川町行政機関と密接に調整して災害派遣活動を行うほうがよい」。「牡鹿半島も、牡鹿支庁が健在で活動している。しかしながら、第44普通科連隊も人手不足で半島部まで、手が回っていない。そして、海岸部の道路は寸断されているため、半島の峰を連ねる牡鹿コバルトラインを使わなければならない」。「河北・北上・雄勝地区は、第6後方支援連隊が展開している。だから、我々も入手している情報が少ない。現地に行って、情報を直接に得てくれ」。

20分ほど、副連隊長が説明をしてくれ、腕時計を見ると、午後2時を過ぎている。明るいうちに偵察をしなければ情報が得られない。まずは、情報が全く得られていない北上・河北地区から偵察を決め、渡辺2曹と2人、第44普通科連隊指揮所を出た。2人とも車に乗り、エンジンをかけた。再び未知の世界への出発であった。

北上・河北地区へ（4日目　3月14日　16:00）

地図だけを頼りに車を進めた。海沿いではなく、石巻市の内陸側から北上川を目指した。北上川は、石巻市街地を流れる「旧北上川」と石巻市北上・河北地区の方向へ流れる「北上川」がある。途中、両面に田んぼが広がる道路を通る。田植えの時期でもないのに、一面に黒い水が溜まっている。津波の影響で、用水路、下水が逆流したものである。諸所に学校、公民館が見え、数か所に人が集まり、火を焚き暖をとっている。電気が復旧せず、灯油も不足しているのであろう。

北上川の堤防に突き当たる。理由は覚えていないが、なぜか北上川の対岸に渡った。結果として、偶然、北上地区で活動する部隊に出会うことになる。北上川沿いの堤防の上を、海に向かって左岸を進む。左側の車窓には、田植え前の田んぼが見える。その田んぼも黒い水で覆われている。前方の山影の向こうに、大きな橋が見えてくる。だが、橋の途中が折れている。津波で折れてしまっているのであろう。車を進めているうちに、だんだんと橋が大きくなってくる。民家が点在し始める。日本のどこでもありそうな田舎町、小さい商店、小さな散髪屋、小さな郵便局がある。ただし、その建物と建物の間には、黒い水が広がる。その水は、1階部分を沈め、2階部分を残して点在しおり、多くの島が浮かんでいるように見える。

前方に5人から6人の黒い人影が見えた。車を、そのまま進めていく。

近づいて車を止め、私は車から降りた。すると、第6後方支援連隊の整備大隊長であった。私が「明後日、3月16日から第20普通科連隊が、この地域に入ります」と言うと、整備大隊長は、このような説明をしてくれた。「この地区で、15名の御遺体を収容した。まだ、行方不明の方が、何人いるかは不明」。私が、対岸のことを聞くと、「堤防が決壊し、活動が困難、第10施設群（宮城県船岡駐屯地）が仮設道路を建設中」ということであった。

私は、対岸を確認するため、双眼鏡を目に当てた。確かに川沿いに堤防があるが、その堤防の内側から山肌に向けて、広大な池が広がっている。双眼鏡から目を離し、地図を見た。途中折れている橋は、新北上大橋である。その向こう側には、民家があるはず。私には、肉眼でも、

双眼鏡でも対岸は、広大な池か、海の続きにしか見えなかった。私は、何の疑問も持たず、地図が古いものだと思った。その時、児童、教職員の多くの方が亡くなった石巻市立大川小学校があるとは、夢にも思わなかった。実際は、津波で地形が変わりすぎていたのだ。陸地が広大な池か、海に見えていたのだ。海は、まだ、川下に4km先である。

　今でも、報道番組で石巻市立大川小学校が取り上げられるたびに、あの光景が思い出される。

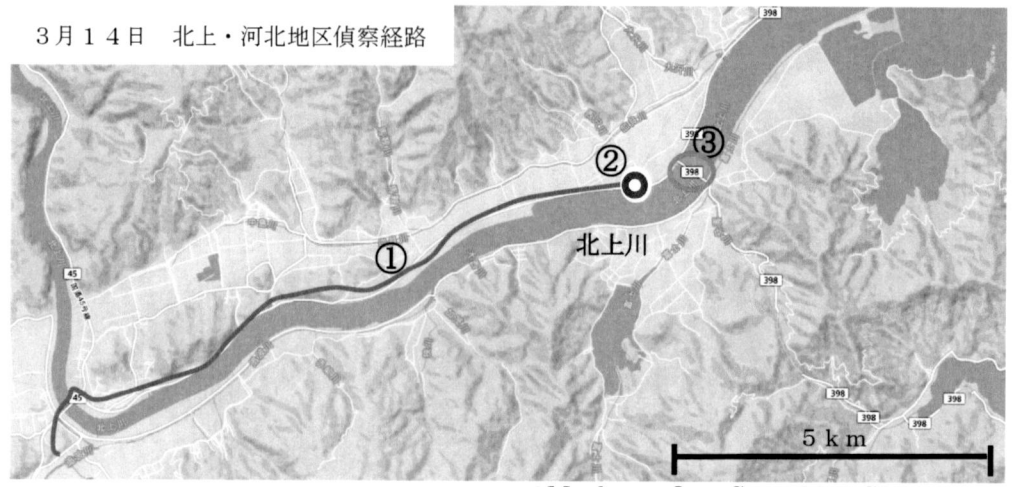

３月１４日　北上・河北地区偵察経路

©Mapbox, ©OpenStreetMap Contributors

凡例
　―――――　移動経路

①　移動経路
　　私は北上川の左岸を海の方向へ向かい進んだ。
②　北上支所付近
　　偶然、第6後方支援連隊整備大隊長と出合う。
③　新北上大橋
　　北上川の左岸と右岸を結ぶ橋（新北上大橋）は、途中で落ちていて、
　　通行不能であった。

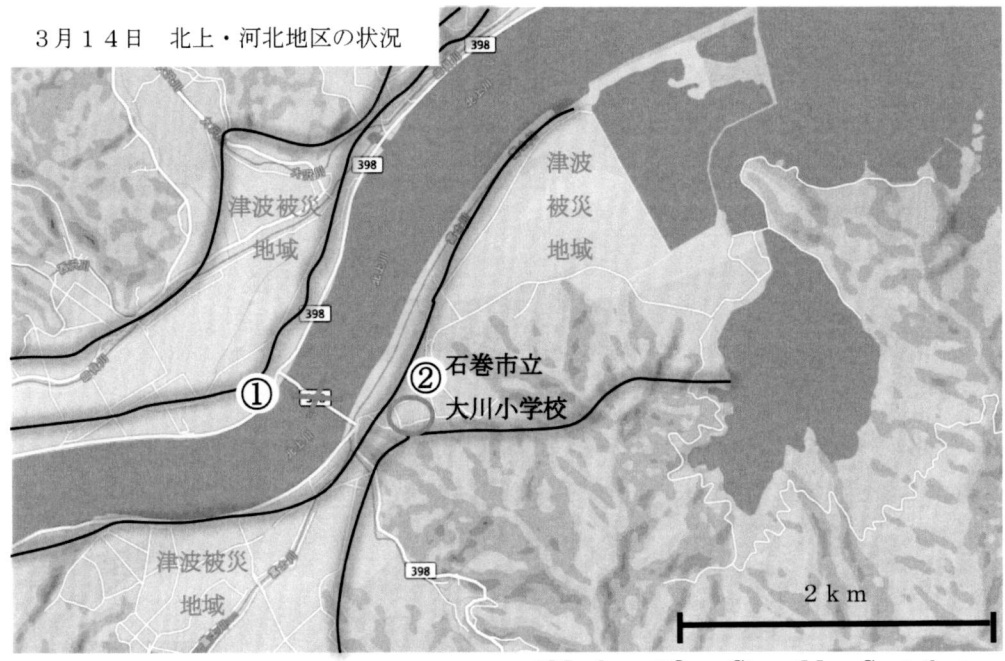

3月14日　北上・河北地区の状況

©Mapbox, ©OpenStreetMap Contributors

① 第6後方支援連隊整備大隊長と出合った地点

　　私は、双眼鏡を目に当てて、対岸の釜谷方向を見る。

② 河北地区釜谷

　　多くの方々が犠牲になられた石巻市立大川小学校周辺は、海水が

溜まり、海のように見えた。

長沼フートピア最後の夜（4日目　3月14日　21:00）

　北上・河北地区での偵察を終え、連隊指揮所への帰途についた。周辺は、夕暮れに包まれている。帰りの車の中で、私の頭の中は、石巻市北上・河北・雄勝地区、女川町、牡鹿半島の地形と部隊配置でいっぱいであった。午後、8時過ぎに連隊指揮所に到着した。

　私は、連隊指揮所である大型テントに入り、机の上の地図の上に作図した。北上・河北地区に第2中隊、雄勝地区に第1中隊、女川町に第4中隊、牡鹿半島に第3中隊、牡鹿半島付け根部分に重迫撃砲中隊を配置、扇の要に当たる石巻総合運動公園を連隊指揮所、連隊宿営地に選定した。作戦図を連隊長に報告をし、決裁を受けた。決裁を受けた後、部下がカップラーメンと白飯の缶詰を出してくれた。偵察で体が凍えていたため、カップから出る湯気は印象的であった。

　私は引き続き命令書を作成した。夜の空においてもヘリコプターの音は鳴り響いている。いつのまにか、気が遠くなり、机にうつ伏せていた。部下に起こされ、「明日の偵察は、夜明け前の午前4時30分に出発する」旨のみを伝えた。部下にすすめられ、簡易ベッドに横になった。

長沼フートピアの夜は最後だったが、今後のことで頭がいっぱいだった。

建物に浮かぶ漁船（5日目　3月15日　04:30〜08:00）

　余震で目が覚めた。発電機で稼働しているテレビを見ると震度4であった。常に余震があり、感覚が麻痺し、揺れに対してあまり恐怖を感じない。

　3月15日火曜日、予定の時刻、午前4時30分に長沼フートピアを発った。まずは、石巻総合運動公園の第44普通科連隊指揮所に寄り、最新の情報を入手した。女川町までは、海岸沿いの国道398号線は、津波による被害と地盤沈下で使用できず、経路は山側の県道しかないとのことであった。

　女川町までの道程は、険しかった。道は狭く、ある住宅地では下水が逆流し、水が溢れ、水浸しの所もあった。また、泥沼のような所もあった。そして、家が倒れかかり、車のすれ違いが困難な所もあった。万石浦は、石巻湾と狭い水路でつながる内海であったが、その道沿いも津波の跡が見える。そして、地盤沈下により、海水が溜まっている箇所があった。

　途中、地図で地形を確認するため、車を止め、車を降りた。すると、小学生低学年ぐらいの子供を連れた女性が、私のほうに手を挙げて駆け寄ってきた。近づいてきて、何を言うかと思うと、「自衛隊さん、女川へ行くのですか。女川の被害もひどいと聞いています。女川には、友人が多くいます。どうか助けて下さい」と言う。私は、彼女に対して、このように答えた。「安心して下さい。もっと多くの救援の部隊が女川へ行くので、大丈夫です」。自分自身、何が起きているかわからない状況だったが、知っている「フリ」をして答えることが、そのとき唯一できることであった。

　石巻市から女川町に入る時の境界は、小高い峠になっている。峠の頂上付近の家屋も、浸水の跡が見える。津波が、峠を駆け上がってきたのであろう。峠の頂上を越え、下り始めた。すると、女川町市街地は、一面、高く積み上げられた瓦礫置場と化していた。道だけは、廃材が取り除かれていた。ただし、アスファルトは、諸所めくれ上がっている。広大な瓦礫の群れの奥に、黒くなったビルが4棟か5棟は見えた。だだし、その周辺は、全く街の面影は、残っていない。

　とにかく、地図上で街のあった方向に車を進める。窓ガラスのない、黒くなった5階建てのビルに船が乗っている。漁船だ。建物に漁船が浮かんでいる。その隣には、5階建ての建物が、土台の鉄筋がめくれ上がり、横倒しになっている。周辺は、鉄筋、木材、コンクリートの大小の異なる瓦礫が散乱している。応急的に瓦礫が除去された狭い道路を通る。道の両脇には、堆く瓦礫が積み上げられている。緊急車両と一般車両が行き交う、小高い丘に車を進める。5階立ての立派な建物があった。ただし、1階部分は水を被っている。窓ガラスが割れ、機器が窓から飛び出し、幾つか車が横倒しになっている。

　地図を見ると、女川町地域医療センターであった。2階以上では、慌ただしく人が行き交っているのが窓の奥に見える。医療関係と思われる女性に、「女川町役場の職員の所在」を尋ねた。すると彼女は、街の北の方角にある、もう一つの丘の方向を指して、「役場は、あの方向ですが、

どうなっているかわかりません」と答えた。私は、まず、役場のほうへ行って行政組織とコンタクトすることを優先することにした。そして、女川町地域医療センターの小高い丘を後にした。

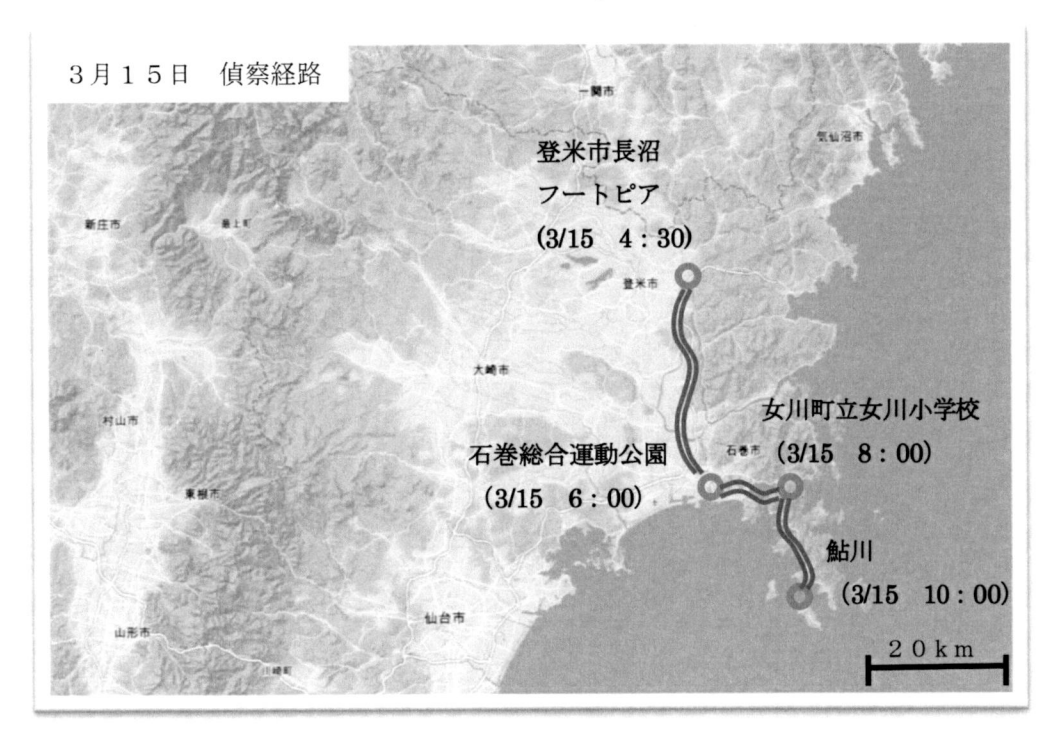

3月15日　偵察経路

登米市長沼
フートピア
(3/15　4：30)

石巻総合運動公園
(3/15　6：00)

女川町立女川小学校
(3/15　8：00)

鮎川
(3/15　10：00)

20km

©Mapbox, ©OpenStreetMap Contributors

凡例
———— 偵察経路

逞しい被災者の方々

街の北側の小高い丘を目指して、瓦礫の中の道を進んだ。諸所に、海水の溜まりがあり、車は、船のように進んだ。左の車窓には、横倒しになった列車、天井から海水を被った総合体育館が見える。車は、小高い丘を登り始めた。道路は、ループを描き続けている。丘の途中で、突然、何事もなかったようなきれいな道路に変化する。役所のような建物が目の前に見えた。建物の向こうは、白い機体の海上自衛隊のヘリコプターが、離発着を繰り返している。

役所前の駐車場に車を止めた。行き来をする人達がいるが、ヘリコプターの回転音以外は、静かに、そして整然と動いている。車を降り、正面玄関であろう入り口に向かう。正面玄関に入って初めてわかったのだが、そこは、町役場ではなく小学校であった。小学校を臨時の役場にしていたのだ。玄関の中は、児童用の下駄箱が並んでいた。

赤十字の腕章をしている人に町長の所在を尋ねた。すると、案内してくれるとのことだった。

玄関口のホールでは長机を並べ、10人ぐらいの女性がおにぎりを幾つもにぎっている。すべてが自分の役割を果たそうと、整然と静かに進んでいる。別の部屋では、子供が集まり、教師らしき方が面倒を見ている。女川町長は奥の部屋に居た。中央の机に物静かに座り、指示を出している。私は案内され町長に挨拶を述べ、明日3月16日以降、100名程度の部隊が、救援として加わる旨のことを伝えた。また、行政機関の要求に基づき行動することも伝えた。町長の「ありがとうございます」という静かで威厳のある言葉だけが記憶に残っている。

　私の心に響いたのは、街がほとんど流されているにもかかわらず、静かに自分の役割を果たそうとする人々の姿であった。津波の脅威に備え、日々、生活をしてきた方々の生き様が、その姿になっていたのであろう。

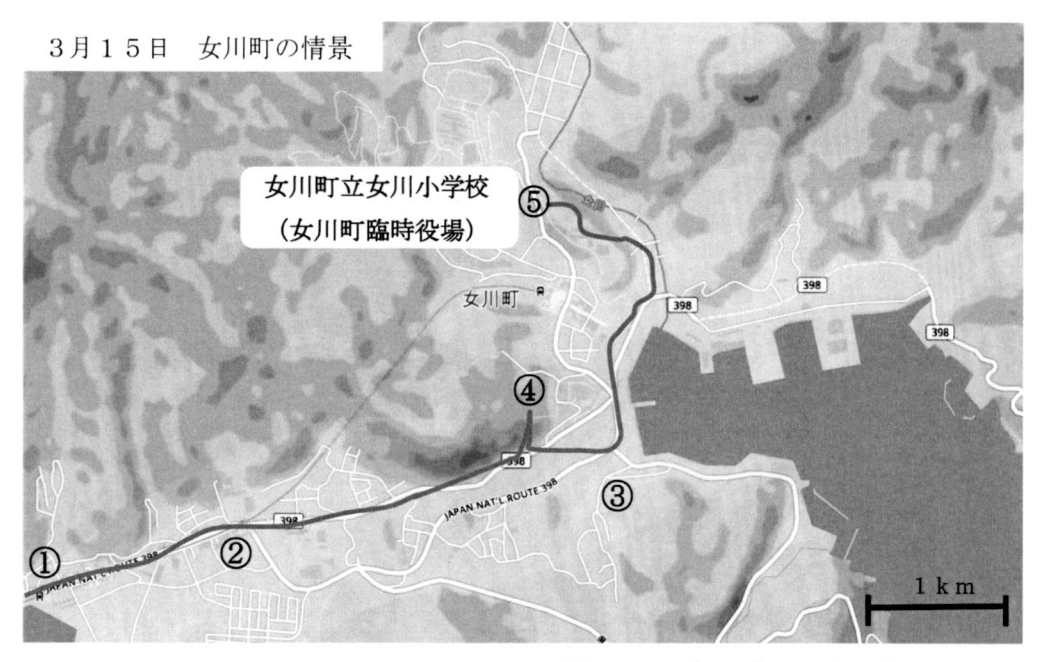

3月15日　女川町の情景

女川町立女川小学校
（女川町臨時役場）

©Mapbox, ©OpenStreetMap Contributors

凡例

─────　移動経路

① 万石浦沿いの道路
地盤沈下で海水の溜まっている箇所が諸所にあった。

② 石巻市と女川町の境
小高い峠になっているが、家屋の床下には、浸水の跡があった。

③ 女川市街地
５階建ての建物に漁船が乗っていた。また、他の５階建ての建物は、土台から倒れ、完全に横倒しになっていた。

④ 女川町地域医療センター
海抜２０ｍ以上の所にあったが、１階部分は被災し、２階以上で医療活動を行っていた。

⑤ 女川町立女川小学校
臨時役場として使用されていた。

牡鹿半島への道（5日目　5月15日　10:00）

女川町の行政機関の所在を確かめたため、次に牡鹿半島の石巻市牡鹿支庁のある鮎川を目指

した。鮎川は、半島の南側にある。偵察の主な目的は、救援物資輸送で使用する大型車が通行できるかであった。第44普通科連隊副連隊長の情報では、海岸沿いの道路は使用できないということであったので、半島を南北に走る尾根沿いの牡鹿コバルトラインを偵察経路として選択した。牡鹿コバルトラインに入ると、S字カーブが続く。山道ということもあり、木々が道路を覆い薄暗い。行き交う車はなく、道路の所々は陥没し、山際は小さな土砂崩れを起こしている。大小の岩が散乱している所もある。

　突然、大きく道路が崩れている箇所があった。鮫が大きく口を開けているような崩れ方である。ただ、道路は一車線が生き残っている。土砂が崩れた片側には、既に2段に積まれた土嚢が整然と並んでいる。地方自治体の職員、民間建設会社の方、消防団員の誰かが積み上げたのであろう。生活の生命線である道路を守る使命感が、その土嚢から感じられた。私は車から降り、残った一車線の幅を自分の歩幅で、その長さを調べた。高機動車（中型車）であれば、通行できる。

　更に、その土砂崩れ現場から車を進めた。下り坂に入り、海のほうへ向かい始める。フロントガラスには、徐々に海が大きく映る。青い道路案内板に従い、鮎川を目指す。すると、瓦礫に覆われた扇状地に到着する。1km先の4階立ての建物以外、何もない。元々、住宅が密集していたなどとは思えない。第44普通科連隊の車両が見え、隊員が横一列になり、一線に山のほうへ向かい歩いている。

　私は、車を降り、小隊長らしき隊員に状況を確認した。彼の答えは、「現在、行政の要請で、行方不明者の捜索をしています。ただ、人手不足で救援物資の輸送も不十分です」との答えであった。牡鹿半島は、小さな浜も複数あり、状況や地形の確認も不十分である。私は、自分の構想通り1コ中隊を半島の端に配置し災害派遣活動を行うことを決めた。元の来た道を引き返し、長沼フートピア、連隊指揮所までの帰路についた。

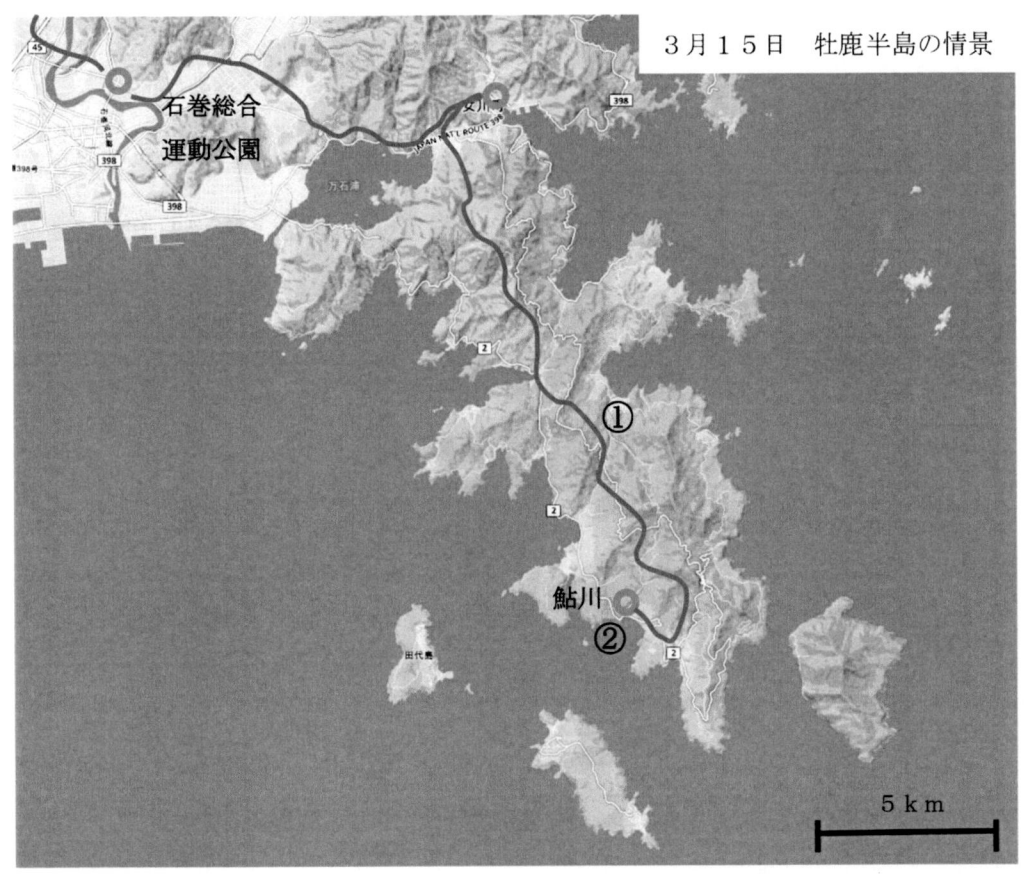

©Mapbox, ©OpenStreetMap Contributors

凡例
―――― 移動経路

① 牡鹿コバルトライン
　　海岸沿いの道は津波により被災しているため、牡鹿コバルトラインを
使用して、鮎川まで行った。ただし、その道も諸所に、土砂崩れを起きて
いた。
② 鮎川
　　牡鹿半島の行政中心地であったが、自衛隊も勢力不足であり、わずかな
人員で、行方不明の方々の捜索を行っていた。

大津波警報（5日目　3月15日　14:00）

　正午過ぎに、長沼フートピア、第20普通科連隊指揮所に戻る。連隊長に、最終的な偵察結果

を報告している時であった。発電機で稼働している連隊指揮所内のテレビが鳴った。「大津波警報が発令されました。海岸沿いの人は、直ちに高台へ避難して下さい」叫びに近い、アナウンスが何度も繰り返された。

　私は、連隊の通信手に、直ちに全無線を封止し、「全部隊、高台に退避せよ」のみの言葉を、何度も繰り返せと指示した。私の頭の中では、私の計画した作戦で、隊員を殺したのではないかという恐怖が横切った。20歳前後の隊員も海岸沿いで活動している。もし、彼らが死に直面するのであれば、私が代わりたいぐらいだ。テレビのアナウンスでは、「宮城沖において、海上保安庁の航空機では、まだ、津波の第一波を確認していません」とのことであった。

　10分から15分ぐらい経ってからであろうか、「退避指示」を一時、止めさせ、各部隊の退避状況を確認した。現場から順次、間をおいて「退避完了」の報告が入ってくる。全部隊の「退避完了」を確認した時、その瞬間、私は、安堵感で、その場に座り込んでしまった。

　津波が到達するのを、連隊指揮所の要員も無線も静かに待つ。連隊指揮所の大型テント内に響く音は、テレビの中のアナウンサーの声だけであった。

　30分ぐらい経った、その時、「大津波警報」が解除された。解除されても誰も何も言わない。おそらく、誤報であろう。災害の現場、そこは究極である。自ら危険に晒す場面にも遭遇する。そのような中でも、隊員達は我慢して活動する。いくら最新の器材が導入されようと、それを判断して使うのは人である。私の聞く限り、その誤報を、「誤報だった」と言う者もなく、「軽蔑する」者もなく、「恨む」者もいなかった。

再編成（5日目　3月15日　23:00）

　3月15日火曜日、午後4時、気仙沼市街地で活動している第1中隊が、第4師団と部隊交代を完了した。部隊交代の統制を行っているのは、副連隊長であった。副連隊長の指示で、私は一足先に山形県の神町駐屯地に戻り、再編成の準備と新たな指示を各中隊長に伝達するように言われた。

　私は、初動の5日間、活動の拠点とした長沼フートピアを離れた。正直、「ホット」した気持ちがあった。光のある山形県に帰ることができるという「安心感」もあった。しかし、被災者の方々に対しての「後ろめたさ」もあった。この帰りの車中だけは、何も記憶に残っていない。気付かないうちに寝ていたのかもしれない。

　記憶があるのは、山形県神町駐屯地、第20普通科連隊の作戦室であった。私は手書きで、燃料、災害派遣物品のリスト、長期宿営用器材リスト、また各中隊の配置を示す命令書を作成し、各中隊長に手渡すように準備した。

　最初に部隊交代を完了した第1中隊が帰隊した。私は帰隊した順に指示を行う。先遣隊・主力・残留部隊の編制要領、明日の神町駐屯地出発時刻等を。最後に、副連隊長とともに第4中隊が帰隊した。全中隊に指示が終わったのは、3月15日火曜日、午後23時頃だったと思う。まだ、3月16日水曜日にはなっていなかった。各中隊への指示が終了した連隊作戦室は、静けさに満

ちていた。すると、連隊長から、出発前の午前4時30分まで、一時帰宅するように言われた。

一時帰宅（6日目　3月16日　00:00）

　3月16日水曜日、午前0時過ぎに山形県で居住している駐屯地横の自衛隊官舎に帰宅した。妻には、この5日間、電話もメールも届かなかった。玄関のブザーを鳴らすと妻が出てきた。私は、玄関に入るとブーツを脱ぎ、そのまま風呂に直行しシャワーを浴びたことを覚えている。

　妻には一言も何も言わなかったし、妻は私に何も尋ねなかった。風呂から出ると、明日出発のため、下着等をバッグに入れられるだけ入れた。その間、妻がおにぎりと味噌汁を作ってくれた。山形県でも、店では何も売っていないと言っていた。私は、おにぎりを食べ、味噌汁を飲むと妻に起きる時間だけを言って、床で意識を失った。

第3章　座布団として

座布団（ザブトン）

　第20普通科連隊は、東日本大震災で座布団の役割を果たした。東北の部隊でありながら、日本海側の山形県に位置し、直接の被害を受けることはなかった。宮城県の第22普通科連隊（宮城県多賀城市）や、航空自衛隊松島基地は、津波の被害を直接受け、第44普通科連隊（福島市）や第6特科連隊（福島県郡山市）は、福島第一原発の事故の中、災害派遣活動を行い、家族をその危険の中に置き活動した。心労は深かったと思う。

　その点、第20普通科連隊は、比較的自由に行動ができた。そこで、第20普通科連隊は、東北の地元部隊として、当初広域に展開し、人命救助活動を行いつつ、地元の行政機関との調整、被災された方々のニーズや道路状況等の情報を収集し、全国から集まる部隊の展開を容易にする役割を果たした。要するに、座布団を敷いて多くの部隊を座らせていったのである。第2章の第4師団（北部九州）との部隊交代もそれに該当する。

　この章では、第14旅団（四国）、第5旅団（北海道）との出来事を記述していく。東日本大震災時の第20普通科連隊の行動は、被災地が広域である場合のモデルケースになるものと自負するものである。私は、この災害派遣を通じて、悲しい思いが90%である。ただ、10%のみが、この部隊運用を通じて、地元部隊の意地を見せられた自負心である。

第２０普通科連隊　東日本大震災災害派遣　活動推移		
月　日	章	活動内容
３月１１日 〜 ３月１５日	第２章 初動の５日間	気仙沼市・南三陸町で活動
３月１６日 〜 ３月１９日	第３章 座布団として	第４師団と部隊交代し、石巻市北上・河北・雄勝地区、女川町、石巻市牡鹿半島で活動
３月２０日 〜 ３月２１日	第４章 石巻市街地へ	第１４旅団と部隊交代し、石巻市牡鹿半島のみで活動
３月２２日 〜 ５月２日	第５章 様々な活動の中で	第５旅団と交代し、石巻市大街道地区で活動
５月３日 〜 ５月１５日	第６章 石巻市・女川町安定化作戦	第４４普通科連隊部隊転用に伴い石巻市門脇地区を含め活動
５月１６日 〜 ５月２２日		第５旅団の撤収に伴い、石巻市牡鹿半島、石巻市湊・渡波地区全域において活動
５月２３日 〜 ６月１９日	第７章 「湊・渡波地区一斉捜索」への道	第１４旅団の撤収に伴い、石巻市・女川町全域で活動
６月２０日 〜 ７月２７日	第８章 終焉	順次部隊を帰隊させ、東日本大震災災害派遣活動を終了

第2の故郷　石巻総合運動公園へ（6日目　3月16日　04:30）

　3月16日水曜日、午前4時20分、山形神町駐屯地第20普通科連隊隊舎前に、第20普通科連隊先遣隊が集合した。3月11日の発災時とは異なり、先遣隊は偵察要員に加え、宿営準備要員も加わり、総勢60名で編成している。まだ、周辺は暗く、車のヘッドライトと懐中電灯で点呼をとった。午前4時30分、それぞれの隊員は、乗車を完了し、予定時刻に滑り出した。車の通り

は少なかった。宮城県との県境、関山トンネルを越えると停電であり、暗黒である。信号が稼働していないため、注意して車を進ませる。そのため、順調な車両走行とはいかなかった。

　作並街道を下りきった時、完全な明るさになる。道が海岸に近づくにつれ、埃が深くなる。これは、乾いた瓦礫、ヘドロから舞い上がったものである。この埃の中を歩くと、顔や服が粘着性のある汚れとなる。

　石巻総合運動公園には、午前8時過ぎに到着した。この時、約5カ月、7月27日まで、ここで居住するとは夢にも思わなかった。今後、石巻総合運動公園は、自衛隊の一大集結地となる。石巻市周辺で活動する部隊は、石巻総合運動公園に集まり、テントを張り寝起きした。陸上競技場は、中型ヘリコプターの3機同時降着が可能であり、南西部のサッカー場建設予定地には、何台もの重機、大型トレーラーが駐車可能であった。救援物資も、すべて石巻総合運動公園に集まり、ここから石巻市の隅々の地区、避難所に運ばれた。この石巻総合運動公園は、我々自衛官にとって感謝すべき土地である。

　当初、情報収集のため、第44普通科連隊指揮所へ向かった。また、この時も連隊長はおらず、副連隊長が対応してくれた。提供してもらった情報の内容に関しては、私が得た昨日の偵察結果内容とそれほど差異はない。副連隊長の説明が終わり、私が各中隊長に、偵察に関する指示を出した。特に重視する事項として、「行政機関、被災者の方々のニーズ」であった。前夜に、各中隊の担任地域は示していたため、指示が終わると同時に、それぞれの担任地域に出発した。

　私は、偵察で一番手薄になっている牡鹿半島東岸に向けて出発した。

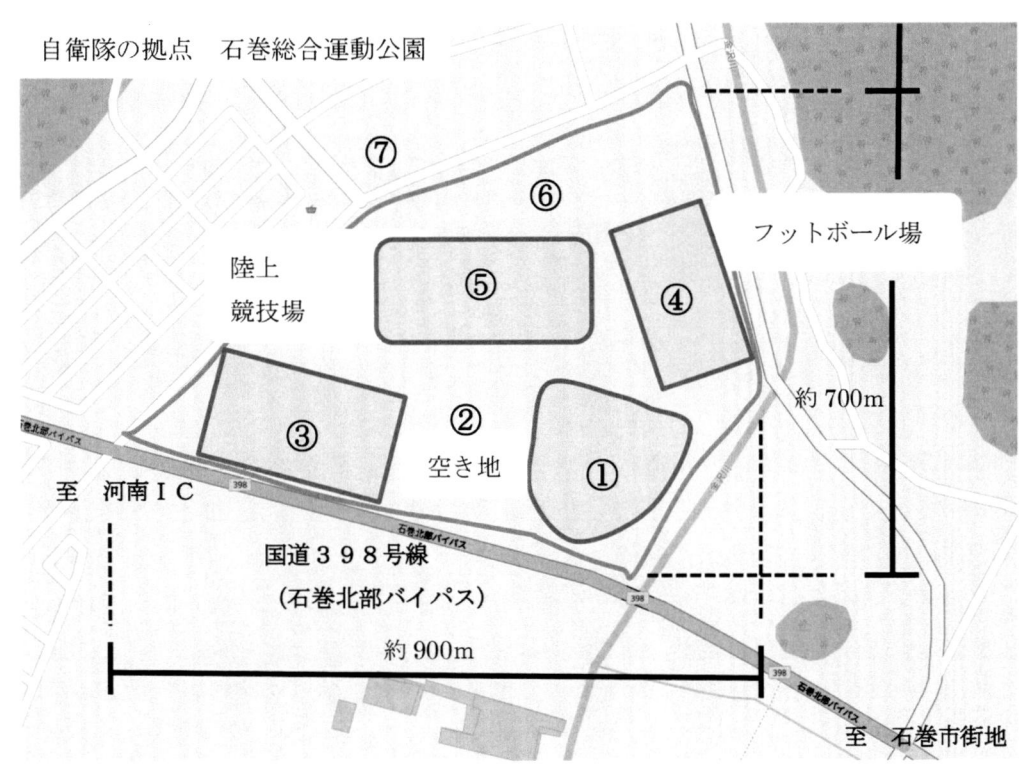

自衛隊の拠点　石巻総合運動公園

⑦

⑥

陸上
競技場

⑤

④　フットボール場

③　②　空き地　①

至　河南ＩＣ

国道３９８号線
（石巻北部バイパス）

約700m

約900m

至　石巻市街地

©OpenStreetMap Contributors

凡例
　　　　石巻総合運動公園敷地

① 　市民球場
　　第２０普通科連隊指揮所、宿営地を設営していた。
② 　空き地
　　駐車場として活用していた。
③ 　サッカー場建設予定地
　　重機、大型トレーラ駐車場として活用し、自衛隊撤収後は、仮設住宅が
　建設された。
④ 　フットボール場
　　第６後方支援連隊の活動拠点であり、救援物資の集積地となっていた。
⑤ 　陸上競技場
　　ヘリポートとして活用した。中型ヘリコプターが、同時に３機まで離発着
　可能であった。
⑥ 　外来駐車場
　　全国から集まる消防隊の宿営地であった。
⑦ 　飛び地
　　自衛隊の駐車場及び宿営地が設営された。自衛隊が撤収後は、仮設住宅が
　建設された。

ここでの犠牲者はいません（6日目　3月16日　11:00）

　昨日、通った女川町へ続く道を抜け、牡鹿半島を縦深に続く牡鹿コバルトラインの入口へ向かった。万石浦沿いの道は、地盤沈下している地点もあり、満潮の時は海水が満ちている所がある。今日は、満潮の時であった。海水により道の底は見えない。普通の車より車高の高い自衛隊の車両も、ドッポリ水に浸かる。車がモーターボートのように水しぶきを上げて進む。

　牡鹿コバルトラインに入り、そのまま南へ進む。余震は、3月11日以来続いているが、新たに道路の傷みは出ていない。車窓の左手には諸所に浜があり、津波で被害が出た集落の瓦礫が眼下に小さく見える。車を牡鹿コバルトラインから左折させ、尾根から海のほうに車を進ませる。細い道路の幾つものS字カーブを下っていく。小さな看板に、地区名が記載されている。車をそこで降り、徒歩で海辺のほうへ向かう。家らしきものが複数あった跡はあるが、その他、瓦礫以外何もない。そして、誰一人としていない。私は、その時、波が人も家も飲み込み、連れ去ってしまったのではないかと思った。

　車に乗り、更に海沿いに進めた。道は山間部の中腹を走り、津波の被害を受けていない。すると、学校らしきコンクリートの2階建ての建物があった。海面より10m以上の小高い丘にもかかわらず、2階上部まで、津波が突き抜けていた。窓ガラスが割れ、机や本棚が露出していた。汚れた表札に、谷川小学校の名があった。被害状況を見るに、ここに避難した人も全滅したものと思えた。すると、軽トラックが静けさの中、音をたて、走ってきた。軽トラックは私の近くに止まり、60代ぐらいの男性が近づいてきた。私は、不思議な気持ちだった。なぜ、不思議な気持ちだったかというと、その60代ぐらいの男性は平常そのままだったからである。

　私は、彼に声を掛けた。「この小学校の方は、全員、津波に飲まれ、行方不明なのでしょうか」。彼の答えは、簡単に「全員、生きているよ」というものであった。私は、唖然とした。なぜ、このような惨状で、犠牲者がいなかったのか。彼は、このような証言をしてくれた。「初めは、近くの集落の人もこの小学校に避難した。第一波は低かった。でも、第二波は大きな壁だった。これは、危険だと思い。元気な者は、足の不自由な老人を背負い、大人も子供も、高い所にある神社に駆け上って、皆が助かった」ということであった。生死の境は、その状況に応じた瞬間的判断にあったのだろう。

　「何か、必要なものはありますか」と尋ねると、「すべて、流されたので、食料品はもとより、衣類、日用品が必要だ」ということであった。私は、明日から「ドンドン輸送します」と答え、その場を離れた。

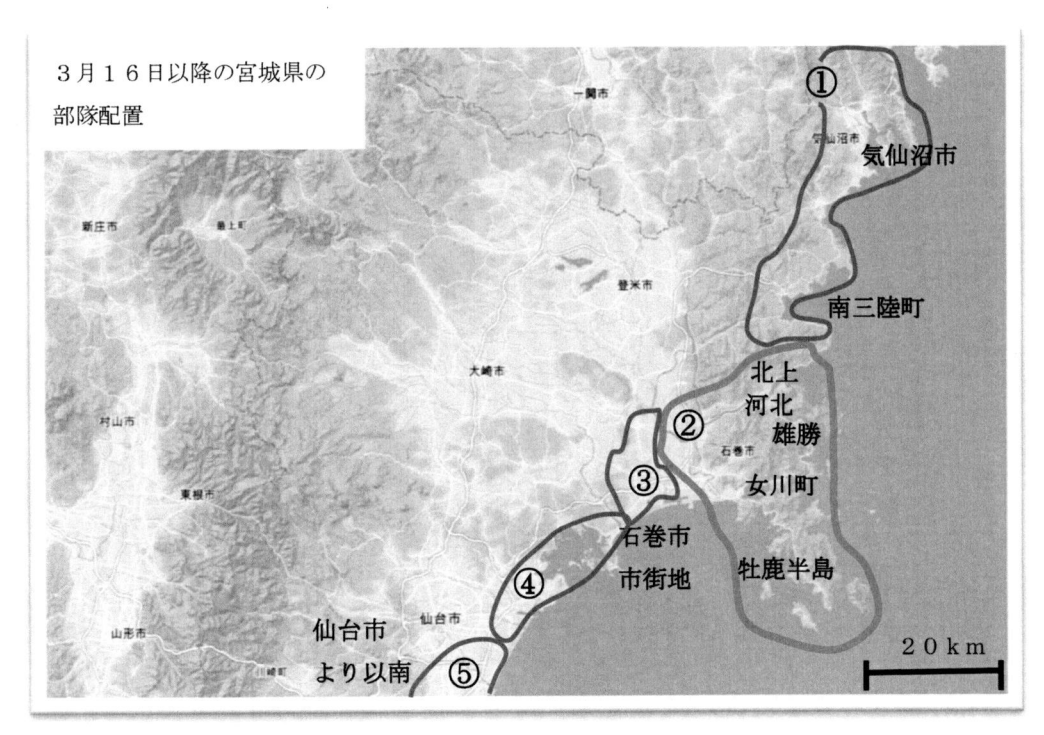

3月16日以降の宮城県の
部隊配置

気仙沼市

南三陸町

北上
河北
雄勝
女川町

石巻市
市街地

牡鹿半島

仙台市
より以南

20km

©Mapbox, ©OpenStreetMap Contributors

① 気仙沼市、南三陸町
　　第4師団
② 石巻市北上・河北・雄勝地区、女川町、牡鹿半島
　　第20普通科連隊
③ 石巻市市街地
　　第44普通科連隊
④ 東松島市、松島町、利府町、塩竈市、七ヶ浜町、多賀城市
　　第6師団隷下部隊
⑤ 仙台市より以南
　　東北方面隊直轄部隊等

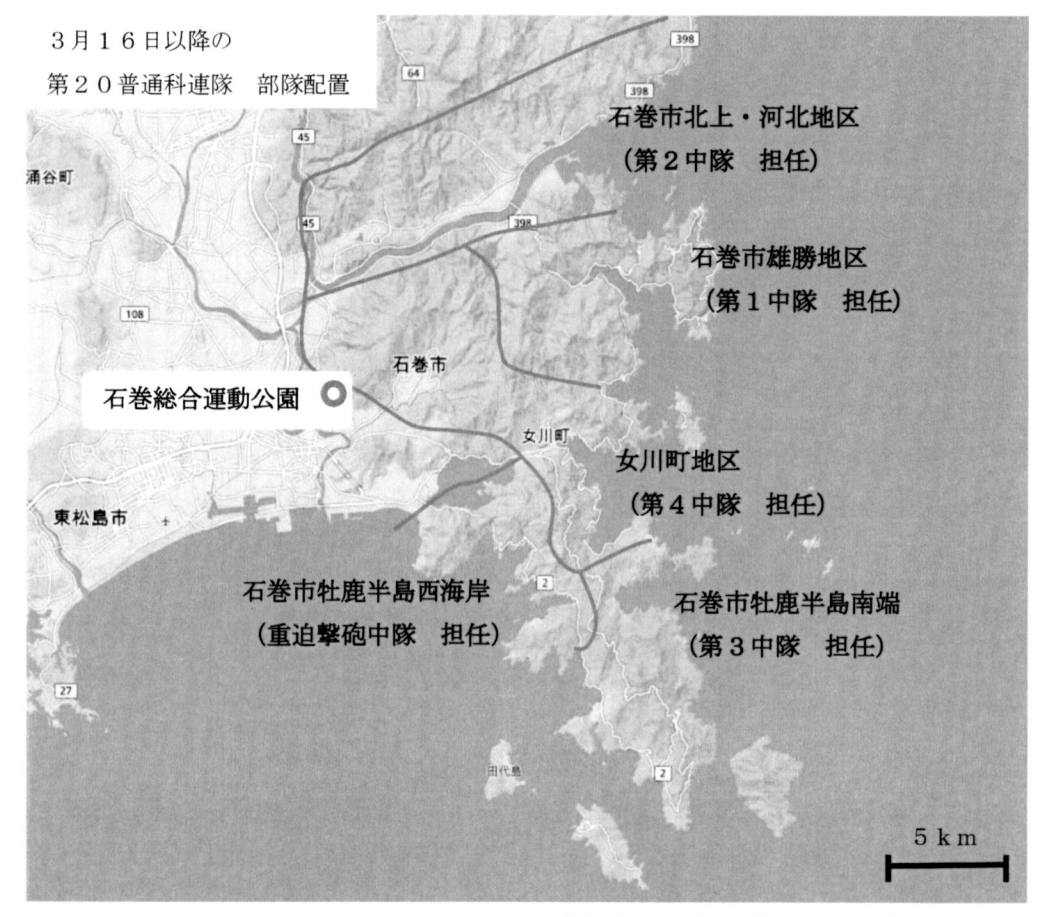

3月16日以降の
第20普通科連隊　部隊配置

石巻市北上・河北地区
（第2中隊　担任）

石巻市雄勝地区
（第1中隊　担任）

石巻総合運動公園 ◉

女川町地区
（第4中隊　担任）

石巻市牡鹿半島西海岸
（重迫撃砲中隊　担任）

石巻市牡鹿半島南端
（第3中隊　担任）

涌谷町

石巻市

女川町

東松島市

5 km

©Mapbox, ©OpenStreetMap Contributors

とにかく物を運べ（6日目　3月16日　19:00）

　3月16日、午後4時、石巻総合運動公園にある連隊集結地に戻った。第20普通科連隊の指揮所及び宿営地は、野球場に指定されていた。既に、連隊主力が到着し、大型テントの連隊指揮所が設置され、宿営用の6人用の小型テントが多く建てられている。

　私は連隊指揮所用の大型テントに入ると、正面に展開地域の地図を設置してくれており、部下が作戦を立案しやすい環境を整えてくれていた。私が、連隊長、副連隊長に道路環境等を報告していると、各地域に偵察に出ていた中隊長が続々と帰ってきた。私も、連隊長、副連隊長と一緒にその状況を聞く。北上・河北地区、雄勝地区、牡鹿半島は、とにかく、食料品から日用品、衣類、毛布を送ってほしいとのことであった。それぞれの地区は、街ごと津波に流され、何も残っていない。女川地区は、米の炊き出し、給水、道路の瓦礫の撤去、行方不明者の捜索の要望があった。

　私は、各中隊長に、午後7時に連隊指揮所において作戦会議を開くことを告げた。そして私

は、その作戦会議前に、石巻総合運動公園内にある石巻市が管理する救援物資集積所に行った。そこには、インスタント食料品、水、毛布等が集積されていた。私は、そこの担当者に、ここの救援物資を車両に積載できるだけ積載し、北上・河北・雄勝地区、牡鹿半島の各地区に輸送したい旨を言った。はじめは、「指定避難所に限定して運ぶ」ということで、渋い顔をされた。しかし私が何度も頼み込むと、担当者は上司に掛け合ってくれ、了解を得てくれた。私は、歓喜し、「それでは、午後8時に積み込みを行います」とだけ言い、担当者の唖然とした顔を感じながらその場を立ち去った。

　午後7時より、予定通り作戦会議を開始し、その要点は、3点であった。「師団命令により、離島である田代島、網地島、金華山の救援活動をする」こと。「救援物資の輸送を求められている地区の担当中隊は、本日、8時から救援物資を積み込み、明朝午前5時から、夕暮れまでピストン輸送を行う」こと。「女川町の瓦礫撤去要望は、第20普通科連隊に協力する第6施設大隊第1中隊が重機を運搬し行う」こと。なお、田代島、網地島、金華山への偵察は、私以下6名を選抜し、明朝からヘリコプターで行うことにした。会議は第3科長である私が主導で進めるが、最後に連隊長冨田1佐の指導がある。その時の言葉は、「とにかく物を運べ、決して飢えさせるな、寒い思いをさせるな」であった。

　会議終了後、各中隊長は直ちに準備にかかった。

孤立に強い（7日目　3月17日　05:00〜）

　3月17日、午前5時、東の空が薄明るくなっている。各中隊長の救援物資を満載した車両は、一斉に各地区へ出発した。新たな展開地域での本格的救援活動の初日だ。

　私は、午前7時、離島偵察のためのヘリコプターを待つ。離島とは、「田代島」、「網地島」、「金華山」である。偵察要員は、合計6名で編成した。2名1組となり、それぞれの組が1コの島を担当する。また、行きは救援物資を輸送するため、それぞれの組を、各島と石巻総合運動公園との間でピストン輸送することにした。帰りは、1回のフライトの乗り合わせで、田代島、網地島、金華山の順に偵察要員を回収することにした。

　私は3つの島の中で最も人口の多い網地島を担当した。金華山はヘリコプターの降着地域がないため、ホバーリング状態からの飛び降りとなる。このため、連隊本部内でも強運で、タフな通信小隊長有薗2尉に担当させた。

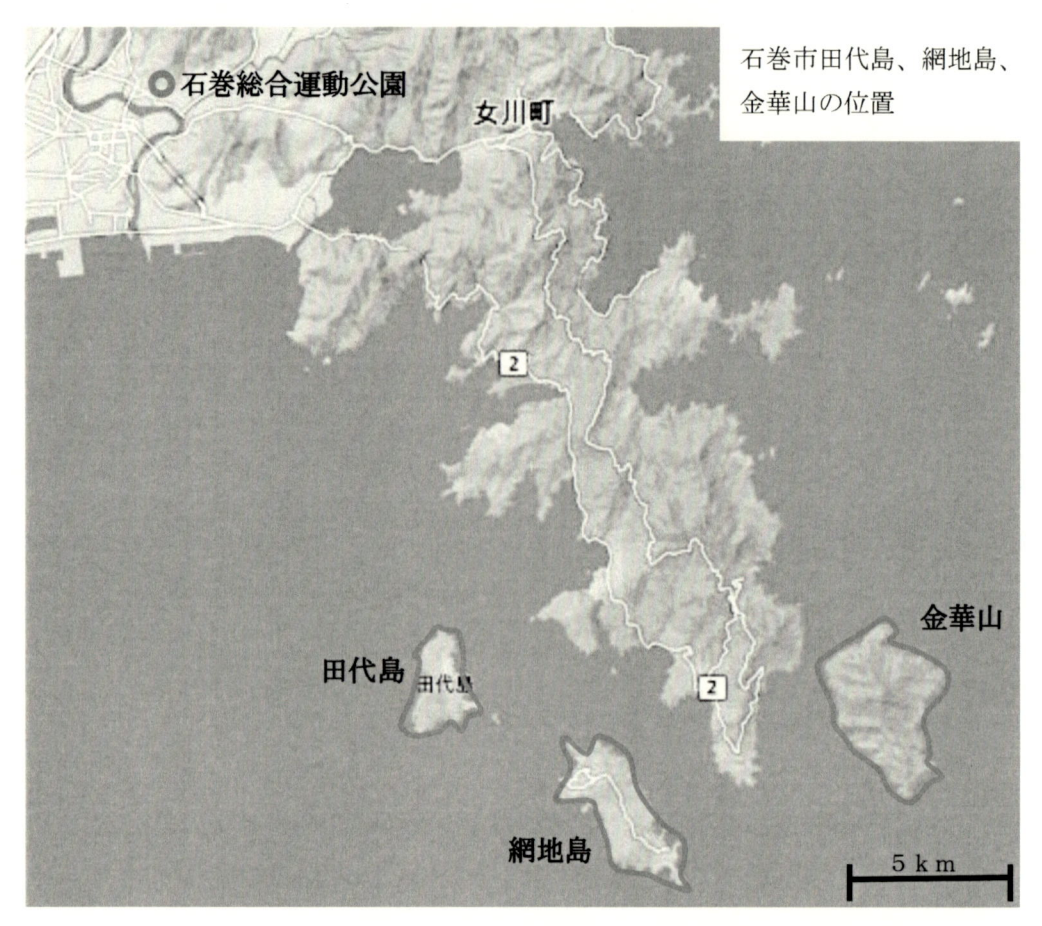

石巻市田代島、網地島、金華山の位置

石巻総合運動公園

女川町

金華山

田代島

田代島

網地島

5 km

©Mapbox, ©OpenStreetMap Contributors

　私は部下を一人引き連れ、網地島へ行くヘリコプターに乗り込んだ。パイロット2名の他、機上整備員1名、私達2名、それと離島での医療活動を行うための20代の女性看護師を同乗させた。民間人をヘリコプターに同席させることは、災害派遣以外ではありえない光景である。また、ヘリコプターは救援物資を満載しているため、圧し潰されそうな狭い空間である。

　ヘリコプターは、青空の中、石巻総合運動公園から、海の方向に向かい高度を上昇させる。金華山は海霧に薄すら囲まれているが、田代島、網地島はくっきりと海に浮かんでいる。田代島を通過したところから、ヘリコプターは降下し始め、網地島の小学校の校庭らしき地域へ向かっていく。眼下では、何人かが手を振っている。ドンドン地面が近づき、軽い着地時のショック音が伝わる。機上整備員が、ヘリコプターの横扉を開けると同時に、部下と私はヘリコプターから飛び降り、積載していた救援物資を下す。3名の男性が私達のほうに近づき、救援物資の運搬を手伝ってくれ、極めて手際がよくすすむ。私、部下、民間の女性看護師がヘリコプターから離れると、私達を運んだヘリコプターは砂埃を大きく上げ、再び石巻総合運動公園のほうに飛び立った。

私は、校舎内に入った。ただし、建物は学校造りだが、内部には、「内科」等の表示がある。実はこの建物は、廃校となった小学校を島の病院として改装したものだった。患者以外に、避難したと思われる方々も数名いたが、今まで見た光景とは異なり、穏やかな、かつ、落ち着いた空気が漂っている。この病院に避難している初老の男性に町内会長に紹介してくれるように頼んだ。すると、町内会長は公民館に居て、そこまで案内してくれるとのことであった。

　初老の男性、私、部下は、病院の正門を出た。すると、80歳ぐらいの女性だろうか、醤油の一升瓶を下げて道を歩いている。田舎の日常で見かける光景である。話しかけると、「自衛隊さんだね。電気がつかないから困るね」あまりにも普通の話し方に、拍子が抜けた。公民館は、病院から徒歩5分程度であった。公民館というよりは、普通の民家である。横開きの戸を開けると、正面にソファーがあり、3人の初老の男性が座っていた。いきなり「自衛隊さん、御苦労様」と声を掛けられ、ソファーに手招きされた。

　あまりにものどかな風景なので、ここでも拍子が抜けた。私は、自己紹介をし、「何か困ったことはありませんか」と尋ねた。すると、公民館長も自己紹介をして、このように答えてくれた。「元々、孤立しているしね。海が荒れたら、何日も船が港に着かないしね。水も貯水タンクがあるし、電気が付かないぐらいかな。それを自衛隊さんに言っても、仕方がないな」。

　私は、その言葉を聞き、離島に住む方々の力強さを感じた。報道では、（孤立）＝（悲惨）の図式が成り立っている。本来、都市から離れ、自然に寄り添って生活されている方々のほうが災害に強いのである。後に、石巻市街地での活動を記述するが、通常は近くの店とかに物が溢れているが、災害により、物、人から遮断された都市部の孤立のほうが厳しいのである。災害により道路が寸断され、山奥の地区、離島が孤立しているという報道がよくなされていた。実は、そのような地区に在住する方は、厳しい自然環境の中でも生き抜いていけると思う。

四国から（7日目　3月17日　13:00）

　迎えのヘリコプターが来るまで、島を一回りすることにした。津波による犠牲者は、島内で一人だったとは聞いた。島の沿岸部では、漁業施設、数軒の民家が被害を受けていた。ただし、小型のパワーショベル等で逐次、補修をしているようだ。

　迎えのヘリコプターは、予定通り午前11時30分に姿を現す。既に、田代島で偵察を終えた2名の部下が搭乗していた。話を聞くと、網地島と同様、穏やかな状況であった。ヘリコプターは、金華山の方向に飛行する。金華山は、海に突き出た山である。平らな部分はなく、そそり立っている。ヘリコプターは、そのため、何度も小さな旋回を続けて高度を下げていく。そのヘリコプターの揺れは、海風に当たる横揺れ、高度を下げる時の縦揺れが複雑に絡み、今まで経験をしたことのないものであった。眼下に、有薗2尉ら2人が見え、ヘリコプターを誘導している。ヘリコプターは、正面から彼らに近づき、地上スレスレでホバリングをする。ヘリコプターが少しでも横に傾き、地面に接触したならば、その機体は、ローターが破損、機体が地面に衝突してバラバラになるであろう。

機上整備員が、ヘリコプターの扉を横に開ける。地上の2人は、まず荷物を機体の中に投げ入れる。そして、地上の2人は1人ずつ手を伸ばし、機内にいる私と部下が手を伸ばして、地上の部下の伸ばした手を掴み、機体の中へ引き上げる。金華山の2人を無事に搭乗させ、ヘリコプターは高度を上げ、石巻総合運動公園へと向かう。

私達は石巻総合運動公園に到着し、そのまま連隊長に報告するため連隊指揮所に向かった。連隊長は、指揮所の奥にいた。そして、私達の顔を見るなり、「北上・河北・雄勝地区、女川町は、第14旅団（四国）に受け渡すから、第20普通科連隊は、牡鹿半島のみを担当することになった。残念だけれども」。

私は、一瞬、どういうことか、理解できなかった。要するに、第14旅団（四国）が石巻市、女川町地域に応援部隊として展開し、石巻市の北上・河北・雄勝地区、女川町を担当し、活動するということであった。連隊長としては、行政機関とのパイプを作った女川町を手放したくないと、師団長に懇願したが、部隊規模から認められなかったとのことであった。私としても、たいへんショックなものである。行政機関と調整し、地形も隅々まで偵察し、活動が順調に進みかけた時の部隊の配置換えである。部隊交代時期は、3月19日土曜日であった。明日、3月18日、第14旅団の先遣隊が第20普通科連隊指揮所に来るので、引継ぎをせよとのことであった。

その後、私は、「田代島」、「網地島」、「金華山」に関して報告した。離島に対しての処置は連絡員の配置と、救援物資の輸送を重視したものでよいという旨の報告し、了解を得た。新たな作戦図を作成するため、私は、そのまま机に向かった。

受け渡し準備

3月17日、私の業務の要点は3点であった。

第一に、「現在の作戦担任地域の地域的特性、特に道路及びヘリコプター離発着可能地域の整理、避難所の位置、避難者数、行政からの要求をまとめ、第14旅団に引き継ぐ」こと。

第二に、「3月19日以降の第20普通科連隊の部隊配置を定める」こと。部隊配置については、次の理由で、自分なりに定めていた。牡鹿半島の中心地である鮎川には、第3中隊を固定配置して、行政機関との調整を継続的に行わせること。また、今までの偵察や、中隊長の報告から得たことは、牡鹿半島には漁業や牡蠣の養殖を営む多くの小さな浜があり、それぞれの町内会長や漁労長が住民を取りまとめている。よって、その方々を通じて活動することが、様々なニーズに応え、かつ、効率的であること。そのため、第2中隊を牡鹿半島の東側部、重迫撃砲中隊を東浜と言われる小さな半島部、第1中隊を牡鹿半島の付根の部分に配置して、海岸部に対して細やかな活動ができる態勢を作るように策案した。また、牡鹿半島の道路状況は、地震の影響で劣悪な状態で、スピードが出せない。石巻総合運動公園から半島南端まで、1時間半から2時間かかる。その問題点を解消するため、第4中隊を輸送専門部隊として、救援物資をピストン輸送させることにした。また、主要な浜には24時間体制で、連絡員を配置して、臨機に対応できるようにした。

第三に、「師団命令による行動」である。この命令の内容は、宮城県の要請で、「雄勝地区の養護老人ホームに入所する方々を、山形県鶴岡市まで航空自衛隊大型ヘリコプター2機で空輸する。その空輸日は、明日、3月18日午後であり、搭乗支援を行え」というものであった。この搭乗支援に関する事項は、現在、雄勝地区を担任する第1中隊長が帰隊後に詰めることにした。

第14旅団の所在地

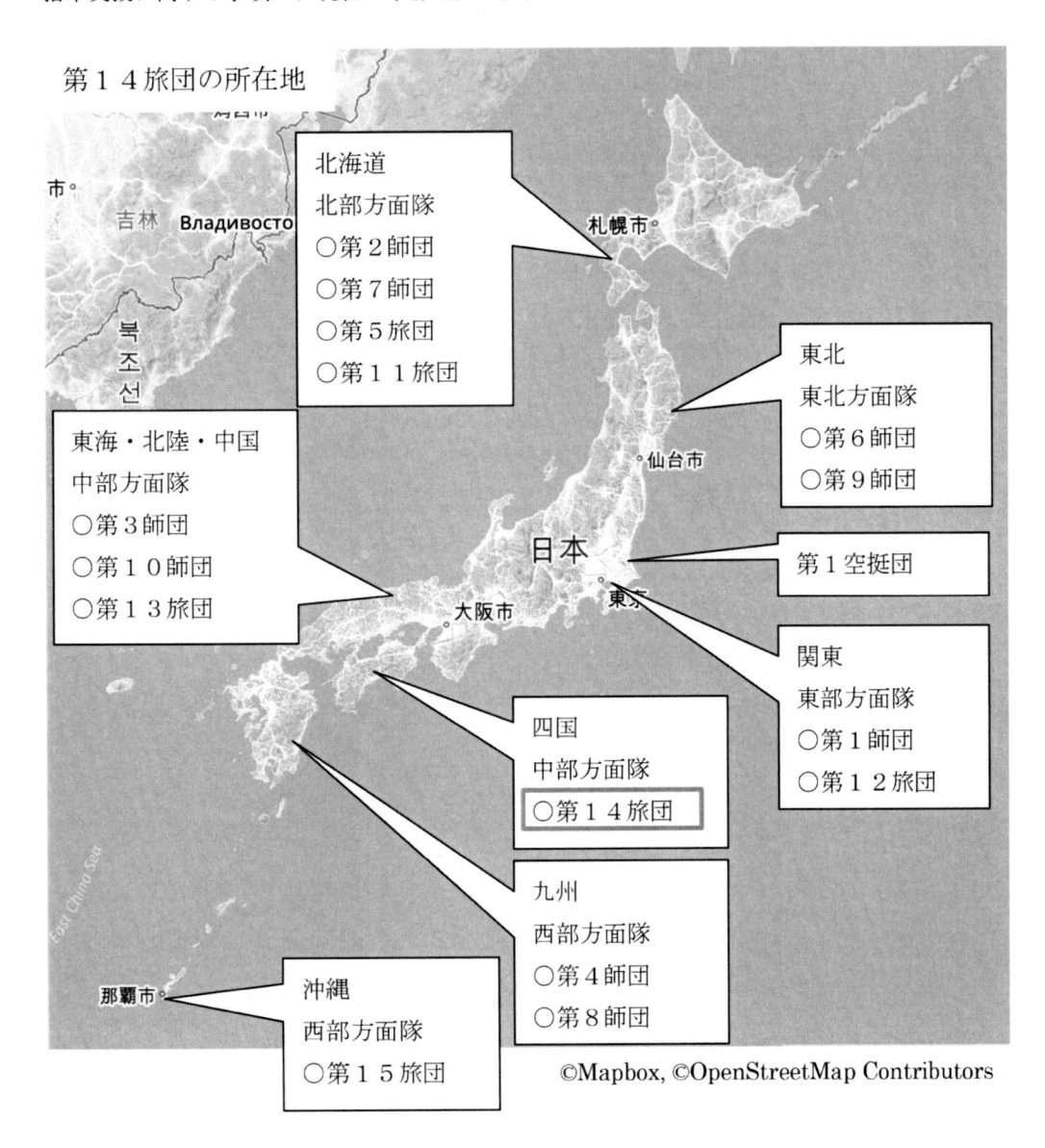

北海道
北部方面隊
○第2師団
○第7師団
○第5旅団
○第11旅団

東北
東北方面隊
○第6師団
○第9師団

東海・北陸・中国
中部方面隊
○第3師団
○第10師団
○第13旅団

第1空挺団

関東
東部方面隊
○第1師団
○第12旅団

四国
中部方面隊
○第14旅団

九州
西部方面隊
○第4師団
○第8師団

沖縄
西部方面隊
○第15旅団

©Mapbox, ©OpenStreetMap Contributors

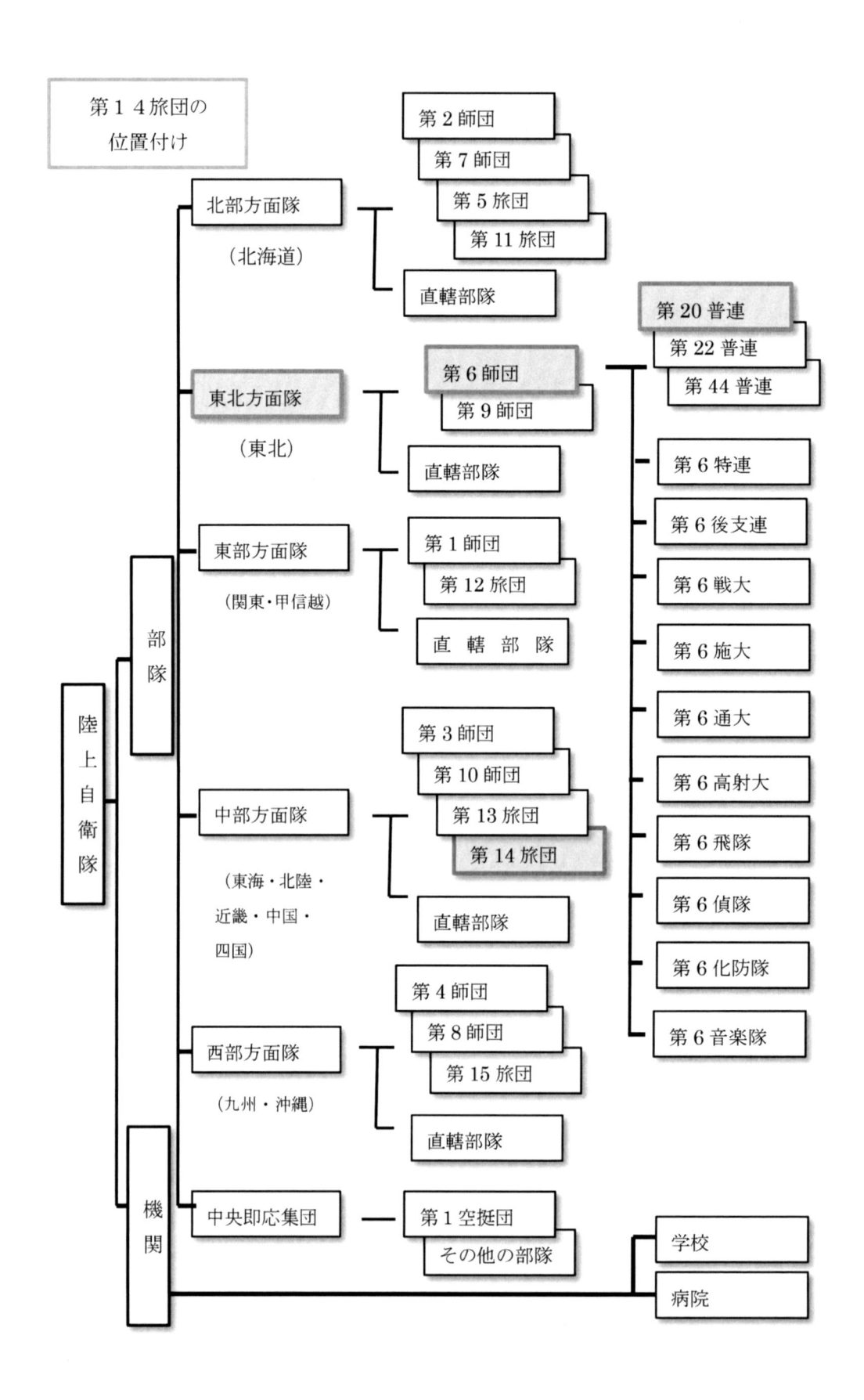

第14旅団の位置付け

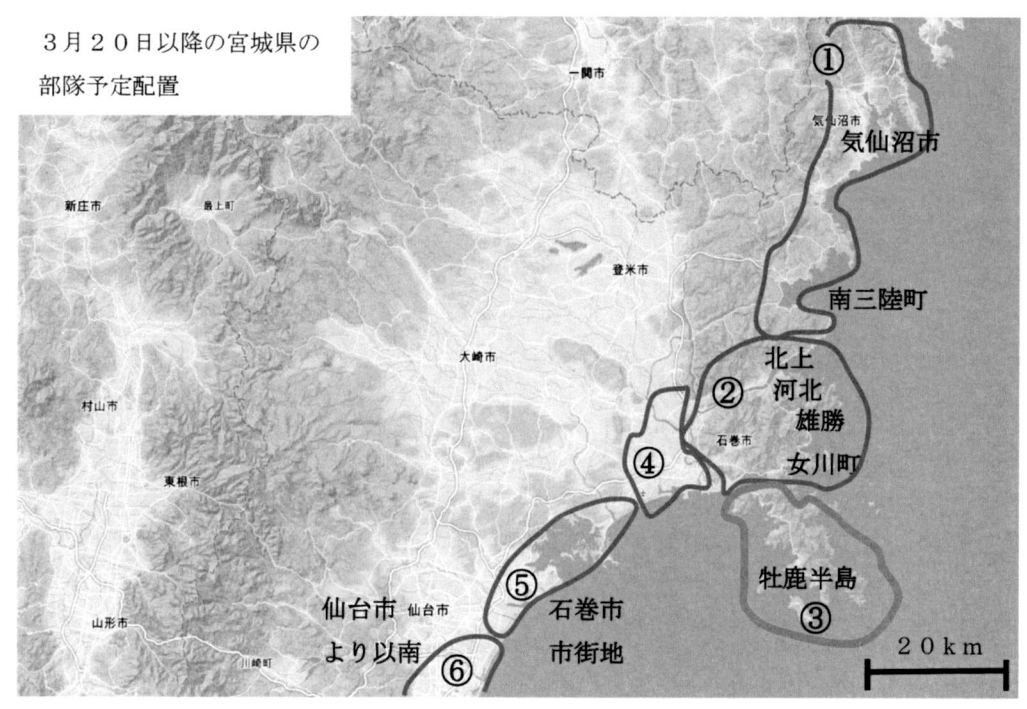

3月20日以降の宮城県の部隊予定配置

気仙沼市

南三陸町

北上
河北
雄勝
女川町

牡鹿半島

石巻市
市街地

仙台市
より以南

20km

©Mapbox, ©OpenStreetMap Contributors

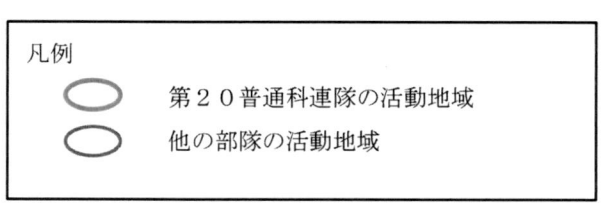

凡例

第20普通科連隊の活動地域

他の部隊の活動地域

① 気仙沼市、南三陸町
　　第4師団

② 石巻市北上・河北・雄勝地区、女川町
　　第14旅団

③ 石巻市牡鹿半島
　　第20普通科連隊

④ 石巻市市街地
　　第44普通科連隊

⑤ 東松島市、松島町、利府町、塩竈市、七ヶ浜町、多賀城市
　　第6師団隷下部隊

⑥ 仙台市より以南
　　東北方面隊直轄部隊等

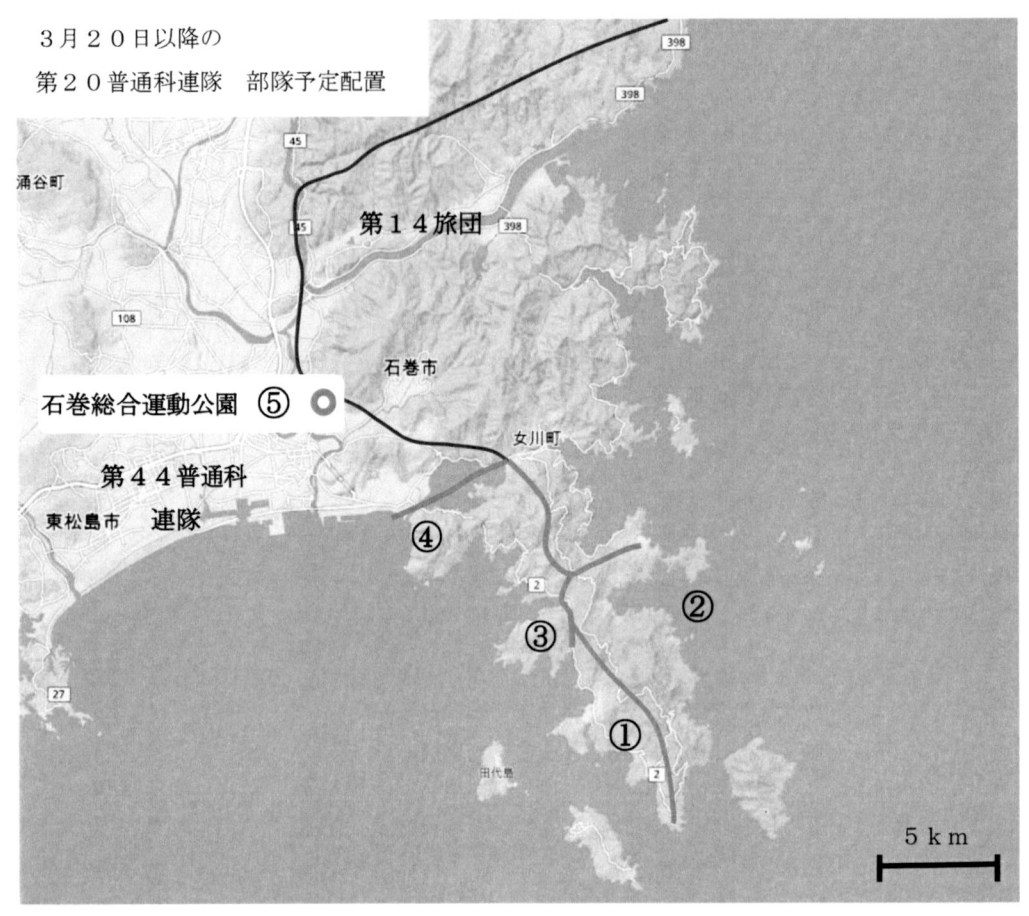

３月２０日以降の
第２０普通科連隊　部隊予定配置

©Mapbox, ©OpenStreetMap Contributors

① 鮎川浜 ：第３中隊　② 牡鹿半島東部 ：第２中隊
③ 東浜（半島部） ：重迫撃砲中隊
④ 牡鹿半島付け根部分 ：第１中隊　⑤ 全般支援 ：第４中隊

リーダーシップとは（8日目　3月18日　07:00）

　３月18日金曜日早朝、小柄で眼鏡をかけた迷彩服の男性が連隊指揮所に訪れた。階級章を見ると陸将補であった。第14旅団長井上将補は、約四千名の部下を有する部隊長でありながら、先遣隊、それも先陣を切って被災地入りをしたのだ。連隊長、副連隊長、私も突然の旅団長の訪れに驚いた。

　旅団長は、早速、北上・河北・雄勝地区、女川町の状況について説明を求めた。私は全体的な地形区分、道路状況、被災者の状況、避難所の数・位置、行政機関の状況を、昨日まとめた資

料に基づき地図上で説明した。第14旅団長井上将補は、発災当初から被災地入りしている我々に対して、ねぎらいの言葉を含めつつ、上から目線ではなく、説明を素直な態度で聞いてくれた。その中で、旅団の宿営適地を尋ねられた。私は、石巻総合運動公園、閉鎖されたゴルフ場、女川総合運動公園を挙げた。旅団長の判断として、石巻総合運動公園は、全国から集結する部隊で手狭である。また、より活動地域に近い所を選定したいということであった。そして早速、偵察に出るということであるので、私がその案内役を申し出た。

　連隊指揮所の外に出ると、明け方からどんよりとしていた空から、雪が降り出していた。辺りに白く積もり始めている。第14旅団は、四国、南国の部隊であり、スタッドレスタイヤを装着している車両は、数に限りがある。よって、数台の車両とドライバーを第14旅団司令部に貸し出すことにした。

　私が先頭に、その後に、第14旅団長の車両が続き、旅団宿営地候補の閉鎖されたゴルフ場を目指した。この光景から、第14旅団長の率先垂範、実行力、落ち着いた空気がにじみ出る。危機に対する闘争心とリーダー像を見た。

とにかくここに居て下さい（8日目　3月18日　08:00〜）

　雪は、アスファルトの上に積もり始めていた。目指す閉鎖されたゴルフ場は、女川町と石巻総合運動公園の中間地点にある。移動中、ラジオで情報収集をしているが、ニュースで、「災害派遣、自衛隊10万人体制と、相応予備自衛官と予備自衛官の招集」を伝えることが耳に入ってきた。「とうとう、そこまで大規模になるか」という驚きの感覚だった。

　閉鎖されたゴルフ場は、山間部にある。幹線道路から左に折れ、そして進む。ゴルフ場は、小さな集落の所にあった。ゴルフ場に入る前、偵察要員の全員が車を降り、旅団長を取り囲み、駐車場の適地はあるか、地積的に3000名以上の収容能力があるかを話し合った。

　私は、気付いたが、100m程離れた所で、男性が一人、私達の光景を見つめていた。すると、また一人、また一人と家から男性、女性、子供が出てくる。

　男性、女性、子供が集まったところで、何か話し合いをして、我々のほうに歩み寄ってくる。私の脳裏に浮かんだことは、「ここは、自衛隊反対の土地で、自衛隊は出ていけ」と言われるのではないかということであった。20人ぐらいの方々は、我々にドンドン近づいてくる。表情を見ると涙を流している方もいる。

　代表の方であろう、このように言った。「ここに救援は、来ないと思っていました。電気も、水道も、ガスもありません。自衛隊さんが来てくれてありがたい。何もいりません。居てくれるだけでいいんです。心強いです」。私は、それだけ我々を頼りにしていただき、感謝の気持ちでいっぱいだった。

　第14旅団長は、話し掛けた方々をなだめていた。ここでも、その人格が溢れ出ていた。

広域避難（8日目　3月18日　13:40）

　引き続き、第14旅団長を女川町まで案内した。現在、仮の役場として運営されている女川町立女川小学校に着いた時、全員、車を降りた。第14旅団長は、車を降りた時、「ひどい、ひどい」と繰り返していた。建物に入り、町長の所まで案内し、私は次の任務があるため、その場を辞した。私の引継ぎの任務は、一応ここで終わりである。後は、現地で活動中の各中隊長が、第14旅団の担当部隊に引継ぎを行えばよい。女川町で活動中の第4中隊野外炊事要員を励まし、石巻総合運動公園にある第20普通科連隊指揮所に戻ることにした。第1中隊が展開する雄勝地区での養護老人ホーム入所者空輸を、統制するためだ。

　正午には、石巻総合運動公園　第20普通科連隊指揮所に戻った。昨日、第1中隊長と打ち合わせた内容は、次の通りであった。「雄勝地区の高台は山岳地帯であり、ヘリコプターの降着地域を開設できない。だから、津波が来た跡地とはなるが、海岸部の平地に瓦礫を取り除いて臨時のヘリポートを第1中隊が開設する。ただし、高齢の方を平地の津波が来た跡地に、長時間待たせることは危険であるため、高台で待機していただき、ヘリコプター降着と同時に、第1中隊隊員が高齢の方をヘリコプターまで輸送し搭乗支援を行う『ヘリコプター降着　→　ヘリコプターへの搭乗支援　→　搭乗完了』までの所要時間は、15分〜20分の計算である」。私の役割は、「師団司令部、航空自衛隊と連隊指揮所を通信により連携させ、第1中隊への情報を提供することと、その行動を統制すること」であった。

　午後1時40分、師団司令部から電話があった。予定通り、雄勝地区に向かい航空自衛隊の大型ヘリコプター2機が飛行していることと、通信の周波数帯を第20普通科連隊の系に合わせていることを伝えてくれた。私は、直ちにその内容を通信にて、第1中隊長に伝えた。

　以下が、航空自衛隊ヘリコプターパイロットと第1中隊長とのやり取りを無線にて傍受した内容である。「こちら、ハンター1（航空自衛隊　ヘリコプター1番機）、誘導員、LZ（降着地域）確認」、「こちら10（第1中隊長）、ハンター1、LZ、風向、西南西の風、風速5、東から進入せよ」、「了解、ハンター1、降雪あるものの視界良好」、「こちら10、ハンター1、降着確認、ランプ（後部扉）開放確認、これより、避難者を誘導する」、「10、こちらハンター、避難者、搭乗完了、これより離陸する」。「10、こちら、ハンター2（航空自衛隊、ヘリコプター2番機）、引き続き進入する」。「ハンター2、こちら10、降着確認、これより避難者を誘導する」。「10、こちらハンター2、避難者搭乗完了、これより離陸する」。

　30分ほどで、我々の任務は完了した。後ほど、師団司令部に確認したら、養護老人ホームの入居者全員が、山形県の鶴岡市に無事到着したとのことであった。

　私は、この任務を遂行するに当たり、広域避難の必要性を感ずるものであった。特に、地震災害は広域に広がり、市町村単位でもさることながら、県単位においても処置できないこともある。また、水道、電気、ガスの生活インフラも広くダメージを受け、余震の続く中、その復旧には時間を要する。そのため、災害が発生する前から、他の県の行政機関、施設間で、災害発生時の避難要領を詰め、取り決めておかなければならないと思う。

第5旅団（北海道［帯広］）の部隊と（8日目　3月18日　16:00）

　夕方、師団長から連隊長へ、電話にて、ホットラインが掛かってきた。何か、新しい任務のことだろうと思い、私は、盗み聞きをしている。連隊長は、電話に向かって、「牡鹿半島でお願いします」と言いたてている。温厚な連隊長としては、珍しい声のあげ方だ。私自身、薄々、部隊転用に関する事項だと感じた。

　連隊長が電話を切った。切ったと同時に、私に、このように言った。「3科長、残念だが、牡鹿半島を離れる。第5旅団が入ってくるので、牡鹿半島を受け渡す。部隊交代時期は3月22日火曜日、第20普通科連隊は、現在、第44普通科連隊が活動している石巻市街地に展開する」。連隊長自身、ショックそうであった。私もショックであった。各中隊長も牡鹿半島の方々と心の繋がりを築こうとする矢先に部隊の転用命令であった。

　私の作戦の立て直しも必要であった。3日後の3月22日から、牡鹿半島へ全中隊配置変換となるための、継続的な災害派遣活動を行いつつ、それと並行して、石巻市街地への展開準備である。2正面のことを同時に行う必要があった。

　ただし一番重要なことは、第5旅団に対しても、活動に必要な情報をまとめ提供すること。特に、行政機関、町内会長、漁労長等の自衛隊と窓口となる方、災害派遣活動における最大に協力していただける方を紹介することであった。

　結果論であるが、第20普通科連隊は、東北山形県に駐屯していた地元部隊であった。気仙沼市、南三陸町では第4師団と交代、北上・河北・雄勝地区、女川町では第14旅団と交代、牡鹿半島では第5旅団と交代し、それぞれの部隊が円滑に災害派遣活動できる素地を発災当初から築いていった。この部隊行動は、広域で災害が発生した場合のモデルケースになると思える。

　後ほどの章で記述するが、この逆パターンが撤収時の第20普通科連隊の行動である。いずれにせよ、この「座布団」方式は、行政にせよ、警察・消防の活動にせよ、適用できるものであると自負する。

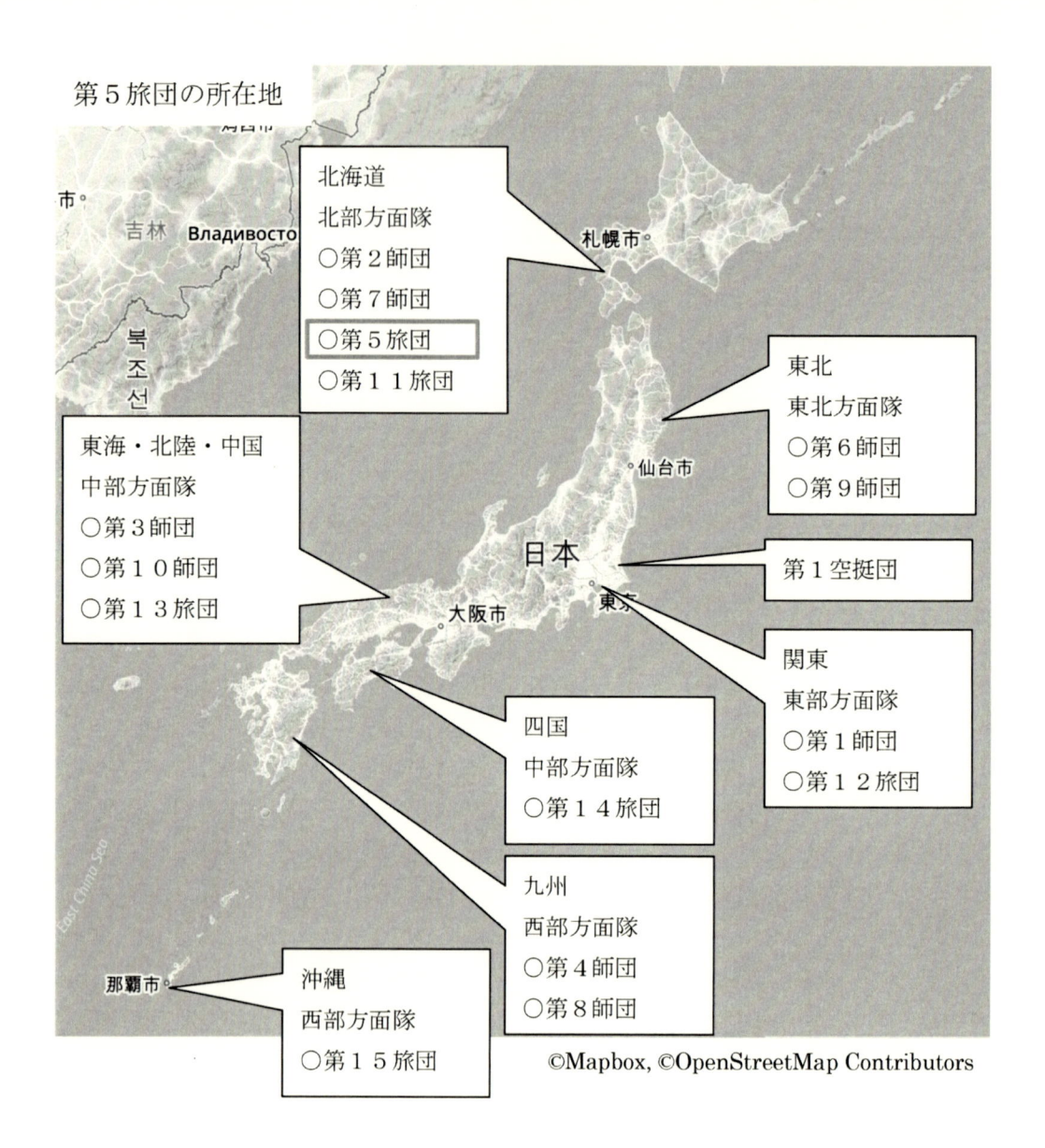

第5旅団の所在地

北海道
北部方面隊
○第2師団
○第7師団
○第5旅団
○第11旅団

東北
東北方面隊
○第6師団
○第9師団

東海・北陸・中国
中部方面隊
○第3師団
○第10師団
○第13旅団

第1空挺団

関東
東部方面隊
○第1師団
○第12旅団

四国
中部方面隊
○第14旅団

九州
西部方面隊
○第4師団
○第8師団

沖縄
西部方面隊
○第15旅団

©Mapbox, ©OpenStreetMap Contributors

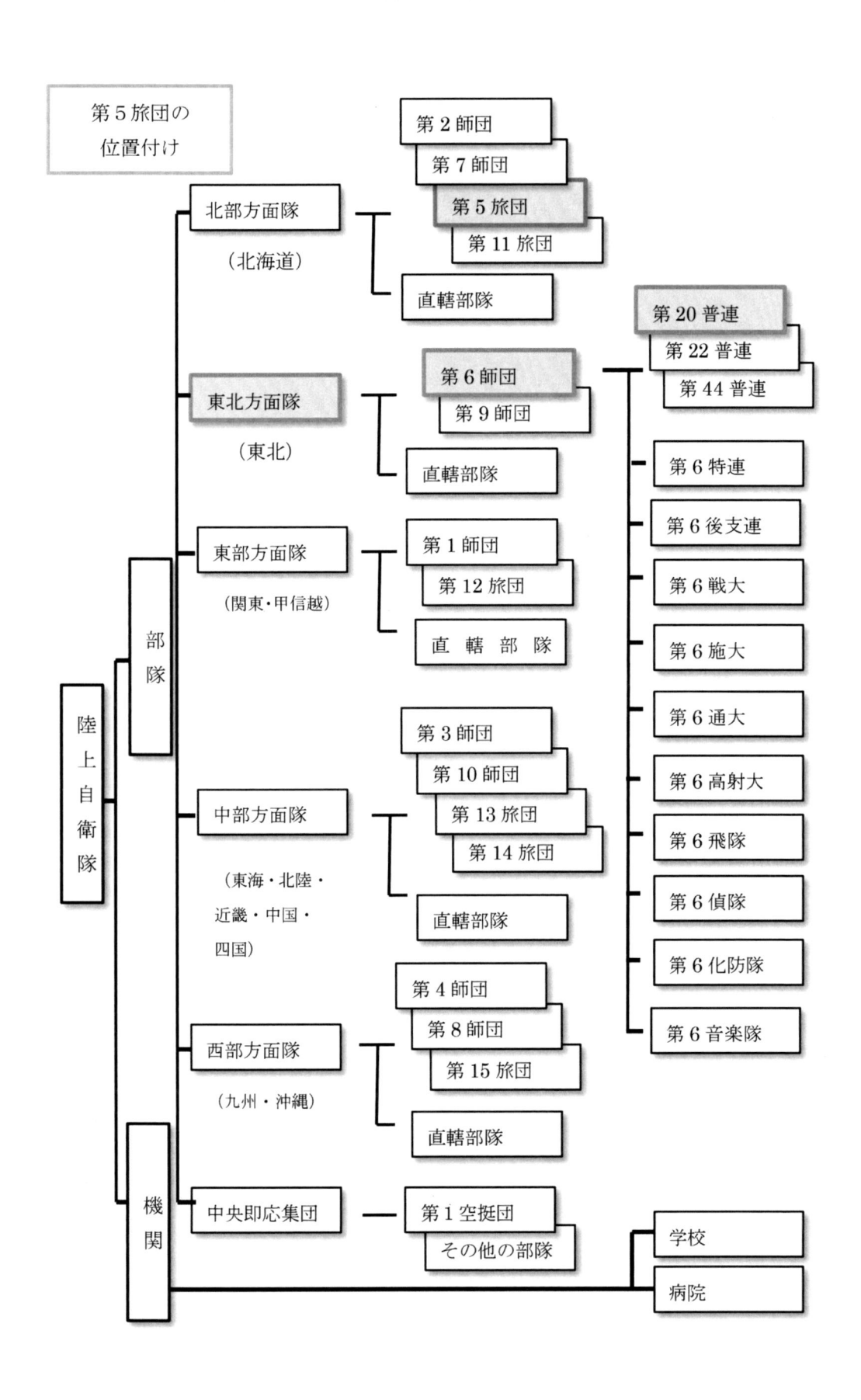

月	日	曜日	第5旅団	第14旅団	第20普通科連隊
3月	16日 発災6日目	水			石巻市に集結
	17日 発災7日目	木			石巻市北上・河北・雄勝地区、女川町、石巻市牡鹿半島で活動
	18日 発災8日目	金		偵察	
	19日 発災9日目	土	偵察	集結	
	20日 発災10日目	日	集結	石巻市北上・河北・雄勝地区、女川町で活動	牡鹿半島のみで活動
	21日 発災11日目	月			
	22日 発災12日目	火	石巻市牡鹿半島、石巻市湊・渡波地区で活動		石巻市街地大街道地区で活動

第14旅団、第5旅団との部隊交代タイムテーブル

第4章　石巻市街地へ

どこを担任するか。（10日目　3月20日　08:00）

　3月19日土曜日、終日、第5旅団（北海道［旅団司令部所在地：北海道　帯広］）の偵察に同行した。その日の朝、第5旅団司令部防衛班長、第6普通科連隊（美幌）及び第4普通科連隊（帯広）の第3科長が、第20普通科連隊を訪れ、情報を求めたためだ。私は、今まで得た情報、地域の特性、現在までの活動状況を述べ、実際に活動している現場まで行き見てもらった。

　3月20日金曜日、第20普通科連隊としては、昨日までに、北上・河北・雄勝地区、女川町の活動を第14旅団に譲り、牡鹿半島内で全部隊が活動する日であった。ただし、部隊行動の統制は、副連隊長川井2佐に頼み、連隊長冨田1佐と私は、3月22日火曜日以降の第20普通科連隊の活動地域を調整するため、朝、午前8時、第44普通科連隊長森脇1佐を訪ねた。

　東日本大震災における石巻市の被害は甚大であり、市街地だけの死者・行方不明者数で2000名以上、北上・河北・雄勝地区、牡鹿半島を含めると3000名以上の死者・行方不明者数であった。発災当初から担任地域が広大で、人的被害規模も膨大であった石巻市を受け持ち、かつ、家族を福島県に残してきた第44普通科連隊の苦労は、たいへんなものであったと思う。

第２０普通科連隊　東日本大震災災害派遣　活動推移		
月　日	章	活動内容
３月１１日 〜 ３月１５日	第２章 初動の５日間	気仙沼市・南三陸町で活動
３月１６日 〜 ３月１９日	第３章 座布団として	第４師団と部隊交代し、石巻市北上・河北・雄勝地区、女川町、石巻市牡鹿半島で活動
３月２０日 〜 ３月２１日	**第４章** **石巻市街地へ**	**第１４旅団と部隊交代し、石巻市牡鹿半島のみで活動**
３月２２日 〜 ５月２日	第５章 様々な活動の中で	第５旅団と交代し、石巻市大街道地区で活動
５月３日 〜 ５月１５日	第６章 石巻市・女川町安定化作戦	第４４普通科連隊部隊転用に伴い石巻市門脇地区を含め活動
５月１６日 〜 ５月２２日		第５旅団の撤収に伴い、石巻市牡鹿半島、石巻市湊・渡波地区全域において活動
５月２３日 〜 ６月１９日	第７章 「湊・渡波地区一斉捜索」への道	第１４旅団の撤収に伴い、石巻市・女川町全域で活動
６月２０日 〜 ７月２７日	第８章 終焉	順次部隊を帰隊させ、東日本大震災災害派遣活動を終了

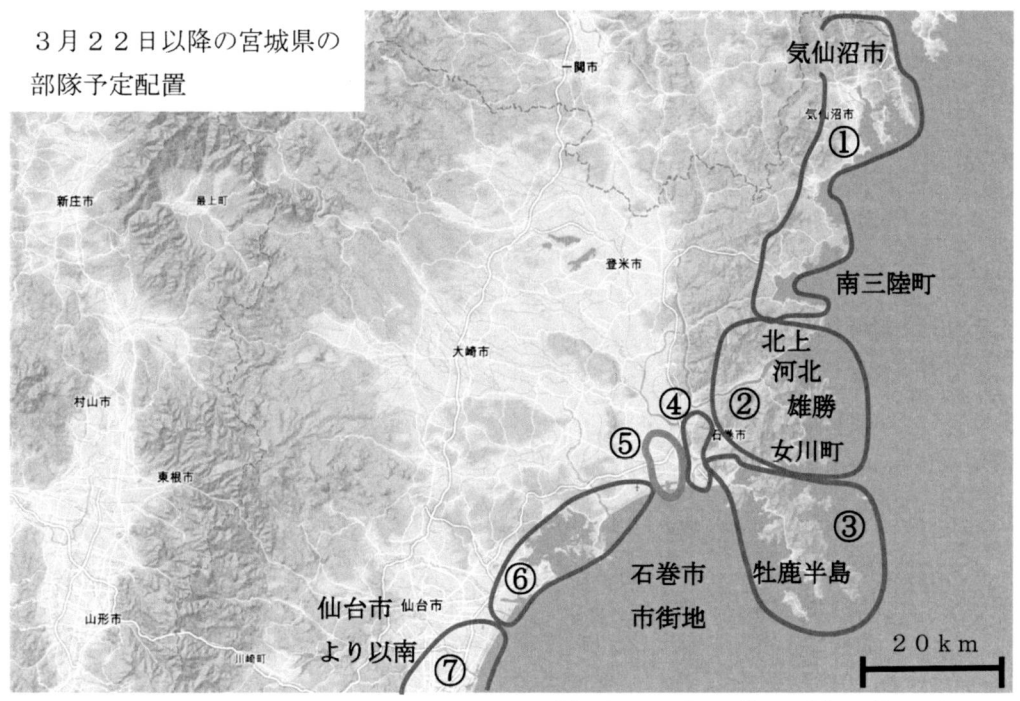

3月22日以降の宮城県の
部隊予定配置

©Mapbox, ©OpenStreetMap Contributors

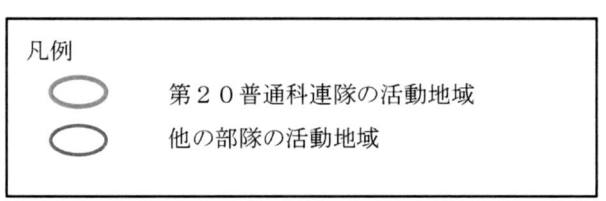

凡例

第20普通科連隊の活動地域

他の部隊の活動地域

① 気仙沼市、南三陸町
   第4師団

② 石巻市北上・河北・雄勝地区、女川町
   第14旅団

③ 石巻市牡鹿半島、石巻市湊・渡波地区
   第5旅団

④ 石巻市門脇地区
   第44普通科連隊

⑤ 石巻市大街道地区
   第20普通科連隊

⑥ 東松島市、松島町、利府町、塩竈市、七ヶ浜町、多賀城市
   第6師団隷下部隊

⑦ 仙台市より以南
   東北方面隊直轄部隊等

第44普通科連隊の指揮所に入ると、第44普通科連隊長森脇1佐と第3科長が出迎えてくれた。石巻市街地の被害状況の説明は、直接、第44普通科連隊長森脇1佐がしてくれた。市街地全域が、海水により水溜まりのようになったが、現在、国土交通省のポンプ車により、排水の一応の目途が立ったとのこと。道路環境は、瓦礫、流出車両により通行が困難なこと。渡波、湊、門脇、大街道、市街地の4地区の被害状況。渡波地区、湊地区は第5旅団が担任するため、特に、門脇地区、大街道地区の2つの説明を詳しくてくれた。

説明を第44普通科連隊長森脇1佐が一通り終え、第44普通科連隊と第20普通科連隊の担任分けをすることになった。門脇地区と大街道地区、どちらの連隊が担任するかということである。大街道地区、門脇地区ともに甚大な被害が出ているということを第44普通科連隊長は説明したが、大街道地区は、街全体に粘着性のヘドロが溜まり、流出車両と家屋の瓦礫が複雑に散乱し、部隊行動を阻害することを付け加えた。

連隊長(第20普通科連隊長冨田1佐)は、私に尋ねた。「3科長、どちらをやるか」。私は、即座に「大街道をやりましょう」と答えた。その私の一言で、担任は決まった。我々、第20普通科連隊は、JR石巻貨物線以西の大街道地区を受け持つことになった。

今後の活動の焦点とは

3月11日金曜日の発災から10日近くたち、災害派遣活動の焦点も変化してくる。発災当初は、「人命救助」が軸である。痛ましい話であるが、流された車中に御遺体があったとしても、白い印でマーキングをして収容を後回しにして、生存者の捜索を優先した。そのような行動は、非人道的と思われるかもしれないが、現実的に限られた人員、限られた時間では、それだけしかできない。

ただし、今後は、次の3点がポイントになる。

1. 応急復旧(今後、街の本格的な復旧のための基礎を築く)
2. 行方不明者の方々の捜索(御遺体を収容し、家族の元にお返しする)
3. 生活支援(食べ物だけではなく、衛生環境も含めて、より普通の生活に戻す)

私は、以上のことを頭で整理をして、第44普通科連隊長の説明の後、偵察に出ることにした。

今日は、3月20日日曜日。石巻市街地への部隊展開は、3月22日火曜日。準備期間は2日間である。本日中に偵察を終え、作戦構想をまとめ、明日には各中隊長に偵察をさせ、明後日には部隊を展開させて、スムーズに活動させなければならない。

３月２２日以降の石巻市街地の部隊予定配置

石巻総合運動公園

大街道地区
第２０普通科
連隊

門脇地区
第４４普通科
連隊

湊・渡波地区
第５旅団

1 km

©Mapbox, ©OpenStreetMap Contributors

運河と国道398号線（10日目　3月20日　10:00）

　第20普通科連隊の活動地域は、被害の様相から2分化された。旧北上川から海へ流れ込む運河を境にした北西部と南東部である。被害が大きいのは、南東部のほうであった。石巻港から押し寄せてきた津波の直接の被害を受けており、また、石巻港のヘドロが地上に持ち上げられたのか、街全体が海水、汚水、ヘドロに覆われている。

　運河北西部のほうは、運河が堤防と堀の役割を果たしたのか、被害は海水の床下浸水程度に留まっている。

　私が大街道地区の偵察を開始した箇所は、活動地域を東西に走る国道398号線沿いであった。道は、国道というより、大きな獣道であった。流出した車、瓦礫は道の両側に積み上げられ、倒れかかった電柱も幾本もある。片側1車線の国道であるが、車のすれ違いはやっとであった。場所によっては、瓦礫や流出車両が道路にはみ出し、片側通行しかできない。わずかな交通量でも、そのような状態であるため渋滞を起こす。まずは、この道路の通行状況を良好にしなければ、重機を運搬するトレーラーの進入はできない。

「中屋敷」にて（10日目　3月20日　12:00）

　第20普通科連隊活動地域の西側に当たる、「中屋敷」まで車を進めた。そして、ある自動車学校付近から住宅地の方向へ車を進めようとしたが、無理であった。濃い緑の粘着性のあるもので街全体が覆われている。私は車を降り、その中へ入った。膝ぐらいまでの深さがある。そして、田んぼの泥の中に入ったように、なかなか足が抜けない。

　そこへ、40代から50代の女性が2人、私のほうへ寄ってきた。「自衛隊さん疲労困憊でしょ。夜も寝ずに、ほとんど、何も食べていないのでしょ。ありがとうございます。私達も今まで避難所に居て、今日家に行こうと思っているのだけれども、これじゃ行けないね」。私は、「道は、どこですか」と尋ねる。「多分、家と家の間に、道があったと思います」との答えだった。

　「中屋敷」の家屋の被害状況は、1階部分は柱のみ残り、2階は元の形をしているものが多い。よって、高さはあまりないが、低く勢いのある海水が流れ込んできたものだと推察できる。

　まずは、車両を街中に入れなければ、大規模な活動はできない。それと、駐車スペースである。今いる自動車学校の駐車場が活用できるのではないだろうか。第20普通科連隊の活動開始直後であったが、自動車学校の経営者の方に、偶然にもお会いでき、駐車場の利用を許可していただいた。この駐車場が、活動地域の西部の拠点になり、大いに助かった。経営者の方には、たいへん感謝している。

「三ツ股」、「築山」にて（10日目　3月20日　13:00）

　私は徒歩にて、第20普通科連隊活動担任地域の「三ツ股」、「築山」のほうへ行った。ヘドロの溜まりの少ない箇所を選びながら進んだ。途中、老夫婦に出会った。老夫婦もヘドロに苦戦している。私は、「大丈夫ですか。家に様子を見に帰るところですか」と尋ねる。すると老夫婦の答えは、「避難所に行かず、2階部分に住んでいます」と言う。驚いたことに、1階部分は津波で流されたが、2階部分が使えるので寝泊まりしていると言う。更に、避難所は、人で溢れているから、2階部分で寝泊まりしている人がかなりいるとのことだった。水、食料、日用品のことを聞くと、避難所には救援物資が届いているが、私達には届かず困っていると言う。私は、改めて、都市型災害の特性に気が付いた。後に公的な言葉になるが、「在宅避難者」と言われる方々だった。私の作戦構想の一部として、新しく在宅避難者支援という項目が加わった。

　私は更に歩いて進み、瓦礫の山を幾つも乗り越えた。すると突然、視界が開けた。地図を見てみる。地図と地形が全く一致しない。道路もないし、住宅や工場もない。残っているのは建造物の土台部分だけである。双眼鏡で、海のほうを見てみる。工場の建屋が見える。ただし、真ん中部分がポッカリ空いている。再び地図を見ると、石巻港の入口辺りになる。

　そこで私が気付いたことは、海岸沿いの工場群が楯となり、多少、住宅地の被害を軽微にさせたのであろう。ただし、「三ツ股」、「築山」の地域は、石巻港の入口にあたり、楯となるものがなく、直接、津波の勢いに飲み込まれ、家も、工場も、車も流されたのであろう。その瓦礫の溜まった所が、私が、今、徒歩で越えてきた瓦礫の山であったのだ。

また、田んぼには海水とヘドロが溜まり、どす黒い沼になっている。特に「三ツ股　北測」には、地図にない縦横200m以上の沼がある。

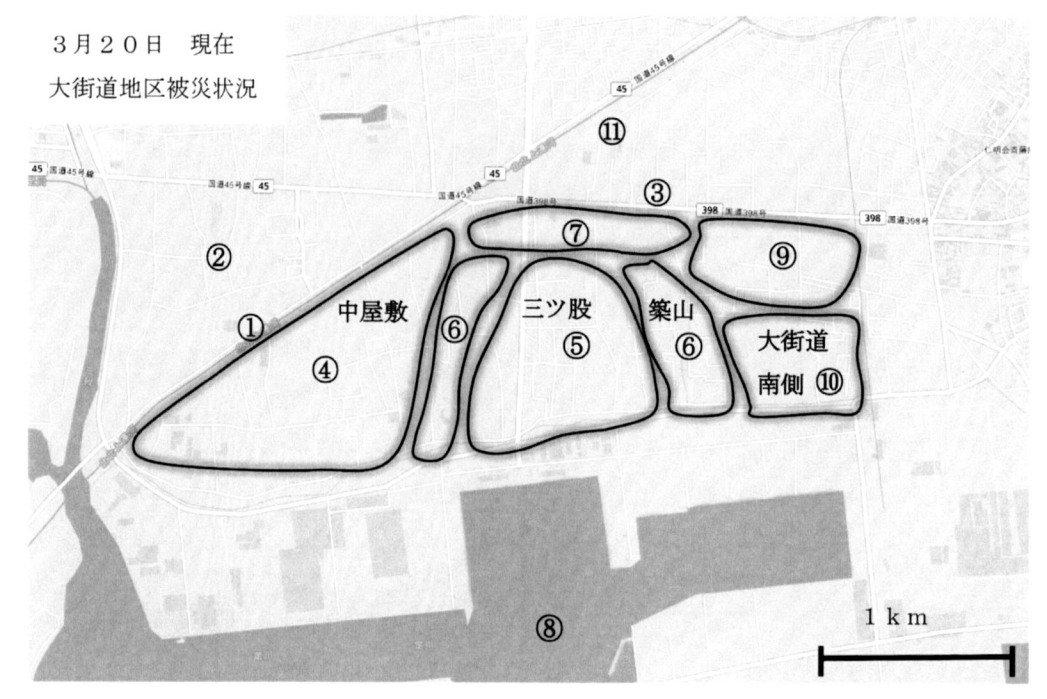

３月２０日　現在
大街道地区被災状況

©Mapbox, ©OpenStreetMap Contributors

① 　第２０普通科連隊の活動地域を「北西部」と「南西部」に分けた運河であった。

② 　運河北西部

　　運河が堤防と堀の役割を果たし、被害は軽微であった。

③ 　国道３９８号線沿い

　　道路両側に、瓦礫、流出車が積み上げられ、大きな獣道のようであった。

④ 　中屋敷

　・　濃い緑の粘着性のあるヘドロで覆われていた。

　・　家屋は、１階部分は柱のみ残り、２階部分は原形を留めているものが多かった。

⑤ 　三ツ股中央

　　家屋、工場のすべてが流され、家屋の土台だけが残っていた。

⑥ 　三ツ股東側・西側、筑山

　　三ツ俣中央から流れてきた、家、工場、車で、瓦礫の山を形成していた。

⑦ 　三ツ股北側　：　田んぼの地域に縦横２００ｍの大きな沼ができていた。

⑧ 　石巻港入口　：　津波の勢いが直接に入り込んできたと思われる。

⑨ 　石巻市立大街道小学校（避難所）　：　ヘドロが堆積し、衛生環境が劣悪だった。

⑩ 　大街道南側

　　肥料倉庫が被災してヘドロに白い粒々が混ざり、酸っぱい匂いがした。

⑪ 　釜小学校　：　ヘドロが５０ｃｍほど溜まり、流出車が３０台ほどあった。

「石巻市立大街道小学校」にて（10日目　3月20日　14:30）

　次に、避難所となっている「石巻市立大街道小学校」に行くため、今来た経路を再び歩き車に戻っていった。すると、遠くから、「自衛隊さん」と大声で叫ぶ男性がいた。私は、ヘドロの中をそちらのほうへ進む。彼との距離が、普通に話せる距離にまでに縮まった時、彼はこのように言った。「私の家の庭に遺体が流れ着いています」。水が引いたので、家の様子を確認するために来たら、御遺体があったとのことである。まずは、彼の家に行った。2階建ての1階部分には、大人の背丈ほどの高さの水が流れ込んだ形跡があった。庭の中、彼は指を指した。全身が泥まみれの御遺体であった。つなぎの作業服を着ているようだったので、男性であろう。ただ、自衛官といっても、私一人である。私は彼に、「今後、ある程度多数の自衛官が活動に当たるので、すぐに収容します」と言った。私は、瓦礫と一緒に流れてきている毛布を見つけ、御遺体に掛け、拝んだ。日常にある出来事ではない。ただし、私達にとって、この光景は、今後3カ月、日常となる。

　私は車に戻り、国道398号線を東に進み、石巻市立大街道小学校に行った。

　石巻市立大街道小学校は、避難所なのかと言えるほど、悲惨な状況であった。校庭には、ヘドロが1mほど堆積し、正門、学校入口に当たるところは、そのヘドロをかき分けて、車が数台、駐車できるスペースだけを確保していた。ヘドロで異臭が立ち込めている。仮設トイレも3つしかなく、行列ができている。

　校舎の中に入る。ヘドロは、靴底にへばり付くため、廊下も黒く着色されていた。救援物資の箱も積み上げられていたが、黒いヘドロが付着している。赤十字腕章を付けた医師、看護師がいたが、目が疲れきっている。それでも体調不良を訴える人が並んでいた。これ程、劣悪な衛生環境は見たことがなかった。どんな健康な人でも、すぐに病気になりそうな状況である。

　私は、校舎を出る。すると、私と同年代の女性が声を掛けてきた。石巻市立大街道小学校の避難所のリーダーをしているとのことであった。「この校庭のヘドロを何とかしてくれませんか」。私は、即座にこのように答えた。「明後日、新しい部隊がこの地域に展開します。まずは、避難所の衛生環境を改善しますから。第一優先順位で行います。安心して下さい」。後ほど知ったが、石巻市立大街道小学校避難所のリーダーは、お子さんがいるお母さんで甲斐さんという方で、これから4カ月、第20普通科連隊の活動に全面的に協力していただいた方だった。

「大街道南側」にて（10日目　3月20日　15:30）

　車に乗ろうとした時、別の方から声を掛けられた。「私達は、工場の倉庫に避難しているのですが、救援物資が届いていません。時々、ここまで取りに来ているのですが、ここに届く物は、ここの避難所の物ですから気が引けます」。

　「どちらのほうにお住まいですか。私は山形県から派遣されているので、あまり土地勘がありません。教えて下さい」と言うと、「小学校のほうを右側に曲がって、真っすぐに行ったほうです。私達の他に、住宅の2階に住んでいる人がいっぱいいます」。私は、「確認します。不足し

ている物があれば手配しますので、安心して下さい」と言った。

　私は小学校正門を出て、海のほうへ徒歩で行った。ヘドロの海、瓦礫の散乱、車の流出で、とても車では通行できない。膝まで浸るヘドロである。ただし、狭い路地の両側は、2階部分が残る建物が多い。酸っぱい、鼻をつく異臭が漂う。ヘドロには、白い粒々が混ざっている。後ほど知ったが、肥料倉庫が被災して、住宅地に流れ込んだものであった。それが、白い粒々と酸っぱい臭いの原因であった。外では誰も見かけないが、確かに2階の窓から、私を覗き込む目線を感じた。今後、投入する部隊には、指定避難所だけではなく、公民館、工場、民家を確認して救援物資を隅々まで行き渡らせる必要性がある。

「石巻市立釜小学校、石巻市立青葉中学校」にて
（10日目　3月20日　17:00）

　私は、大街道小学校に戻り、車に乗り込み、指定避難所となっている釜小学校と青葉中学校に向かった。

　石巻市立釜小学校は、国道398号線から住宅地の中の細い路地の中にあった。ここもブロック壁の倒れ等で、車を前に進ませることができない。私は、ドライバーに車を止めさせ、歩いて釜小学校の正門を越えた。ここは、大街道小学校ほどのヘドロは堆積していないが、50cmは覆われていた。また、どのように流れてきたかわからないが、校庭に横向き、逆さまの流出車が30台以上あった。中には、「鹿児島ナンバー」もある。

　校舎の中に入った。避難者が少ないせいか、大街道小学校とは異なり、ひっそりとしている。教室の中を覗くと、静かに過ごす避難者の方々がいた。階段を上がり、2階の職員室に行った。初老の男性が、私に話し掛けてきた。彼は、釜小学校の教頭先生で、避難された方々の世話にあたっている方だった。

　私は挨拶をして、「何か、困ったことはありせんか」と尋ねると、答えは、大街道小学校のリーダーと同様、ヘドロの除去と衛生環境の向上であった。私は、「何とかします」と答えた。教頭先生は、避難された方々の衛生環境に、たいへん気を使われる方で、この出会いをきっかけに、1カ月ほど様々な調整をしていくが、常に熱心に衛生環境の向上に関する支援を依頼された。

　その日の偵察の最後として、石巻市立青葉中学校のほうへ向かった。石巻市立青葉中学校は、石巻市でも有数のマンモス校である。また、比較的高台にあり、大街道小学校、釜小学校のようにヘドロで覆われているようなことはなかった。ただし、津波が薄く覆った跡は見受けられた。青葉中学校は、釜小学校とは異なり、校舎から多くの方が出入りしていた。避難者の方だけでなく、赤十字腕章を付けた医師や看護士、緑色のチョッキを着た市の職員の方も多数いた。私は校舎正面から中に入った。中に入ると長机が並べられ、女性が何人かその後ろに座っていた。受付ができており、避難所として組織的に運営されているようだった。

　私はそこの女性の一人に声を掛け、責任者の方にお会いできるように頼んだ。すると職員室に案内され、校長先生を紹介された。長身の温厚そうな紳士である。最初の言葉は、校長先生

からであった。「自衛隊さんも飲まず、食わず、夜も寝ていないのでしょう。お体に気を付けて下さい」。私は、その言葉に少なからず、涙ぐんだ。しかし、その時、自分でもキザな言葉を言ってしまった。「皆様ほどではありません。これが仕事ですから」。そして、今、必要な事項を聞いた。すると青葉中学校では、「衣類、日用品、それと掃除道具」であった。

「すべての道はローマに続く」（10日目　3月20日　20:00）

　私は、大街道地区の偵察を終え、石巻総合運動公園の第20普通科連隊指揮所への帰途についた。津波により、瓦礫とヘドロに覆われている街を見て、次のような思いでいた。

　古代ローマ帝国は、道を整備し、街の水道・下水道を整備して、衛生環境を向上させ都市を発展させた。風呂好きも日本人と似ている。私の愛読書は塩野七生氏の「ローマ人の物語」であった。防衛大学校第37期生の卒業式に来賓として出席され、その言葉に強く感動し、それ以来の大ファンである。よって私は、「すべての道はローマに続く」を念頭に置き、作戦構想を組み立てることにした。

　私は、連隊指揮所に帰隊し、連隊長へ偵察結果の概要を報告した後、机に向かい作戦構想を次のようにまとめた。

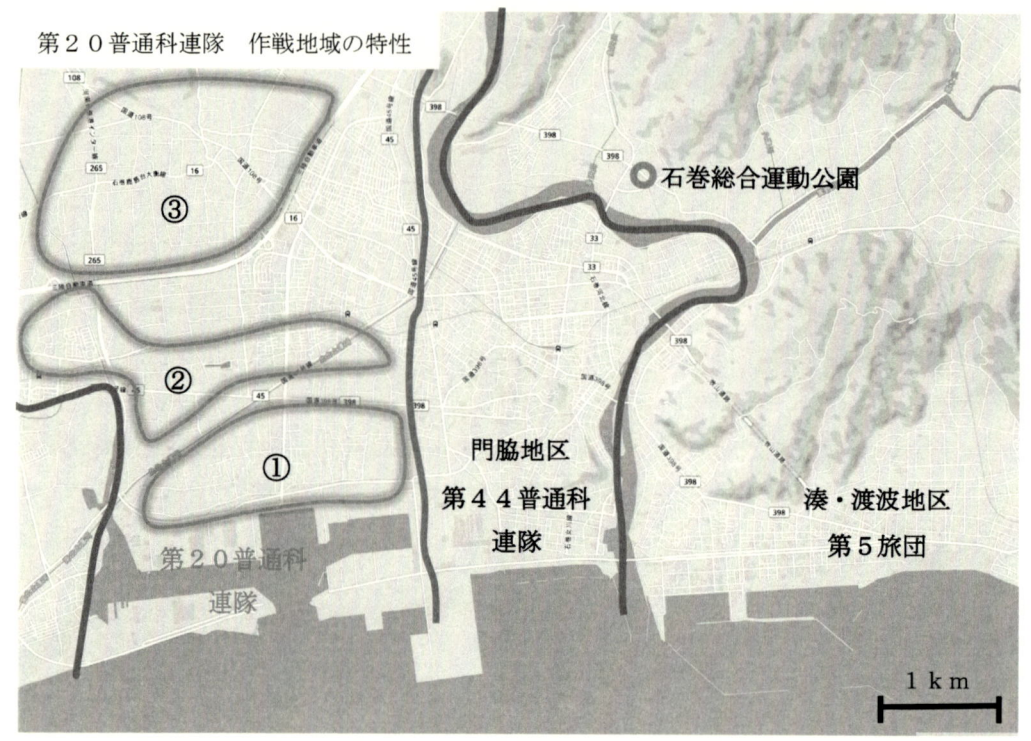

第20普通科連隊　作戦地域の特性

©Mapbox, ©OpenStreetMap Contributors

① 大街道
　　最も被害が大きかった地域
② 青葉中学校及び釜小学校周辺地域の特性
　　大街道ほどではないが、ヘドロの除去等の手当てすることが必要な地域
③ 河南
　　津波の被害は、直接受けていないが、避難所等が点在している地域

1．作戦目的
　「人命救助」から次のステップ、「行方不明者の方々の捜索」、「応急復旧」、「生活支援の充実」
に移行する。

2．作戦地域
(1)「三ツ股」、「築山」、「大街道」
　　津波の被害を直接受け、最も対策を講ずる必要がある。
(2)「石巻市立青葉中学校」及び「石巻市立釜小学校」周辺
　　三ツ股、築山、大街道ほどではないが、津波による被害を受け、ヘドロの除去、道路整備の

処置等が必要な地域である。

(3)「河南」

　直接、津波の被害を受けていないが、師団の情報により避難所が点在し、その数は把握されていない。必要に応じて、救援物資輸送する。

　以上の(1)～(3)の地域区分により、(1)「三ッ股」、「築山」、「大街道」及び(2)「石巻市立青葉中学校」及び「石巻市立釜小学校」に、第1中隊～第4中隊と重迫撃砲中隊の5コ中隊を配置し、本部管理中隊の情報小隊を(3)「河南」に配置して、避難所の位置、数に関する情報収集と同時に救援物資の輸送にあたらせることにした。

３．作戦境界

　「三ッ股」、「築山」、「大街道」、「石巻市立青葉中学校」及び「石巻市立釜小学校」の周辺で活動するためには、作戦境界を明確にして、責任区分を明確にしなければならない。そこで、ポイントとなることを2点考えた。1点目は、大街道地区を南北に走る道路に境界を設けて、責任区分を明確にする。2点目は、避難所の担任中隊を明確にし、責任所在を明らかにする。この。2つのポイントを踏まえ、責任担任区分を次の通りにした。

(1) 第1中隊

　　中屋敷西側、担任避難所：石巻市立青葉中学校

(2) 第2中隊

　　中屋敷、担任避難所：石巻市立釜小学校

(3) 重迫撃砲中隊

　　三ッ股東側

(4) 第3中隊

　　築山、担任避難所：宮城県立石巻好文館高等学校

(5) 第4中隊

　　大街道、担任避難所：石巻市立大街道小学校

(6) 機械力

　第20普通科連隊には工事をするための機械力があった。元々、所属する「施設作業小隊」と、発災以来、常に第20普通科連隊に協力している「第6施設大隊　第1施設中隊」である。

　施設作業小隊は、他の地域に比して、幅員のある道路を受け持つ第2中隊へ、第1施設中隊は、避難所整備（石巻市立大街道小学校）を優先するため、第4中隊地域に配置することにした。

第20普通科連隊
大街道地区における各中隊の配置

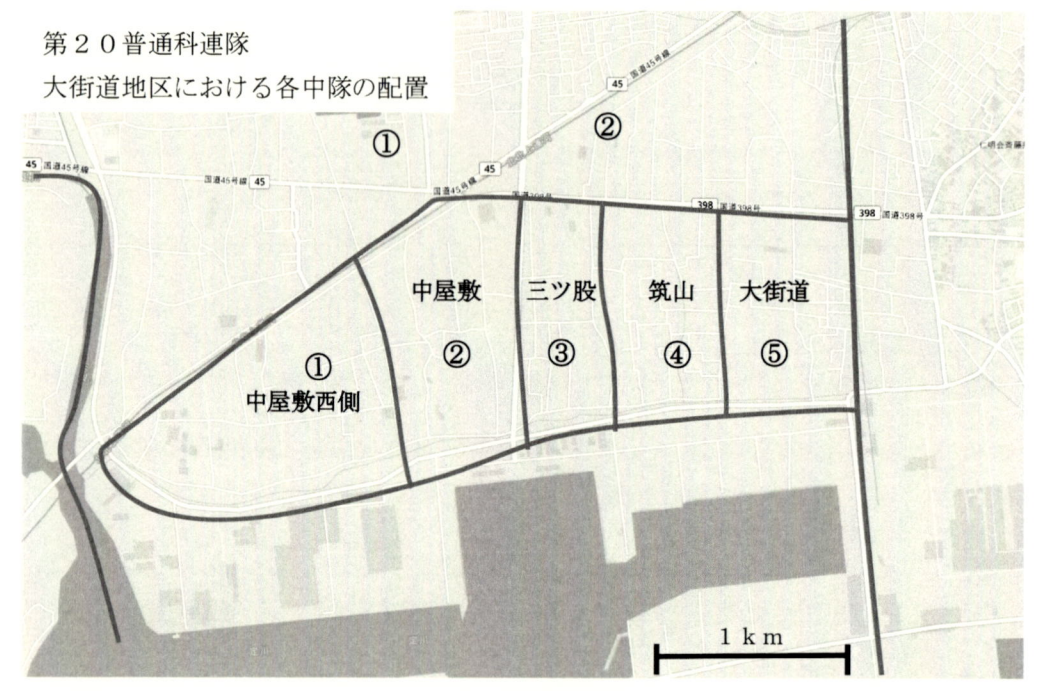

©Mapbox, ©OpenStreetMap Contributors

① 第1中隊　担任
　　中屋敷西側、　担当避難所（石巻市立青葉中学校）
② 第2中隊　担任
　　中屋敷、担任避難所（石巻市立釜小学校）
③ 重迫撃砲中隊　担任
　　三ツ股
④ 第3中隊　担任
　　築山、担任避難所（宮城県立石巻好文館高等学校）
⑤ 第4中隊
　　大街道、担任避難所（石巻市立大街道小学校）

4．実施要領

(1) 「行方不明者の方々の捜索」及び「応急復旧」

　　瓦礫、ヘドロ、流出車で覆われた街の現状を克服するため、次の手順で行うことにした。

① 第1に、道路の整備を行い車両の交通路を確保する。

② 第2に、道路の整備が進捗している地域から、絨毯を敷くように行方不明になった方々の
　　捜索を行う。

以上の実施要領は、後ほど思わぬ相乗効果があった。道路を回復することによって、街に電気・水道・ガス会社の方々、ボランティアの方々、何よりも増して避難された方々が入りやすくなり、復旧速度が増したのであった。

(2)　「救援物資の輸送」

　避難所の位置、数（指定避難所以外）、在宅避難者数が特定されていないため、次の手段で行うことにした。

① 　指定避難所に対しては、継続的に救援物資の輸送を行う。

② 　公民館等を利用した小避難所（指定避難所以外）、在宅避難者を把握するため、各中隊は担任地域の偵察を行う。

③ 　小避難所等にも直接救援物資を輸送する。

④ 　在宅避難者にも救援物資が行き渡るように、状況によって、自衛官が直接に配布する。

⑤ 　街中の渋滞を回避するため、道路が利用できる避難所であっても、状況によりヘリコプターを活用する。

５．その他に重視する事項

　今後、気温が上がり、害虫の発生等を予想、また、病気の蔓延を予防するため、避難所の整備を重視する。この重視事項は、人命救助の観点からだった。避難された方々の生活環境を向上させることによって、少しでも活力が湧いてくるものと考えたこの重視事項は、学校再開に対しても効果を現してくる。

６．問題点の解消

　これらの作戦を遂行するために、次のような問題点があった。

(1) 機械力の不足

　道路上のヘドロは、粘着性があり、機械力が使用できる状況ではなかった。各中隊の手作業による人海戦術を主体とすることにした。ただし、瓦礫の除去及び運搬には、グラップル、ダンプの機械力が必要であった。自衛隊の機械力は、主要道路の整備のため広域に分散している。第20普通科連隊が使用可能な機械力は絶対的に不足していた。そこで、第1施設中隊長に相談した。まず、陸上自衛隊における施設科という職種であるが、米軍では「エンジニア」と言われている。つまり技術集団であり、各種重機、トレーラー、ダンプ、架橋資材を保有して、道路を作り、橋を架けたりする職種である。第1施設中隊長は、温厚、誠実を絵に描いたような人物であったが、不思議な能力があり、私が必要とする機械力をいつのまにか用意してくれ、そして、必要とする場所に気付かないうちに配置をしてくれた。この時の相談も、「明日、石巻市役所に行って調整してきます」という答えだった。私は彼を完全に信頼していたため、他には何も言わなかった。

グラップル画像

ここの部分で瓦礫を掴み、ダンプへ積み込む。

(2) 流出車の処置

　たとえ、壊れた車、使えない車が道路に放置されていたとしても、「所有権」がある。その車を第三者が、勝手に破棄するわけにはいかない。ただし、今回は、津波で被災している車であり、公道上の道を塞ぎ、中には、民家に突っ込んでいる車もある。たいへん交通を阻害し、行方不明者の方々の捜索の阻害となっている。よって、石巻市役所のほうへ行って、流出した車の処置をお願いすることにした。

(3) 道を塞ぐ家の瓦礫の処置

　家ごと津波に流され、道を塞いだ多くの瓦礫があった。この瓦礫を処置しなければ、道路を整備することはできない。ただし、ここにも「所有権」が存在する。このことについても、石巻市に相談することにした。また、瓦礫を取り除いた場合、瓦礫置場の指定も必要である。

　以上の「作戦計画」をまとめた。そして、連隊長に報告した。作戦に修正はなく承認された。これで、石巻市市街地での作戦行動にGoサインが出た。そして、3月20日日曜日、午後8時の作戦会議で各中隊長に伝えた。私は、心の中で、「すべての道はローマに続く作戦」と名付けた。

商店街（11日目　3月12日　08:00）

　3月21日月曜日、東日本大震災から10日以上経つ。各中隊の隊員は、牡鹿半島における災害派遣活動最終日として、第5旅団（北海道）とともに行動している。ただし、指揮官である各

中隊長は、明日からの石巻市街地における作戦準備として、昨夜の作戦会議で示した各中隊長の行動地域の偵察を開始している。

　私は昨日、作戦の立案中に抽出した問題点を解消するため、第1施設中隊長とともに石巻市役所に行くことにした。石巻市役所は、JR石巻市に隣接している。元々、百貨店であり、それを石巻市が買い上げて、市役所として震災以前から活用しているとのことであった。

　連隊指揮所のある石巻総合運動公園から、石巻市市役所までの経路は、石巻市街地の被害の全体像を把握するため、第44普通科連隊の担任地域である県道33号線を行くことにした。旧北上川沿いである。一部住宅地、主は、商店街を通る経路である。

　石巻バイパスまでは、床下浸水程度の被災状況であった。既に、国土交通省管轄のポンプ車により海水を排出し、水は引いている。ただし、石巻バイパスを南側に越えた時から、情景は一変した。まず、目に入ったのは、バス営業所である。駐車しているバスは、すべて海水を被り、中には横倒しになっているバスがある。更に南側に車を進めると、少なくとも大人の背丈ほどは、海水が押し寄せた跡が建物にくっきりとついている。一番衝撃的な光景は、救急車が横倒しになっている情景であった。救助活動に当たる車両が被災していると、同業者としてたいへん心が痛むものである。

　そして、この県道33号線沿いは、石巻市の昔からの商店街が続く。今まで、津波により全壊、半壊した家屋は見たが、地震そのものの揺れで倒壊した家屋を初めて見た。道路上に散乱した瓦礫は、道路の側方に寄せられて、車両が片側1車線のみ通行できるようにしている。津波による流出車両も同様である。よって、道路は片側通行の繰り返しであり、なかなか前に進むことができなかった。わずか4kmほどの距離を1時間以上かけて、石巻市役所に到着した。

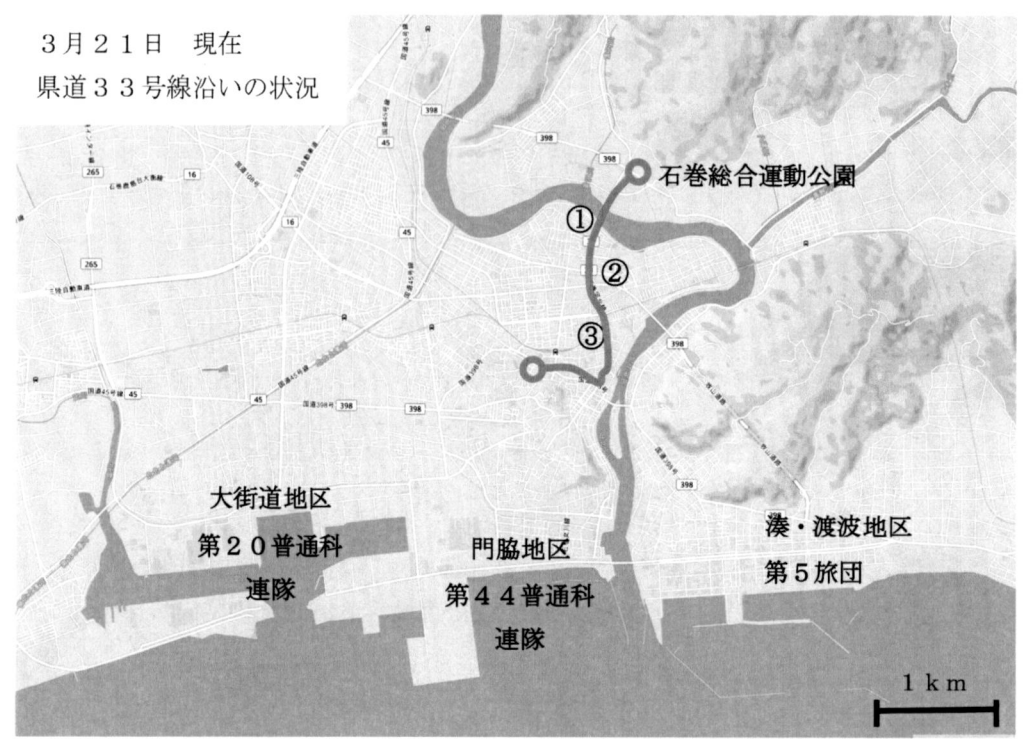

3月21日　現在
県道33号線沿いの状況

石巻総合運動公園

①
②
③

大街道地区
第20普通科
連隊

門脇地区
第44普通科
連隊

湊・渡波地区
第5旅団

1km

©Mapbox, ©OpenStreetMap Contributors

凡例
―――――　移動経路

① 住宅地が床下浸水の被害があった。
② バスの営業所が被災し、バスが横倒しになっていた。
③ 倒壊家屋があり、津波の被害状況も顕著であった。

「石巻市役所」にて（11日目　3月21日　09:00）

　石巻市役所前は、自転車が無数に置かれ、ジャージ姿の方が多く出入りしている。現在の石巻市民の足の主体は自転車であった。多くの方は車が流され、おまけにガソリン不足である。未だ、石巻市及びその周辺部は、営業している数少ないガソリンスタンドに車が長い列を作っている。

　市役所の立体駐車場は満車のため、ドライバーに近くに止めて待つように言い、私は第1施設中隊長と市役所の中に入った。1階部分は、津波により被災し、閉鎖中である。元々、スーパーマーケットであったらしい。

　まず、5階の道路課に向かった。道路課で、誰か話ができる人を探した。すると窓口の女性

が、眼鏡を掛けた長身で細身の課長代理の方を呼び出してくれた。まず、道路上の流出車両の回収の件について調整をかけたが、現在のところ回収は難しいとのことであった。やはり、「所有権」の問題である。ただし今後、上司にも相談し、回収のための手配と流出車両置場に関しての処置を前向きに行うとのことであった。また、瓦礫の回収と瓦礫置場に関しても、関係部署に調整していただけるとの積極的な回答を得た。私は第1施設中隊長に、引き続きその場で、重機、ダンプの調達に関する調整を行うことを指示し、階上の学校管理課に向かった。

　学校管理課の課長とお会いできたが、石巻市全域の学校が避難所になっているためバタバタしており、落ち着いてお話しをすることができなかった。このため、大街道地区の学校を整備しますとだけ言ってその場を離れた。

　石巻市役所で、確約の取れた事項は、調整が完了した事項は何一つない。ここで自衛隊が、積極的に動いてしまうとシビリアンコントロール上、問題があるのではないかという不安があった。ただし、私の上司の連隊長冨田1佐は、「被災者第一、人命第一、スピード重視」の哲学があった。私は連隊長の哲学に保護され、安心して作戦を立案することができ、思いっきり実行に移せることができた。

第5章　様々な活動の中で

多くの方に支えられて

　石巻市市街地の災害派遣活動においては、多くの方に支えられた。石巻市役所の職員の方、電気・水道・ガス会社の方、民間建設会社の方、ボランティアの方。そして、自衛隊においては、航空自衛隊、海上自衛隊、即応予備自衛官。そして何よりも、被災して避難されている方々の協力。一見、自衛隊の災害派遣活動は、被災されている方々を助けていると見られるが、本質は異なる。

　災害派遣活動とは、被災者の方々と協力し作り上げていくものである。これは事実であり、私の哲学でもある。

　また、この章では、ありのままの事実を記していく。「不思議なこと」、「ありがとうと言われたことが悲しかったこと」、この活動を通じて経験したことを記録することが、私の義務だと思っている。

第20普通科連隊　東日本大震災災害派遣　活動推移		
月　　日	章	活動内容
3月11日 〜 3月15日	第2章 初動の5日間	気仙沼市・南三陸町で活動
3月16日 〜 3月19日	第3章 座布団として	第4師団と部隊交代し、石巻市北上・河北・雄勝地区、女川町、石巻市牡鹿半島で活動
3月20日 〜 3月21日	第4章 石巻市街地へ	第14旅団と部隊交代し、石巻市牡鹿半島のみで活動
3月22日 〜 5月2日	第5章 様々な活動の中で	第5旅団と交代し、石巻市大街道地区で活動
5月3日 〜 5月15日	第6章 石巻市・女川町安定化作戦	第44普通科連隊部隊転用に伴い石巻市門脇地区を含め活動
5月16日 〜 5月22日		第5旅団の撤収に伴い、石巻市牡鹿半島、石巻市湊・渡波地区全域において活動
5月23日 〜 6月19日	第7章 「湊・渡波地区一斉捜索」への道	第14旅団の撤収に伴い、石巻市・女川町全域で活動
6月20日 〜 7月27日	第8章 終焉	順次部隊を帰隊させ、東日本大震災災害派遣活動を終了

大街道小学校整備（12日目　3月22日　08:00）

　第20普通科連隊は、3月21日までに牡鹿半島における任務を終え、第5旅団と部隊交代し、3月22日火曜日より一斉に石巻市市街地大街道地区に展開した。各中隊、ヘドロと瓦礫との戦いの始まりだった。連隊長の、避難所の衛生環境の改善を図ることは、「人命救助」の一貫という強い意志により、最優先の活動は、第4中隊担任地域の大街道小学校（指定避難所）の整備で

あった。

　大街道小学校には、校庭に1m以上のヘドロの堆積があり、校庭もさることながら、校舎、体育館にも異臭が立ち込めていた。それと、行き場所を失ったゴミが、その異臭を増幅させていた。

　大街道小学校の整備工程は、1週間。当初の3日間は、第1施設中隊のパワーショベルで校庭のヘドロの排除、後の4日間は、人海戦術によりパワーショベルで取り残したヘドロ、側溝等の異物・ヘドロの排除であった。ヘドロは強い粘りがあり、時々、パワーショベルを止め、機械に付着したヘドロを人が取りつつの作業であった。また、ここでは、新たな災害派遣モデルを構築した。

　第1施設中隊長が石巻市道路課と調整し、調達した民間建設業者の6台の大型ダンプの運用であった。自衛隊のパワーショベルがヘドロを除去し、それを民間建設業者ダンプに積み上げる。作業統制と交通統制は自衛官が行った。被害が広大なため、自衛隊側の重機、ダンプも絶対数が不足している。よって、東日本大震災災害派遣時においては、民間建設業者と自衛隊のコラボレーションは、石巻市においてどこでも見られる光景であった。

　大街道小学校整備の時、私が一番に嬉しかったことは、パワーショベルの一掻き、一掻きで、避難されている方々の顔が明るくなっていったことだ。生活環境を改善することによって、人が次のステップを踏み出す活力を生むのであろう。災害派遣活動は助けることではなく、被災者の方々が次のステップを踏めるようにお手伝いをするだけのことである。

　ただし、大街道小学校整備においては石巻市役所のほうから1つのクレームがきた。自衛隊が運用している民間建設業者のダンプは、道路課の予算であって、学校管理課の管轄の小学校整備で使用しないでほしいというものであった。私の考えでは、避難者のためであれば、予算の出元がどこであれ、よいというものであったが、そういう説明をするわけにもいかない。よって、一応謝罪し、今後は道路整備と併用していくという苦し紛れの応答をした。

　「縦割り行政」という言葉がよく言われるが、石巻市だけでなく、どの市町村にも存在するものである。「縦割り行政」そのものが悪ではない。責任区分を明確化、業務を専門化することは、組織として当然である。ただし、問題は、その運用である。特に非常時は、それを取りまとめる横断的機能が必要である。ちなみに自衛隊では、組織が大きくなると幕僚長が、連隊クラスでは副連隊長、または、私のような第3科長がその役にあたる。

　ただし、上から目線の表現ではあるが、その後石巻市は、縦割りを解消しつつ、横断的業務を学習しながら行っていくようになっていった。

大街道地区在宅避難者支援

　大街道地区においては、公民館、被災した家屋の2階部分に多くの方が住まわれていた。ただ、指定避難所ではないため救援物資が行き届いていない。避難所でないため、気付かれていなかったというのが正しい表現であったと思う。また、近くの店も被災し、車も流されているため、お金があったとしても買い出しに行けない状況であった。仮に車があったとしても、ガソ

リンと食品関係の不足は地域全体を覆っていた。私は、偵察において大街道地区の状況を知ったが、他の地域も諸所にこのような状況が存在しているという情報は入っている。現在、第20普通科連隊担任地域は、各中隊が調査中であった。

　そこで、交換取引ではないが、大街道小学校の避難所のリーダー甲斐さんと調整した。「自衛隊側で、大街道小学校の避難所整備を全力で行います。ですから、避難所に入りきれず、自宅にいらっしゃる方々にも、救援物資が行き渡るように処置していただけませんか。そのような方への救援物資交付の呼びかけと、避難所用とそれ以外の方々の救援物資の区分を行って下さい。救援物資の輸送は、我々が責任をもって、決して不足しない分まで輸送します」。甲斐さんは、快く引き受けてくれた。

　甲斐さんの行った方法は、町内会長や地区長を通じて呼びかけるものであった。そのほうが効率的であり、誰がどのように過ごしているのかを把握している。また、自治組織を尊重して救援物資の輸送を行うため、地元住民と自衛隊側の関係も良好に保ち、地域の慣習を崩さない。私がその後、救援物資の輸送においてモデルケースとしたものであった。

釜小学校及び青葉中学校

　釜小学校整備も大街道小学校整備と同時に行い始めた。ただし、釜小学校の場合、国道398号線から200mほど入った細い路地の奥にある。また、その路地には、50cmほどに堆積したヘドロがあり、民家のブロック塀が倒れ道を塞いでいる。車両が通行できない。このため、当初200mほどの路地のヘドロ除去と倒れたブロック塀の撤去を、手作業で行った。そして、釜小学校に続く道を整備後、第20普通科連隊が保有する小型ブルドーザーと小型パワーショベルを釜小学校校庭に搬入して整備を行った。ここにおいても、民間と協同で活動を行った。第1施設中隊長が石巻市と調整し、調達した民間小型ダンプ4台と協同で活動したのだ。第1施設中隊長の、活動地域に合致した器材を調達してくる能力には、常に感心をした。

　青葉中学校においては、ヘドロの堆積等はなく、学校整備をする必要はなかった。ただし、避難者が800名ほどいるとのことで救援物資輸送の必要性があった。津波による周辺道路の寸断がなかったため、食料品等は、ある程度揃っているようだ。ただし、歯ブラシ、タオル、トイレットペーパー等の日用品が決定的に不足していた。その原因は、渋滞であった。終日、周辺道路が渋滞しているため、優先順位の高い食料・飲み水を中心に輸送されるためだ。このため、孤立地域でもない住宅地の真ん中に、ヘリコプターによる空輸をすることにした。担任中隊の第1中隊に青葉中学校でのヘリポートの開設とヘリコプターの誘導を依頼し、備蓄として十分になるまで、住宅地の真ん中の青葉中学校にヘリコプターによるピストン輸送をさせた。

　2016年の熊本地震においても、避難所へ救援物資が届かないという事象が発生している。これは、災害で必ず発生する渋滞の影響も多少ある。よって、緊急事態においては、ありとあらゆる場所でヘリコプターを運用することが極めて効果的だと思う。

給食支援開始とボランティアの方々との協力
（16日目　3月26日〜）

　発災から2週間以上経ち、避難者の方々もレトルト食品が長く続いている。温かい食事の提供が必要であった。このため、大街道小学校、釜小学校避難所で、第20普通科連隊が炊事車により温かい食事を避難者の方々に提供することになった。青葉中学校、石巻好文館高等学校避難所の温かい食事の提供は、前者が北海道からの増援部隊、後者は第6後方支援連隊が担任することになった。ちなみに炊事車とは、6人の要員により運用し、1度に200名分の主食、副食を作る器材である。

　大街道小学校、釜小学校への炊事車の設置は、学校整備により衛生環境が整った3月26日であった。その日に給水、排水設備を準備し、翌日、3月27日の昼食から提供を開始した。大街道小学校は避難者数が多いため、2台の炊事車を設置し、13名態勢、3食／1日の調理態勢であった。

　ただし釜小学校においては、第20普通科連隊の能力から、炊事車1台と7名態勢が限界であった。それでは、釜小学校の避難者の食数を賄うことはできない。ところが、私が釜小学校に訪れた時、たまたまボランティアの方が炊き出しをしていた。何を作っていいたかは忘れたが、たいへん香ばしい香りがした。そこで、ボランティアの方に声を掛けてみた。「私達（自衛隊）もここで炊事を行う準備をします。だけど、ここで避難者のすべての方の食数を満たすことはできません。協力して炊き出しをしませんか」。話し掛けたボランティアの方が、「仲間と話し合います」と答えてくれた。私も炊事の専門家ではないため、直接、第20普通科連隊の炊事担当者とボランティアの方で話しを合わせることにした。

　結論として協力関係が成立した。献立であるが、自衛隊側が主食と汁物を担当する。そして、ボランティア側が副食を担当することになった。私の記憶では、カウンターパートナーは高知県のボランティア団体の方であったと思う。交代で、釜小学校の炊き出しを行ってくれるとのことであった。ボランティアの方も似たような能力を持ち、それぞれの得意分野もある。よって、その力を結集することと、分配し、効率的に運用していくことを、現場において実証していくことになった。

陸上自衛官の食事環境

　3月、4月の陸上自衛官の食事は粗末であった。岩手県、宮城県、福島県に、内閣総理大臣の大号令の元、自衛官10万人が集中した。そのため、自衛官に対しての食事供給量がショートを起こしてしまったためである。

　3月中旬までは缶詰の主食、副食があった。また、時々、ビタミン剤が配られていた。3月下旬から4月下旬までは、朝食、夕食がご飯と具がほとんど入っていない味噌汁であった。店での買い物は禁止されていた。それは、店も品不足であり、店の物はすべて被災者の方々の物であったからである。恥ずかしながら、避難所の炊き出しを見て、その香ばしさを嗅ぎ、いつも食べたいという衝動にかられていた。過去のことであるので記述するが、避難者の方々も自衛官が、

貧しい食生活であることを知っていた。時々、救援物資を避難者の方々から「持って行って食べて下さい」と言われることがあった。そのたびに、「すみませんが、そんなことをすると、規則違反で処罰されます」と答えていた。親切な女性の方は、わざわざ紙袋に入れて、隠して車に入れて下さる方もいた。ここで、自衛官自身を養う補給能力について問う記述はしないが、4月下旬まで、陸上自衛官が飢えていたことは事実であった。

4月上旬、漫画家の須本壮一氏の取材を受けた。テーマは、「自衛官の食」であった。宿営用テントの中で、朝食、昼食、夕食を説明したが、その粗末さに大きな驚きようであった。須本壮一氏は、石巻市で自衛隊の活動に大いに協力していただき、また、熊本地震発生時も、私の安否を気遣っていただいた。当時も今も、たいへん感謝している。そして、当時協力していただいた内容は、後ほど記述する。

沐浴場（22日目　4月1日〜）

食事の確保、日用品の確保、居住環境の確保の次に日本人に必要不可欠なのは入浴である。既に、3月下旬、第6後方支援連隊補給隊が旧北上川沿いに野外風呂を開設している。また一時期、瓦礫により石巻港には大型船が入港できなかったが、大型護衛艦が入港し入浴支援を開始した。ただし、石巻市の避難者数に対しては、その所要を満たしてはいない。そこで、第6師団長の強い指導があり、各連隊担任地域に工夫して沐浴施設を開設することになった。

元来、我々第20普通科連隊は第一線部隊であり、野外風呂を開設する能力はない。第6師団においては、第6後方支援連隊補給隊のみがその能力を持つ。

そこで、アイディアマンである第20普通科連隊施設作業小隊長に相談した。すると「除染装置」を使いましょうという話になった。「除染装置」とは、簡単に言うと、シャワー装置である。洗い場として大型テントを開設し、水を湯まで温める装置を積んだ車から、温水を送り込むのである。普通科連隊に1コセット保有している。元々の使用目的は放射能等を帯びた塵が人体に付着した場合に、それを洗い流すものであり、体の清潔を保つのが目的ではない。ただし、使用目的が異なっても、グロテスクな自衛隊装備品を外せば、単なるシャワー施設である。

施設作業小隊長は、沐浴場開設のため、早速準備に取り掛かった。まず、山形県から「除染車」を移動させた。水タンクを設置して、排水位置を確認し、下水道を整備した。また、大型テントを建て、入浴場と脱衣場を工夫して区分した。また、施設作業小隊長は、どこからともなく風呂桶のような物を持ってきた。3月31日、大街道小学校校庭に沐浴場の開設が完了した。出入口には、「のれん」を掛けている。そして、入浴場には、救援物資で輸送されたボディーソープ、シャンプーが並べられていた。

試運転として、大街道小学校避難所リーダーの甲斐さんに入ってもらった。結果は、大満足であった。入浴時間は、午後12時から午後20時と定め、施設が1つしかないため、男女の入浴時間帯は、避難所の方に決めてもらうことにした。この沐浴場は使いやすいとのことで、避難所のお年を召された方に愛され、学校が再開してからは、部活動帰りの高校生、中学生に頻繁に

使用された。本格運用開始日の4月1日から7月10日まで、丸3カ月間運用が続いたのである。

米軍シャワー施設（27日目　4月6日〜）

　4月3日、第6師団長久納陸将が第20普通科連隊担任地域に視察に来た。米陸軍の大佐を同行してのことであった。第6師団長の幾つかの逸話を師団司令部要員から聞いていた。発災当初から10日あまり、ほとんど師団司令部作戦室から離れなかったとのことだ。「お前たちは休め、俺はいい」と言い続けたという。まことに、その気力・体力には恐れ入る。また、「ヘリコプター不時着事案」を起こしていた。女川町上空視察中、搭乗のヘリコプターがエンジン不調を起こし、海岸線に緊急着陸したというものであった。後日、当時の状況を師団長から直接、詳しく聞いたが、「あの時は、師団長自ら殉職すれば、歴史に名が残ると瞬間的に思ったよ」と大笑いされていた。

　通常師団長は、ヘリコプターでの移動である。この日は、珍しく、地上移動であった。私が現地のエスコートをすることになっていたので、三陸自動車道の石巻河南インターチェンジ出口で待っていた。到着予定時間の午後2時に、師団長と米陸軍大佐を乗せる2両の車両が姿を現した。私は車を降り、車窓から師団長に挨拶をし、私が車を先導して案内を開始した。道路整備状況、瓦礫撤去状況を三ツ股、築山で、避難所の整備状況を大街道小学校で見てもらった。特に、大街道小学校における沐浴施設の運用状況は、避難された方々に安らぎを付与するということで満足していた。

　また、同行していた米陸軍大佐は、要所、要所で次のような質問を繰り返した。「何が必要か。何が、不足しているか」。それに対して、私はその質問に対して、「重機と衛生器材です」と常に答えた。

　師団長視察の翌日、石巻市立青葉中学校に米陸軍シャワー施設が開設されるという通達が、師団司令部から伝えられた。それから2日後、4月6日には、米陸軍シャワー施設が開設され、運用されることになった。まことに迅速な対応である。

　米軍のシャワー施設は、陸上自衛隊の野外風呂セットより一回り大きく、大型テントを4棟組み合わせたもので、より多くの方々が利用できた。米軍のシャワー施設は、東北方面総監部直轄で運用されたため、第20普通科連隊の隊員が直接に携わることはなかったが、7月10日まで多くの方に利用された。

市街地の孤立、釜会館（12日目　3月22日から4月上旬まで）

　第3中隊の担任地域に釜会館という2階立て公民館があり、40名程度の避難者の方が過ごしていた。この公民館1階部分は津波に飲まれ、居住できる環境ではない。避難者の方々は2階部分に居住されていた。周辺地域は、肥料倉庫が被災して多くの白い粒々が堆積し、石巻市立大街道小学校より海岸部に近いためヘドロの堆積も多いものとなっていた。流れ出た白い粒々の肥料とヘドロが混ざり合い、鼻と目を鋭く突く酸っぱい異臭が立ち込めていた。

国道398号線から離れているため、そこまで至る道路が、瓦礫、流出車で塞がっている。第20普通科連隊が行う道路整備が間に合っていない。車で救援物資を輸送できる状況ではない。

そこで、第3中隊長が取った行動は、車に頼らず、人力で救援物資を輸送することであった。第3中隊の隊員は、道路が整備され、車が通行可能になるまで、腰までヘドロに浸かり救援物資を輸送した。当時、自衛官が風呂に入れる環境ではなかった。よって、救援物資を輸送した隊員は、自分に付着した酸っぱい異臭の元、食事を摂り、睡眠を取った。

釜会館での3月11日の証言（22日目　4月1日）

釜会館避難者のお一人から、3月11日、当日の津波が発生した時の証言を聞いた。その避難者の方の言葉は、次の通りである。

「私は、地震が起き、とにかく釜会館の2階に避難しました。長く続く、大きな横揺れでしたが、建物に大きな被害はありませんでした。十数名の方が避難してきましたが、停電により暖房がつかず寒かったです。ですから、一度、会館に避難したのに、衣服を取りに帰る人もいました。あの時、まさか津波が堤防を越えて、ここまで押し寄せて来るとは思いませんでした。

30分以上経ってからでしょうか、建物の間から黒い水が押し寄せてきました。初めは膝下ぐらいの高さでしたが、ドンドン水が上がっていくのがわかりました。まだ、外には、車と人がいました。大きな声で『津波だ、逃げろ』と叫びましたが、声が届いたかどうかはわかりませんでした。動いている車は、そのまま流されていきましたし、流されていく人もいました。走って、会館のほうへ来る人もいました。会館の2階に駆け上がってくる人もいました。

水位は、会館の1階天井まで達して、黒い水が『ボコボコ』という音を立てて流れるのを階段の所から見ました。今にも2階部分に水が上がってきそうで、たいへん恐怖を感じました。

外では、多くのプロパンガスが流され、それらがぶつかり合い火花が散っていました。火事になると思い、水と火の恐怖で生きた心地がしませんでした。

その日は、水が引かず、会館から出ることはできませんでした。電気もつかず、暖房も使えず、会館に逃げた人達と肩を寄せ合って、一晩を過ごしました。余震の中、また津波が来るのではないかという恐怖心から、その日は一睡もできませんでした」。

石巻好文館高等学校と即応予備自衛官（14日目　3月24日）

予備自衛官、即応予備自衛官が、自衛隊創設以来、東日本大震災災害派遣で初めて招集された。予備自衛官とは、年間、5日間の訓練日数で、招集されたら主に後方要員として勤務する。即応予備自衛官は、年間30日間の訓練に参加し、招集されら基本は常備（現役）自衛官と同様の任務に就く。予備自衛官、即応予備自衛官ともに平時は、民間人として働いている。日本では珍しく思われる制度だが、日本以外の諸外国では発達した制度である。何もない時に、経費を多く使う軍組織を置くわけもいかず、国に何かあった場合に人の戦力を充実させる制度である。私も自衛官の現役時代、日米共同訓練に参加する米国軍人で、訓練の時は制服を着ている

が、元々は旅行会社社員、学校の先生、弁護士、医師・看護士という方がおり、一緒に働いたことがある。ちなみに、私も予備自衛官に登録している。

東日本大震災災害派遣活動において、第20普通科連隊には3月24日より、即応予備自衛官1コ中隊（40名）が配属された。比較的、被災状況が軽微であった石巻好文館高等学校整備と同学校への救援物資輸送を担任させた。救援物資の輸送に関しては、在宅避難者への救援物資の配布も任務に含めた。

私は、即応予備自衛官そのものの行動力には疑心暗鬼であった。果たして、年間30日程度の訓練で、災害派遣現場で活動できるのであろうかと。

しかし、その心配は杞憂であった。彼らは、基本、民間人であり、親切、丁寧に避難者の方と接している。また、学校整備においても、速度こそ現役の自衛官に劣るが、その丁寧さは現役自衛官より上である。第20普通科連隊に配属になった即応予備自衛官の中隊は、5月31日まで行動を共にすることになる。この間、私の作戦計画の中では、丁寧さを求められる任務においては、この即応予備自衛官の中隊を運用した。

予備自衛官となった私も、何かがあり招集されたならば、彼らを見習い、再び国へ奉仕する気持ちでいる。

直接津波被害のなかった河南地区（12日目　3月22日から4月下旬まで）

大街道地区は、津波により多大な被害を受けていた。ただし、第20普通科連隊担任地域は、津波の直接被害を受けていない内陸部の河南地区まで広がっていた。私自身、河南地区は、津波の被害を受けていないことから、自衛隊へのニーズはないだろうと思っていた。念のため、石巻市街地へ第20普通科連隊が展開した3月22日より、第2科長（情報担当）を長として、情報小隊に情報を収集させていた。

ところが、各学校に相当数の避難者の方々がいることが判明した。その理由としては、地元の方々だけではなく、津波の被害を直接受けた海岸部の方が多く流れ込んで来ているとのことだった。また、地元の人でも電気・水道・ガスのライフラインが止まっているため、避難所に避難しているとのことである。そして、津波の被害を受けなかった地域と言えども、営業している店舗はなく物不足だった。

求められている救援物資は食料品の他、オムツ等の日用品である。特異な物としては新聞であった。情報源としては、停電でテレビを見ることができず、ラジオのみである。特に海岸部から避難されている方々は、車のガソリン不足により、自分の家に戻れず、元々自分達が住んでいた地域がどのようになっているかを知りたがっていた。

このため私は、救援物資の中に「情報」という項目を含めた。救援物資として新聞を師団司令部に求めるとともに、河南等の地区を担任する情報小隊には、努めて、海岸部の被害状況、ライフラインの復旧状況を避難されている方々に説明するように指示した。私も幾度か、説明会を開くため足を運んだ。

また、津波の被害を受けていないからこその問題があった。家に全く問題はないが、近くの店舗が営業しておらず、品物が手に入らない一人暮らしのお年を召された方々だった。そこで、該当する地域の自治会長、町内会長に集まっていただき、打ち合わせをした。そこで、出た結論は、必要な品物を自衛官に言っていただき、必要数だけ輸送し、あくまでも自治会長、町内会長を通じて、個人に交付するというものであった。つまり、地域のコミュニティを十分に活用した要領である。

　救援物資の輸送に関しては、様々なパターンが存在する。人が住む地域には、それぞれのルールがある。救援する側も、上から目線ではなく、あくまでもその地域のルールを尊重しなければならない。精神は、「助ける」のではなく、被災された方々と「協力し合う」というものでなければならない。

4月1日　現在
第20普通科連隊担任地域の主要な生活支援施設等

©Mapbox, ©OpenStreetMap Contributors

① 石巻市立大街道小学校
- 大街道地区の核となる避難所として、救援物資を輸送した。また、大街道地区の在宅避難者支援を行った。
- 炊事車2台を運用して給食支援を行った。
- 沐浴場を開設した。

② 石巻市立釜小学校
ボランティアの方々と協同で炊事を行った。

③ 石巻市立青葉中学校
- 北海道の部隊が給食支援を行った。
- 地上路の渋滞を回避するため、ヘリコプターによる日用品の輸送を行なった。
- 米軍がシャワー施設を開設した。

④ 宮城県立石巻好文館高等学校
- 第6後方支援連隊が給食支援を行った。
- 即応予備自衛官が救援物資の輸送を担任した。

⑤ 釜会館　：　人力で救援物資の輸送を行った。

⑥ 河南　：　町内会長等を通じて救援物資を輸送することを基本とした。

原子力発電所事故

　3月17日、陸上自衛隊第1ヘリコプター団のCH-47ヘリコプターが福島第一原子力発電所の原子炉に対して、空中放水する映像を連隊指揮所のテレビで見て、原発事故を初めて知った。それまで、自分の部隊が担任する地域の作戦立案、実行に集中し、他の正面を見る余裕がなかった。

　ただ、「メルトダウン」と言う言葉を聞いて、多少の原子力災害の知識があったため、次のように思った。「福島で東日本と西日本が分断される」、「いずれ、自分達も放射能を浴びるのだなあ。自分は、40歳を過ぎ、子供が3人もいるからいいけど、将来ある若い隊員は退避させたい」、「家族は、山形から北海道に渡り、九州に帰れるだろうか」等々。

　日本の国土に長年にわたり、大きな影響を与える大事故が起きたことを肌身で感じた。

余震と緊急地震速報

　3月は、常に余震で揺れていた記憶がある。余震が起こる時は、海のほうから地鳴りがあり、それが自分の方向に迫ってくる。例えて言うならば、象の群れが自分の方向に迫ってくるような感覚である。

　また、緊急地震速報も鳴りっぱなしであった。震源地もあちこちに表示されているため、どこが危険かわからない状況であった。時には、緊急地震速報が鳴っても、揺れがないことがしばしばだった。

　緊急地震速報で、一番「ドキッ」としたことは、震源地が山形県を指した時であった。携帯電話は、まだ不通であり、妻とも連絡がつかなかった。父親としては失格だが、初めて家族が心配になった。しかし、後から部下に聞いたら誤報だったとのことだ。

　一つ言えることは、余震の中で生活していると、システムより自分の勘が鋭くなってくる。

海に近い幼稚園（31日目　4月10日から4月12日まで）

　重迫撃砲中隊担任地域の三ツ股の海に近い所に、2階建て鉄筋コンクリート造りの幼稚園があった。その幼稚園は、1階の窓も2階の窓もすべてなく、津波が突き抜けた跡があった。また、遊び場となっていた所はヘドロを被り、そのヘドロも日光に当たり白くパサパサに乾いていた。乾いたヘドロは、風が吹くたびに白い煙を巻き上げていた。

　ただ、この幼稚園の保育士の方と園児は、屋上のアンテナに掴まって助けを求めていた時に、海上自衛隊から救助されたことは聞いていた。私は、この津波に被災した幼稚園を見るたびに、その時の恐怖感と、子供達を守り続けた保育士の方々の勇気、それに答えた子供達の忍耐力を想像した。

　おそらく、これだけの被害を受ければ、再建は無理であろう。しかし、私個人としての感情は、「人命救助」でもなく、「避難所整備」でもないが、津波が来る前は子供達が元気に遊んでいた幼稚園を、ヘドロを取り少しでもきれいにしたかった。

ところが、私がたまたまその幼稚園を通りかかった時に、10人前後の男女が居た。私は車を止め、走ってそちらのほうに行った。そして、「何をしているのですか。ここの幼稚園関係の方ですか」と尋ねると、集まっている男女の方は、この幼稚園に子供を通わせていた保護者だという。そして、アルバムやお絵描き帳等の思い出の物を探しているのだが、ヘドロが堆積して見つけ出せないと言われた。私は、ここの幼稚園整備を行いたい旨を言い、園長先生と連絡を取りたいことを告げ、私の連絡先を渡した。そうしたら、その日のうちに連絡があり、「整備をお願いします」とのことだった。

厳密に言うと自衛隊の任務外である。私の独断で進んだこの案件を、連隊長冨田1佐に相談に行くと、「その仕事は、人の心を救う人命救助だよ」という一言であった。極めてわかりやすい理屈だった。私は連隊長に感謝した。

幼稚園整備は、仕事が丁寧であり、かつ、石巻好文館高等学校整備に目途のついた、即応予備自衛官の中隊、施設作業小隊の小型ブルドーザー1台、ヘドロ運搬用として民間業者小型ダンプ3両を配置した。工程は、3日間、園長先生、保育士の方々、保護者の方々の立ち会いの下、行うことにした。

さすがに即応予備自衛官の中隊は、仕事が丁寧であった。幼稚園の建物内は、人力で少しずつヘドロを外に掻き出す。ヘドロを掻き出すたびに、写真や絵本、園児が作ったものが出てくる。その思い出の品が見つかるたびに、保育士の方、保護者の方は喜びの声を上げ、涙を流す方もいた。私は、その光景を見て、人間は食事と住居だけでは生きられない。心が大事なことを痛感した。そして人により、それぞれの大切な物が異なることを知った。

私は、作業が終了する3日目、園長先生に、津波を受けながらも、保育士の方と園児が助かったことに対して喜びを言った。すると、園長先生は、このように言った。「そうでもないのです。幼稚園に残った園児は助かったのですけど、お子様を迎えに来た保護者とお子様には、津波で犠牲になっている方もいるのです」。東日本大震災の災害派遣においては、喜びの裏には常に悲しみがあった。

学校再開準備（41日目　4月21日）

4月上旬のことである。石巻市から学校再開が、4月21日であることの通達があった。突然のことであり、避難者の多い大街道小学校では大騒ぎになった。「避難所が閉鎖されるかもしれない、私達はどこに行けばいいの」という声である。直接、私に苦情を言ってくる避難者の方も多くいた。行政処置であり、自衛官の私ではどうにもならない。

結局のところ、市の行政側と避難者の方々が、何度も話し合いの場を持ち、学校運営と避難所運営の共存ということになった。私、個人としてはベストの結論だったと思うし、また、避難者の多い石巻市では、それ以外の解決策はなかったと思う。

熊本地震において、学校再開のため、避難者の方々が避難所を移動させられる光景を見た。果たして、それでいいのかを感じる。多くの人達が、住宅近辺の小学校や中学校に避難してい

る。学校校区の方々である。協力して、地域を復旧させていくためには、たとえ学校教育に多少の支障が出たとしても、共存していく方策を取るべきだったと思う。それが、将来への思いやりにつながっていくと思う。

　第20普通科連隊としては、学校再開準備と学校内での避難者の方々の移動に全面的に協力することを、学校教職員の方、大街道小学校避難所リーダーの甲斐さんと約束した。連隊長の解釈によれば、子供達の安全を守るための「人命救助」、避難者の方々の衛生環境を守るための「人命救助」であった。

　学校再開準備として、通学路整備を行った。倒れたブロック塀を取り除き、ヘドロの詰まった下水等も整備した。また、清掃を行い、子供達が気持ちよく通学できる環境を作るように努力した。また、避難所の方々への支援としては、教室から体育館への荷物を運び、体育館では、ダンボール壁によるプライベート空間の設置をした。また、体育館の床下に溜まっているヘドロを、床下に隊員と潜り込ませて排除し、衛生環境が改善するように努力した。そして、4月21日を迎えた。

　4月21日、入学式も同時に行われた。スーツを着た、お父さん、お母さんも散見され、正装をした子供も多く見た。微笑ましく思った。ただ、私自身、重要なことを完全に忘れていた。私の長男も、今年小学校を卒業し、中学校へ入学していたのだ。私が、初めて長男の中学校の制服姿を見るのは、5月17日のことであった。

道路整備と自動車回収業者との協力 （18日目　3月28日から4月下旬まで）

　時間軸は、再び3月22日に戻る。「すべての道はローマに続く作戦」の狙いは、道路環境を整備し、併せて、衛生環境を向上させること。そして、街に人を呼び込み復旧速度を速めることにあった。

　まず、大街道地区は、ヘドロが街全体に堆積し、車や重機が立ち入ることができない状況である。そこで、当初、行った道路整備方法は、シャベルによる人の手でのヘドロ除去であった。粘りつくヘドロを道路の両サイドにかき分け、山積みにする。このヘドロは、日光に当たると白くパサパサとなる。それを、民間業者の小型・中型ダンプカーに、自衛隊の小型ショベルカーと機械力不足のため、人の手により載せた。乾いたヘドロは、風に舞い、ヘルメットも服も白っぽくさせる。その行動をコツコツと繰り返し行うことによって、車両が入れる道を切り裂いていった。

　すると我々の後方から、電気関係、水道関係、下水道関係、建設関係の業者が次々と後をついてくる。そして、避難されている方々も、家の様子を見に街の中に入ってくる。また、家の片づけをされる方もいた。やはり、道こそが人間社会形成の基礎であることを痛感した。とにかく、第20普通科連隊は広い道路も、狭い道路も整備した。

　津波に流された流出車両の搬出は、まだ行政から許可が下りていなかった。ほとんどの車は、

全体に水を被り、横倒しになり、逆さまになっているが、どのような状態でも所有権がある。道路の妨げの問題点があるが、勝手に搬出をして処理をしてはならない。所有者の方には、たいへん申し訳ないが、道路上の流出車を搬出しなければ復旧速度が低下する。何度も石巻市役所の方に、流出車の搬出の許可を依頼した。この流出車の搬出においては、石巻市以外でも問題になっていたようだ。

　3月28日、第20普通科連隊が石巻市街地大街道地区に展開して1週間ほど経てから、石巻市役所の方から道路上の流出車を搬出しますとの連絡があった。連絡のあったその日から、民間業者の回収車が頻繁に、整備した道路を走り回り始めた。ただし、回収車の台座に流出車を載せるためのクレーンは、普通の状態である車しか釣り上げられない構造になっている。つまり、横倒しになっている車、逆さまの車は釣り上げて回収車に載せられないのである。また、電柱と家の壁に挟まっている車、家と家の間に挟まっている車、家に突っ込んでいる車がある。そこで、自動車回収業者と協力して作業を進めることにした。横倒しの車、逆さまの車、家と家の間に挟まっている車等を普通の状態にするのは、自衛隊の重機、または、人力で行う。そして、普通の状態になった車を、自動車回収業者の回収車がクレーンで釣り上げ、台座に載せ運搬するという要領である。要するに、自動車回収業者は運搬に専念してもらい、回転効率を上げようというものである。

　この協力方式は、自然と現場から生まれ定着していった。道路の整備と流出車の回収を進めることにより、大型ダンプカー、大型トレーラーも街の中に入り、順次活動できるようになっていった。

所有者とコンタクトせよ（12日目　3月22日から6月下旬まで）

　津波の被災状況とは、あるべき家がそこにはなく、ある家は土台ごと、ある家は2階部分が別の場所に流れ、道を塞ぎ地図と地形を変えてしまっているものである。私が遭遇した事象として、海に近い家の2階部分のみが2〜3km内陸側に流れ込んでいるものがあった。

　特に、第3中隊の築山と重迫撃砲中隊が担任する三ツ股東側が顕著であった。築山と三ツ股は石巻港の開口部分にあたり、直接津波が流れ込んできている。他の地域は、海沿いにある巨大な建物の工場群で、津波の勢力が多少なりとも緩和されたようである。

　私が、三ツ股東側、築山の被害状況の確認を行った時、地図上の道路と現地の状況が全く合致しない。合致しないため、基点となる広い道路から歩数で距離を測定して、現在地を割り出すように努めた。すると明らかになったことは、流れてきた家々が道を塞ぎ、元々、家があったように見えていたのだ。ある路地では、3軒の家が流れてきており、3軒が元々その場に建っていたような光景を呈していた。ある所では、2軒しか並んで建っていないのに、1軒がその間に流されてきて、3軒並んでいるように見えていた。

　ただ、いくら流れてきて道路を塞いでいる家だからといって、勝手に取り壊すわけにはいかい。流された家、倒れかかった家でも所有者がいる。その家の所有者が許可してくれなければ

解体ができない。しかし、当然のことながら、そこの所有者がその家に住んでいるわけでもない。ある方は避難所に居るかもしれないし、ある方は親戚宅に身を寄せているかもしれない。他の土地へ移り住んでいる可能性もある。それでも、所有者を見つけなければならない。

　そこで、私が各中隊長、隊員に指示を出した事項は、「とにかく街に戻ってきている人に聞き込みをして、解体しなければならない家の所有者とコンタクトしなさい」ということと、「解体の許可を得たならば、所有者の立ち会いの下、解体作業を行いなさい」ということだった。私も、状況確認、偵察を行っている最中、街の人に出会ったら、とにかく聞き込みを行い、所有者を探した。

　家の解体、瓦礫の除去は、このような地道な行動の繰り返しのもと、石巻市街地で、6月下旬まで行われた。

痛い後ろからの視線（12日目　3月22日から6月下旬まで）

　家の解体、瓦礫の撤去は、次のような手順で行った。① 10名程のチームを編成する（1名がチームリーダー）。② このチームに、グラップル1両、ダンプ数両を組み合わせる。③ 解体もしくは除去活動に入る前、交通統制要員を配置に付ける。④ 所有者の方に立ち会っていただく。この際、リーダーが解体・除去の手順を所有者の方に説明する。また、安全を確認しつつ、所有者の方に大事な物を取りに行っていただく。⑤ 所有者の方の了解が得られて、解体・除去作業を開始する。⑥ 時折、解体・除去作業を停止させ、待機していた隊員が家の中の物を取り出し、所有者の方に確認していただく。また、安全が確認できる箇所は、所有者の方に直接、入っていただき大切な物等を確認していただく。⑦ 重機で、取り除くことができなかった瓦礫、散ってしまった瓦礫を人力で取り除く。⑧ 再び重機により、解体・除去作業を行う。

　家が解体される時、ほとんどの所有者の方は、無口に重機と隊員達の動きを見ている。私達は、声の掛けようがなかった。そして、声もなく涙を流す方、大泣きする方がいた。私達が作業をする時、常に立ち合いの方から視線を感じ、その視線は痛かった。

電気業者の方、ガス業者の方との協力
（12日目　3月22日から6月下旬まで）

　津波災害では、色々な物が流れ、家が単独で流されているというものはなかった。倒れかかっている家に、電柱が倒れ、電線が複雑に絡み合い、更にプロパンガスが家の中に流れ込んでいるという状態であった。また、所によっては、工場から流れ出たものか、化学薬品を詰めた箱が散乱していた。ただ単に、家を解体し、瓦礫を撤去すればよいというわけではない。詳しい調査と丁寧な段取り、慎重な行動が重要であった。

　そのような環境の中、よく電気業者の方、ガス業者の方と連携しつつ解体・除去作業を行った。まず、初めに家に流れ込んでいるプロパンガスを取り出すため、プロパンガスを搬出する経路を自衛隊員が作る。そして、ガス業者が安全を確認後、プロパンガスを搬出する。次に電

気業者が、絡み合った電線を取り除く。電柱を取り除く段取りとして、電柱の周りの瓦礫を自衛官が排除する。

　電柱周辺に、自衛官が車両の誘導員として立ち、もし、電柱が倒れたとしても安全地帯を設定する。それらの準備ができ次第、電気業者が電柱を排除するという手順であった。

　自衛隊は単独で災害派遣活動を行ったわけではない。常に様々な方の協力を得て、その活動を前に進めていったのである。

ボランティアの方、医療関係者の方への情報提供 （12日目　3月22日から6月下旬まで）

　自衛隊の最大の特徴は、自己完結にある。自己完結とは、衣食住のすべてをその組織のみで賄うことができることだ。要するに、運動公園のような多くのテントを張れる地域があれば、長期間、居座り活動できるということである。よって、他の組織に所属し、他の県から被災地へ応援に来られる方より、活動地域の情報を多く得て、より詳しくなっているということである。私自身、今でも石巻市は、地図無しでも行動ができる自信がある。

　私達、第20普通科連隊の担任地域においても、数多くのボランティアの方、様々な医療関係の方々が熱心に活動されていた。ただし、土地に対しての情報量が少なく、目的地到着に遅れ、時間的なロスが生じたことは事実である。また、ある一定の避難所に医療関係の方々、ボランティア関係の方々が集中した。その逆に、情報が少ないため、ボランティアの方、医療関係の方の密度が粗くなった地域もある。熊本地震においても、そのような状況が生起したと聞く。

　私は、偶然お会いしたボランティアの方、医療関係の方に地域の情報を提供した。また、道案内等も積極的に行った。

　やはり、今後の災害発生時の課題であるが、一元的に情報、組織の行動統制を行う仕組み、または、組織が必要だと思う。それを、市町村の行政組織の役割と言ってしまえば、それまでだが、様々な業務が積み重なり、そのキャパを越えることは必然である。効率的に、各種組織を統制し、ムダ・ムラのない活動を行うことは、被災者救済の最大の力になると、私は信じている。

私が水を抜きます。（20日目　3月30日から4月5日まで）

　重迫撃砲中隊担任地域の三ツ股北側には、田んぼが地盤沈下して、縦横200mほどの大きな溜め池ができていた。雨が降ると、その溜め池の水の水位が上がり、周辺の整備した道路をヘドロで覆いつくした。また、その溜め池の底には、発見を待たれている行方不明の方がいらっしゃる可能性もあった。どうしても、今回の津波でできた溜め池の水を抜かなければならない。そこで、石巻市市役所の下水道課に相談することにした。

　答えは、「今は困難」というものであった。理由は、下水道の業者が、他の地域で手がいっぱいで、とても人手を回せる状況ではないということであった。それと、水を抜くためには、メインの下水溝の瓦礫を撤去する必要があり、そこまで、重機を入れる経路がないということで

あった。

　私は、そのメインの下水溝を確認に行った。下水溝までは農道が続いていたが、瓦礫に覆われ、このままでは重機を通せるものではなかった。下水溝には、瓦礫が詰まり、底は海から逆流したヘドロで埋まっていた。また、下水溝の中は湿気が強く、異臭が溜まり、作業をするには、たいへん過酷な環境であった。底のヘドロは、重機のアームが届かないため、人力で作業する必要があった。

　私は、この作業を隊員にやらせるか迷った。ただし、やらなければ前には進まない。そこで、10名の選抜要員でチームを編成し、特別に作業をやらせることにした。チームリーダーは、通信小隊長の有薗2尉を指名した。彼は離島に偵察へ行った時も、金華山に降りた。連隊内で一番タフで、運の強い男だった。彼は、「私が、水を抜きます」と言ってくれた。他の9名は、本部管理中隊内から志願者を募った。すぐに9名が集まる。

　3月30日から作業を開始する。当初3日間、下水溝までの道を作る。下水溝まで、小型のグラップルと小型のダンプカーを入れる経路はできた。いよいよ、下水溝の整備にあたる。過酷な環境であるため、作業時間は午前9時から11時まで、午後は13時から15時までにした。また、作業終了後は、石巻港に接岸している海上自衛隊の艦船に依頼して、風呂に入れるように手配した。

　下水溝の整備は、グラップルで瓦礫を除去する。次に、隊員が下水溝に降り、ヘドロを取るのを繰り返しで行った。少しずつしか進まない地道な作業である。

　作業5日目から溜め池の水位が少しずつ下がり始め、7日目には、完全に水が抜け、作業は完了した。

　このように自衛官は、目立たない地味な作業を繰り返しつつ災害派遣活動を進めていった。

陸上自衛官の風呂事情

　3月11日から5月中旬までは、ほとんど風呂には入れなかった。自衛隊は、風呂を各所に開設したが、それらは、被災者の方々のための風呂であり、自衛官自身は入浴することができなかった。時々、海上自衛隊が、石巻港に艦船を接岸し、風呂を使用させてくれた。

　第20普通科連隊の場合、山形県に休養のため帰隊した時に風呂に入った。私の場合、10日置きぐらいに、山形県へ着替えを取りに帰っていたため、その時に風呂に入っていた。今思うと、常に汗と汚れとヘドロで、異臭を放っていたと思う。

　石巻地区で日常的に風呂に入れるようになったのは、5月下旬以降、航空自衛隊松島基地の風呂が使用可能となってからだ。その時期になると、3月11日から5月中旬までの風呂に入れない時期に比べ、天国だった。

旧石巻成果花き地方卸売市場

　3月12日、午前0時30分、現地入りした時から、5月上旬まで、御遺体を見ない日のほうが少

なかった。御遺体に関して記述することは不謹慎に思われるかもしれないが、被災地では、大人も、子供も、男性も、女性も経験していることである。発災当初は、避難所と隣り合わせで、仮遺体安置所が置かれている所があった。それを「悲惨」と表現する人がいるかもしれないが、被災地ではそれが日常であった。

中でも、石巻市と東松島市の境界近くにある、旧石巻青果花き地方卸売市場には、多くの御遺体が安置された。毎日、次々と御遺体が運ばれ、棺の調達が間に合わず、毛布にくるまれ何体もの御遺体が並べられ、検視官と身内の安否を確認するため訪れている方が、その御遺体と御遺体の間を回っていた。

また、安否が確認された御遺体も、火葬場が順番待ちとなり、土葬で仮埋葬された。石巻市の諸所の空き地に、土盛りが確認された。

ありがとうが悲しい（28日目　4月7日）

第2中隊担任地域の中屋敷でのことである。40代前半と見受けられるご夫婦が、行方不明となったお子様を探されていた。そして、その御夫婦は、捜索箇所の偵察を行っていた私に声を掛けてきた。

「3歳ぐらいの子供を見つけませんでしたか。私達は、あの家に住んでいました。私達2人は、仕事に行っていました。ですから、津波が来た時は、あの家に居ませんでした。あの家で、おじちゃん、おばあちゃん、3人の子供が流されました。おじいちゃん、おばあちゃん、6歳と5歳の坊やは見つけていただいたのですが、3歳の坊やだけは見つかっていません」。女性の指した家は、1階部分は、被災していたが、2階部分は原形を留めていた。何かの事情で、2階部分へ、避難することができなかったのであろう。

私は、「わかりました。何か手掛かりがあれば、連絡致します」とだけ言い、ご夫妻の連絡先をメモ帳に書いた。このことは、第2中隊長にも伝え、お子様の御遺体を収容した場合は、無線で連絡を入れてくれるように頼んだ。

3日ぐらい経ってから、第2中隊から無線が入った。私は、御遺体の収容場所に急いだ。私が駆けつけた時は、既に小さい体が毛布にくるまれていた。ご夫婦も、私が着いてから10分ほどで、収容場所に駆けつけてきた。

ご夫婦は、2人で同時に、小さな毛布の中を覗き込んで、お母さんが、このように言った。「間違いありません。私達の子です。見つけていただいてありがとうございます。子供は、私達の車で運びます」。お母さんは、物静かで、泣きもせず、涙も流していなかった。お子様を大事そうに抱え込み、優しそうな目で、我が子を見つめていた。

そして、お母さんの「ありがとうございます」を聞いた時、私は心が重くなり、悲しくなり、無口にならざるをえなかった。御遺体を収容して、御遺体を確認していただいた御遺族は、常に「見つけていただき、ありがとうございます」と、我々に言った。この感謝の言葉ほど、私の心を悲しくするものはなかった。

不思議な話（33日目　4月12日）

　重迫撃砲中隊担任地域、三ツ股での出来事である。海岸のほうから流れ着いたアパートの2階部分があった。私が捜索手順を定めるために巡回をしている最中、そのアパートの一室から「ピーガチャ、ピーガチャ」という高い機械音が連続して聞こえてくる。そのアパートは2階部分だけ流されてきたものであり、1階部分にあったと思われる玄関部分はない。私は、この音が周辺に響いていたため、たいへん不思議に思い、瓦礫を登り、2階部分のガラスのない窓枠から音が聞こえてくる一室に入った。

　室内は、家具が散乱している。響く音は、散乱している家具の隙間から聞こえてくる。私は、その隙間に手を伸ばした。伸ばした手に、四角い物が触れる。その四角い物を掴んで拾いあげてみるとロボットのおもちゃであった。もう発災してから1カ月以上経っている。1カ月以上も、電池が切れず、鳴り続けていたのだろうか。私は本当に不思議に思った。数日後、このアパートの解体の順になり、私も惹かれるものがあり、解体に立ち会った。

　すると6歳ぐらいのお子様の御遺体が確認された。

　私は、霊感があるわけでもない。ただ、このことを未だに思い出し、不思議に思う。

ペットに涙する女性（35日目　4月14日）

　これも重迫撃砲中隊担任地域、三ツ股での出来事である。路地に流れ込んできた家が道を塞ぎ、その家を解体し、撤去する準備をすすめている最中である。どうしても、ある民家に入り作業しなければならなかった。その民家も、1階部分は大きく被害を受け、2階部分はかろうじて原形を留めているものの傾いていた。そして、その家では、70歳代であろうご夫婦と、30歳代であろう娘さんと思われる女性が片づけをしていた。

　私は、隊員を数名その民家の庭に入れていいかどうか確認するため、30歳代ぐらいの女性に声を掛けた。「そこの流れてきた家屋を撤去します。隊員を何人か入れて作業をさせたいのですが、いいですか」。その女性は、俯いたまま、何も答えなかった。そして、突然泣き出してしまった。その泣き声に私は戸惑い、その様子を見た隊員が数名、私とその女性の周辺に駆け寄ってきた。皆で、その女性を落ち着かせて、話を聞いた。すると、その女性は、このように話した。「地震が起きて、誰も助けてくれる人がいませんでした。だから、自衛隊さんに声を掛けられて、嬉しかったのです」。この言葉は、被災された方々の実情であると思う。報道では、義援金などで支援することが大々的に伝えられるが、被災者の方々は常に孤独の中で戦っている。これは、被災した時の現実である。

　ここの流れてきた家屋の撤去には時間がかかった。なぜならば、よく確認すると、2軒の家が折り重なるように流れてきていて、除去する瓦礫の所要量が多かったためである。更に、その作業を困難にしたのは、流されてきた家と家の間に電柱が2本挟まっており、電線が複雑に絡み合っていたことだ。終了まで4日間かかった。

　このため、その女性の方と撤去作業の説明等で、話す機会が比較的多かった。ある時、その

女性は、このようなお願いをしてきた。「私は、大型犬を飼っていました。シェパードです。でも、行方不明なのです。もし、可能であれば、探していただけないでしょうか」。我々の任務の中には、ペットの捜索までは含まれていない。ただ、彼女に、そのようなことを言えるわけもない。私は、責任を持てなかったが、「わかりました。心当たりがあれば、ご連絡致します」と答えた。近くで、作業指揮に当たっている第3中隊長と重迫撃砲中隊長にも、この件を伝えた。私は、正直、どこか遠くに流されているだろうと思い、見つからないと考えていた。

　ところが、その日の午後、第3中隊長からこのような無線が入ってきた。

　「03（マルサン［第3科長］）、こちら30（サンマル［第3中隊長］）、大型犬発見」。位置を確認したら、彼女の家から500mぐらいしか離れていない場所であった。私は、彼女の家に向かった。彼女はまだ、庭で片づけをしている最中であった。私は声を掛けた。「近くで、大型犬を発見しました。一緒に、確認しに行きませんか」。彼女は、「わかりました」とだけ言う。私は、彼女をエスコートして、第3中隊長が大型犬を発見した場所へ行く。

　その場所に着くと、大型犬の御遺体の周りに10人ほどの隊員が取り囲んでいた。彼女は隊員と隊員の中に入り、覗き込んだ。見た瞬間、彼女は、何度も犬の名前を叫び、大泣きに泣いた。その大型犬は、生きたままの形をしており、彼女はその御遺体に抱きついた。泣きついたまま、10分ぐらい泣いていた。私達自衛官は、立ち尽くしたまま、呆然と無口に見守るしかなかった。

　私は、彼女が落ち着くのを見計らって、「御遺体は、丁寧に我々が運びます。犬の遺体安置所はありませんので、迷いペットを預かる施設に運びます。それでよろしいでしょうか」と言った。彼女は、軽く頷いた。隊員の手によって、御遺体は毛布にくるまれ、車に載せられた。彼女と私達は、その車を見送った。

　個人によって、大事なものは異なる。行方不明の方々を捜索する隊員は、御遺体を収容するだけではない。被災された方々の失った大事な物を見つけ、届ける役目を果たした。

消防隊員・警察官との協力（3月下旬から6月下旬まで）

　我々は事業者の許可を得て、工場内、倉庫内でも行方不明の方々の捜索に当たった。多くの建物の外観は元の形を留めている。しかしその中は、瓦礫とヘドロで散乱し、工場内の工作機械や倉庫内の荷で埋めつくされていた。基本的に、工場内、倉庫内は手作業である。地道に人の手で、瓦礫、ヘドロを排除していく。工場内においては、工作機械に挟まっている御遺体もあり、到底、人の手では収容できない。また、工作機械を切断して、御遺体を収容できる器材も自衛隊にはない。このような場合、消防隊に連絡をした。

　消防隊は、交通事故等での人命救助の際、鉄を切ることができるカッター等を装備している。自衛隊は人員が比較的に豊富で、車両、ヘリコプター、重機などの大道具を多く持っている。ただし細かい作業は、どちらかと言えば、不得意分野である。その不得意分野を、機会あるごとに消防隊員の方に助けていただいた。

　また、警察官の方とも日々、協力関係にあった。道路整備のため、撤去しなければならない

家屋等の所有者を確認するためには、多くの時間と労力が必要であった。このため、警らしている警察官とよく情報交換をした。聞き込み等の技は、自衛官より警察官のほうが遙かに高い。

災害派遣活動の現場においては、会議室を使用しなくても、自然と消防隊員、警察官の方と協力関係が生まれていった。

貴重品（12日目　3月22日から6月下旬まで）

津波は、ありとあらゆるものを押し流していた。思い出の写真、アルバム、卒業証書、本、アクセサリー等々。道路整備、行方不明の方々を捜索する自衛官は、可能な限り回収し、一旦、連隊指揮所に持ち帰り、それらを区分し、泥を払い、石巻市の指定する場所へ運搬した。

また、金庫、財布等の貴重品も多量に流出していた。それらは、回収後、石巻警察署のほうに運搬した。中には、クレーンで持ち上げ、車に載せ、運搬した金庫もある。

ただ、事実として現金、中身のない財布も多く回収している。私自身、直接に見てはいないが、御遺体から財布を抜き取る光景を目撃したという避難者の方からの証言を、少なからず聞いた。我々、自衛官が、多く展開するまでは、度々、目にした光景だったと言う。そして、その光景に、たいへんな恐怖を感じていたとも言っていた。被災した家屋の中には、「この家には取る物は、何もありません」という「張り紙」を張っているものもあった。

熊本地震においても、被災地域、被災家屋での空き巣が問題となった。日本人は、諸外国に比べ大災害が発生しても暴動とかが起きず、整然としていると言われている。ただし、全く犯罪がないと言うわけでもない。このことは事実として認識し、今後は、「災害対処計画」の中に、防犯の内容を充実させ、準備することが必要だと考える。

金庫を探す経営者（31日目　4月10日）

私が偵察、状況確認のため、街の中を巡回している時、様々な方から声を掛けられた。その内容は、「行方不明の方の捜索」、「瓦礫の除去」等々である。

ある時、50歳代前半ぐらいの男性の方に声を掛けられた。話を聞くと、町工場の経営者だと言う。そして、このような話をした。「地震があった当日、ひどい揺れでした。ただし、建物に異常はなく、ホッとしていました。そして、従業員5人、私も含めて5人ですが、機械を点検していました。30分か、40分ぐらい経ってでしょうか、『ごっごっ』という音が近づいてきました。そそして、腰のあたりに水が一挙に押し寄せてきたのです。皆、柱とかにしがみつきました。でも、一人の従業員が流されてしまったのです。一瞬の出来事で、何もできませんでした。そして、流された従業員は見つかっていません。作業着に『○○工業』と書いてあります。何か心当たりがあれば連絡を下さい」。それとこのように付け加えた。「会社は、年度末決算の準備中でした。金庫の中に大事な書類をすべて入れておきました。1m四方の灰色の金庫です。お忙しいと思いますが、見つけていただければ幸いです」。

丁寧な口調で、ゆっくりと話される方だった。そして、言い終わると、何かを探すように立

ち去って行った。

　津波の恐ろしさは、あるべき場所からすべて持ち去って行ってしまうところにある。経営者の方に2度、3度、連絡をして金庫を確認してもらったが、いずれも違った。その後、経営者の方から連絡があった。その日は、よく覚えている。なぜならば、4月10日、ちょうど地震発生から1カ月であった。携帯電話の声から、経営者の方は、私にこのように伝えた。「従業員を築山で見つけていただきました。ありがとうございます。これで、従業員全員が揃いました。これで十分です。金庫は、自分達で探します。自衛隊さん、街のことをよろしくお願い致します」。

　従業員の方の御遺体が発見されたのは、工場から2kmも内陸側の所だった。

燃料不足

　被災地は、4月上旬まではひどい燃料不足であった。ガソリン、軽油、すべてが不足していた。まだ寒い3月の東北である。灯油は、避難所に緊急輸送を行った。自衛隊の車両の燃料は軽油であり、山形のほうから輸送し、とにかく動けるようにしていた。通常の自家用車は、ほとんどガソリンである。ガソリン不足に加え、ガソリンスタンド自体が被災している所も多い。わずかに稼働しているガソリンスタンドも長蛇の列であり、「緊急車両優先」、「10ℓ限定」、「本日終了」の張り紙を張っている。

　日本人にとって自動車は、必要不可欠であることを痛感した。そして、信じられない光景を見た。5～6人の男性が流出車に寄り集まっている。その流出車は、横倒しになり、あちこちが凹んでいて、とても自走には耐えられない状態ではある。ただし、何をやっているのかと思うと、その車からガソリンを抜き取ろうとしているのである。その時、私は緊急移動中であり、その光景にかまっている余裕はなかった。後から考えると、たいへん危険な行為である。このことから、人は追い詰められると究極のことをするものだと改めて思った。

闇商売

　3月中旬から4月中旬にかけて、ライトバンの後部扉を開け、その荷台に即席麺を積み上げ、信じられない値札を付けて売っている光景が見られた。それでも人の行列ができている。かなりの需要である。この光景は、被災の状況が著しい地域より、沿岸部の高台で家そのものは、被害を受けていない地域が頻繁であった。私の予測であるが、家と財産の被災は免れたが、近所の店が開店しておらず、食品等が調達できない方々をターゲットにしたものではなかったか。

　大型スーパーマーケットが、移動販売を始めると、徐々にその姿は消え始めた。地震発生とともに起きた様々な詐欺事件と同様、日本においても人の弱みに付け込む人達はいるのだ。非常事態というものは、人間の本性が現れてくる。自分の恥ずかしい部分、勇気ある部分が暴露される。地震大国日本で住む以上、この現実は知っておくべきであろう。

取材

　東日本大震災時、新聞、テレビ、雑誌の記者の方々から多くの取材を受けた。海外のオランダ、ノルウェーの方からも取材を受けた。その中で、大きく感じたことがある。

　国民に多くのことを伝えようとする努力には、感銘を受けた。ただ、視聴者、読者に対して、興味を惹いてもらおうとする力が強すぎるためか、取材開始前から、あまりにもストーリー化されているように見えた。発災当初は悲惨さを、徐々に、復旧・復興の兆しを出そうとし過ぎている。あくまでも、私の目から見ればであるが、やや偏りがあるように見えた。

　このような非常な場合においては、事実をとことん突き詰めていってもらいたい。本当に、被災者の方々にとって必要な情報は何か、見えない所で苦しんでいる方々はいないのか、何が起こっているのかを報道してもらいたい。そして、国民に何をしなければならないのかを本気に考えさせるような番組を作っていただきたいと思う。

　今回の熊本地震に遭遇した際、私は更にその思いを強くしている。なぜならば、私が自衛隊を退職し、現在の勤務地は、熊本県上益城郡益城町で、多くの被災された方々に接しているからである。東日本大震災で既に教訓が得られた事項が、また、繰り返されているからである。局部的には、東日本大震災より過酷な状況が生起している。国民が、少しでも事実を知り、今後、起こるかもしれない天変地異に備えなければならない。

第6章　石巻市・女川町安定化作戦

第2回　第6師団　指揮官拡大会議
（49日目　4月28日　19:00）

　4月28日木曜日、「第2回 第6師団 指揮官拡大会議」が行われた。「第1回 第6師団 指揮官拡大会議」は、4月上旬に行われている。その時の内容は、発災直後からの部隊の状況報告と、4月22日、23日に行われた「方面隊一斉捜索」に関してであった。

　指揮官拡大会議とは、第6師団の各部隊長、私のような作戦実務責任者が一堂に会して行われる会議である。以下、その会議における参加部隊名を記述する。

　第20普通科連隊（山形県）、第22普通科連隊（宮城県）、第44普通科連隊（福島県）、第6特科連隊（福島県）、第6後方支援連隊（山形県）、第6戦車大隊（宮城県）、第6偵察隊（宮城県）、第6通信大隊（山形県）、第6施設大隊（山形県）、第6高射特科大隊（福島県）、第6飛行隊（山形県）、第6化学防護隊（山形県）、第6音楽隊（山形県）、即応予備自衛官連隊の第38普通科連隊（宮城県）、そして、第6師団指揮下ではないが重機を多く装備する施設科部隊、東北方面隊直轄の第2特科群、また、航空自衛隊、海上自衛隊からも関係者が参加している。

　そして、「第2回　第6師団　指揮官拡大会議」の内容を列挙してみる。

　1．福島第一原子力発電所災害派遣に関して

　現在、石巻市で活動中の第44普通科連隊、東松島市で活動中の第6特科連隊を5月3日より福島県に転用し、原子力災害派遣で活動させる。この際、石巻市の第44普通科連隊担任地域を第20普通科連隊が受け持ち、第6特科連隊地域を第6戦車大隊が受け持つ。

　2．他方面隊（東北方面隊以外の部隊）の撤収に関して

(1) 気仙沼市、南三陸町

　第4師団が5月中旬（細部時期は、別に命ずる）に撤収する。次の担任部隊は第22普通科連隊とする。

(2) 石巻市北上・河北・雄勝地区、牡鹿半島

　第5旅団、第14旅団が5月中旬（細部時期は別に命ずる）に撤収する。次の担任部隊は、第20普通科連隊とする。

３．生活支援（給食、給水、入浴支援）

(1) 石巻市の第44普通科連隊担任地域、東松島市の第6特科連隊地域の生活支援施設は、第6後
　　方支援連隊が引継ぎ運営する。

(2) 撤収する各方面隊の施設は当該地域に残置し、運営要員においても残置させる。この際、各
　　生活支援組織は、地域を担任する部隊の統制を受ける。

4　災害派遣撤収時期

　6月下旬から7月下旬とする。

第20普通科連隊　東日本大震災災害派遣　活動推移		
月　日	章	活動内容
3月11日 〜 3月15日	第2章 初動の5日間	気仙沼市・南三陸町で活動
3月16日 〜 3月19日	第3章 座布団として	第4師団と部隊交代し、石巻市北上・河北・雄勝地区、女川町、石巻市牡鹿半島で活動
3月20日 〜 3月21日	第4章 石巻市街地へ	第14旅団と部隊交代し、石巻市牡鹿半島のみで活動
3月22日 〜 5月2日	第5章 様々な活動の中で	第5旅団と交代し、石巻市大街道地区で活動
5月3日 〜 5月15日	第6章 石巻市・女川町安定化作戦	第44普通科連隊部隊転用に伴い石巻市門脇地区を含め活動
5月16日 〜 5月22日		第5旅団の撤収に伴い、石巻市牡鹿半島、石巻市湊・渡波地区全域において活動
5月23日 〜 6月19日	第7章 「湊・渡波地区一斉捜索」への道	第14旅団の撤収に伴い、石巻市・女川町全域で活動
6月20日 〜 7月27日	第8章 終焉	順次部隊を帰隊させ、東日本大震災災害派遣活動を終了

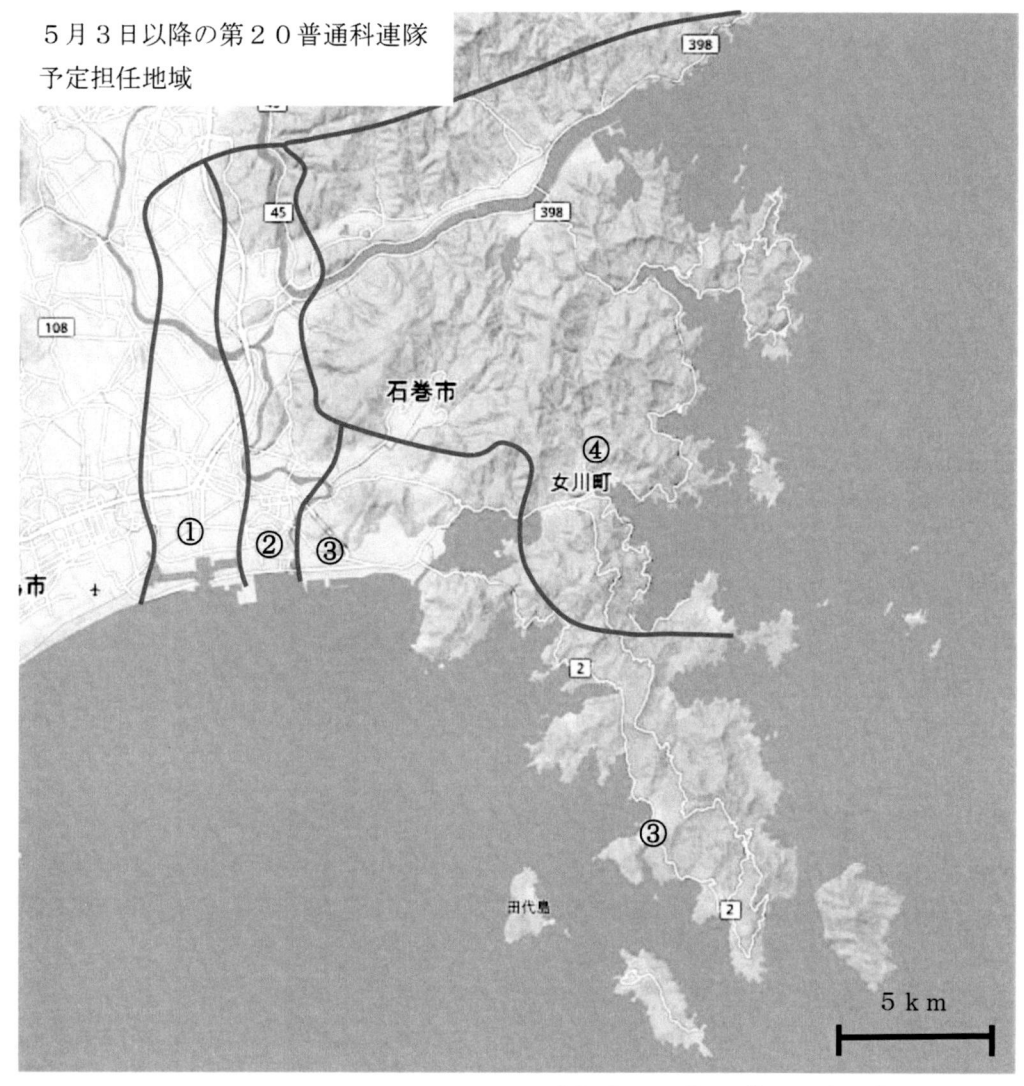

5月3日以降の第20普通科連隊
予定担任地域

©Mapbox, ©OpenStreetMap Contributors

① 石巻市大街道地区
　引き続き、第20普通科連隊が担任
② 石巻市門脇・中瀬地区（現、第44普通科連隊担任）
　5月3日以降　第20普通科連隊が担任
③ 石巻市湊・渡波地区、石巻市牡鹿半島（現、第5旅団担任）
　5月中旬以降、第20普通科連隊が担任
④ 石巻市北上・河北・雄勝地区、女川町（現、第14旅団担任）
　5月中旬以降、第20普通科連隊が担任

作戦分析

　師団の会議終了後、早速作戦の分析を行った。作戦とは、「複雑な事項を単純化する」、「単純化したことを何度も部隊に伝える」、「伝えたことを確実に実行させる」ものだと、私は考えている。そのためには、次のような分析手順が必要である。「手段を目的化しないこと」。「時期的なことを明確にすること」。「常に全体像から入ること」。「要点を定め、その要点に対して力を集中すること」。

　次に記述するのは、師団司令部の作戦指示に基づいた私の作戦分析の一端である。

1．第20普通科連隊の作戦目的

　石巻市及び女川町において、撤収条件を作為し、6月下旬から7月下旬までに、部隊を円滑に撤収させる。

2．時期的区分

　第44普通科連隊との交代時期は5月3日、第5旅団、第14旅団との部隊交代時期は5月中旬、第20普通科連隊の撤収時期は6月下旬から7月下旬である。

3．全体像

　石巻市及び女川町の範囲は、石巻市北上支所から石巻市牡鹿支所まで南北約40km、石巻市大街道地区から女川町市街地まで東西約30kmで、1コ連隊の勢力としては広大な範囲である。よって、地域的な焦点を定めて部隊を配置しなければならない。

4．活動の焦点

　地域の行政機関ニーズに基づき、「応急復旧活動」、「行方不明の方々の捜索」、「生活支援」、いずれが焦点なのか定めなければならない。そのためには、偵察を丁寧に行うとともに、現在活動中の第5旅団、第14旅団の部隊から情報を収集し、復旧状況等を確認しなければならない。そして、部隊は人的限界もあるため、要点に対して集中させて配置させることが必要である。

　撤収作戦は、簡単と思われるが、撤収作戦が最も難しい。なぜならば、「ライフラインの復旧状況」、「仮設住宅への入居状況」、「公共施設の復旧状況」、「店舗の開店状況」等々、あらゆる角度から分析し、撤収条件を定めなければならない。そして、何よりも大事なことは、今後被災者の方々が、比較的に安定して生活ができるか、心の安らぎが持てるかということを考慮しなければならないことである。「被災者の方々の安心感」と「復旧に伴う民間企業の活動状況」

のバランス感覚が重要である。自衛隊が長く存在し続けると「お金」の回りが滞り、復興遅滞の原因ともなりかねない。

　そこで、「現在、第44普通科連隊が担任している門脇・中瀬地区の対策」を当初に行うこと。次に、「石巻市全域、女川町の全域の復旧状況を確認し、現在、第5旅団、第14旅団が担任している地域への部隊転用計画と撤収計画を5月10日までに作成すること」にした。そして、以上の手順を連隊長冨田1佐に報告し、決裁を受けた。

石巻市門脇・中瀬地区の被害・復旧状況と自衛隊生活支援状況
（50日目　4月29日から4月30日までの2日間で偵察を行う）

　第6師団 指揮官会議の翌日4月29日から、私は第44普通科連隊との調整と同連隊担任地域の石巻市門脇・中瀬地区の偵察を行った。その時の被害・復旧状況、自衛隊生活支援状況を記していく。

１．被害状況

(1) 石巻市門脇地区は、大きく4つの区分に分かれる。

①　南側の海岸部の住宅地

　最も津波被害が大きかった地域である。すべての家は、流され、何も残っていない。街一帯に瓦礫が散乱している。残っている建造物は、8階建ての石巻市民病院と門脇小学校である。門脇小学校付近では、津波を受けた際、流された車のガソリンに引火して火災が発生したとのことだ。その炎が、直接校舎を焼いたらしく、残っている4階建ての校舎全体が黒く焼けただれている。

②　日和山公園地域

　日和山公園は、石巻市街地の海岸部を一望できる小高い山である。震災前も石巻市民の憩いの場であり、震災後も憩いの場であり続けた。小高い山の中腹地域まで、被害は全くなく、ライフラインが復旧すれば、通常の生活が取り戻せる地域である。また、津波の発生当日、この地域に多くの方が避難してきたとのことだ。

③　北側の商店街・行政地域

　津波によって、床上ぐらいまで浸水した地域である。石巻市街地における昔からの商店街があり、石巻市役所、石巻警察署もこの地域に所在する。

④　東側の旧北上川沿い

　この地域も石巻市街地の昔からの商店街があった地域である。ただし、被害状況は、南側から押し寄せた波が、多くの瓦礫を運び、その瓦礫が家々を圧し潰し、また、旧北上川を逆流した波から、直接に潰された家もあった。

(2) 石巻市中瀬地区

　旧北上川の中の小さな島である。島というよりは、中洲と言ったほうが正確かもしれない。

ただし、ここには、石巻市の象徴的な建造物である石ノ森萬画館がある。私も、震災発生の前年、5月の連休中に訪れたことがある。円盤型のたいへんユニークな建造物である。被災状況としては、幸運にも、石ノ森萬画館はそのままの形状で残っていた。円盤状の構造が、水の抵抗を和らげたのであろう。ただし、それ以外の建造物は、すべて流されてしまっている。その代わりに、おそらく門脇地区から流されてきたと思われる一軒家の2階部分、アパートの2階部分が幾つかある。

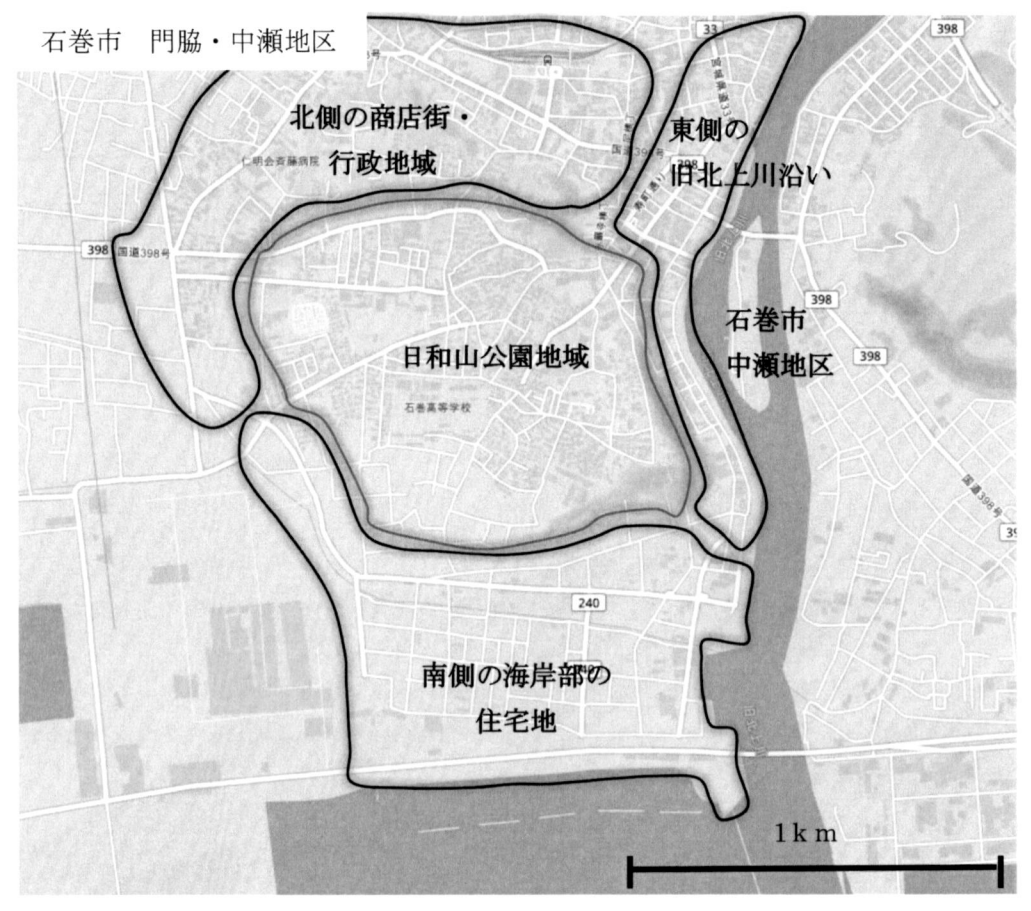

石巻市　門脇・中瀬地区

北側の商店街・行政地域

東側の旧北上川沿い

石巻市中瀬地区

日和山公園地域

南側の海岸部の住宅地

1km

©Mapbox, ©OpenStreetMap Contributors

2．復旧状況

(1) 石巻市門脇地区

① 　南側の海岸部の住宅地

　第44普通科連隊が行方不明の方々の捜索を丹念に行い、ほぼ収容を完了していた。ただし、瓦礫の処理を行われておらず、第20普通科連隊の任務として、瓦礫の処理・運搬が必要であっ

た。そのため2km四方の住宅地の瓦礫処理を行わなければならない。日和山沿いの小高い所には、隣とわずかな差で被害を免れた家々もあった。最低でも、その方々が居住できる環境を整えなければならない。

② 日和山公園地域、北側の商店街・行政地域

被害が軽微であったためか、ライフラインの復旧は順調であった。4月末の段階で、電気は、ほぼ復旧していた。水道、ガスは遅れている地域もあったが、順次、復旧作業が進められている。

③ 東側の旧北上川沿い

北側では民間企業主導で瓦礫の撤去が進められ、それと並行してライフラインの復旧作業が進められていた。ただし、南側は、津波の被害を大きく受けていた状況で、瓦礫の撤収等もまだ進められていなかった。

(2) 石巻市中瀬地区

元々住宅地ではないが、瓦礫の撤収等は行われていない状況であった。石ノ森萬画館しか残っていないため、ライフラインの復旧も進められていなかった。

3．生活支援状況

門脇・中瀬地区では、4カ所の自衛隊生活支援施設を開設していた。日和山公園沐浴所、石巻中学校給食・給水施設、旧北上川沿いの海上自衛隊入浴施設、石巻消防署近く旧北上川沿いの第6後方支援連隊が開設している入浴施設である。いずれもライフラインの復旧が進みつつある地域であった。また、それに伴い、店舗等も順次、開店の準備を進めつつあり、大型スーパーマーケットの移動売店も巡回し始めた。ただし、現在に至っても生活支援の需要は高く、4カ所の生活支援組織は現状維持のままにすることにした。ただ、店舗の開店状況と反比例させ、救援物資の輸送は、衣類、日用品を抑制することにした。

被害の大きかった南側の海岸部の住宅地、旧北上川沿いの南側地域は、現状として、生活可能な環境ではなく、現に自衛隊の生活支援施設も設置されていなかった。

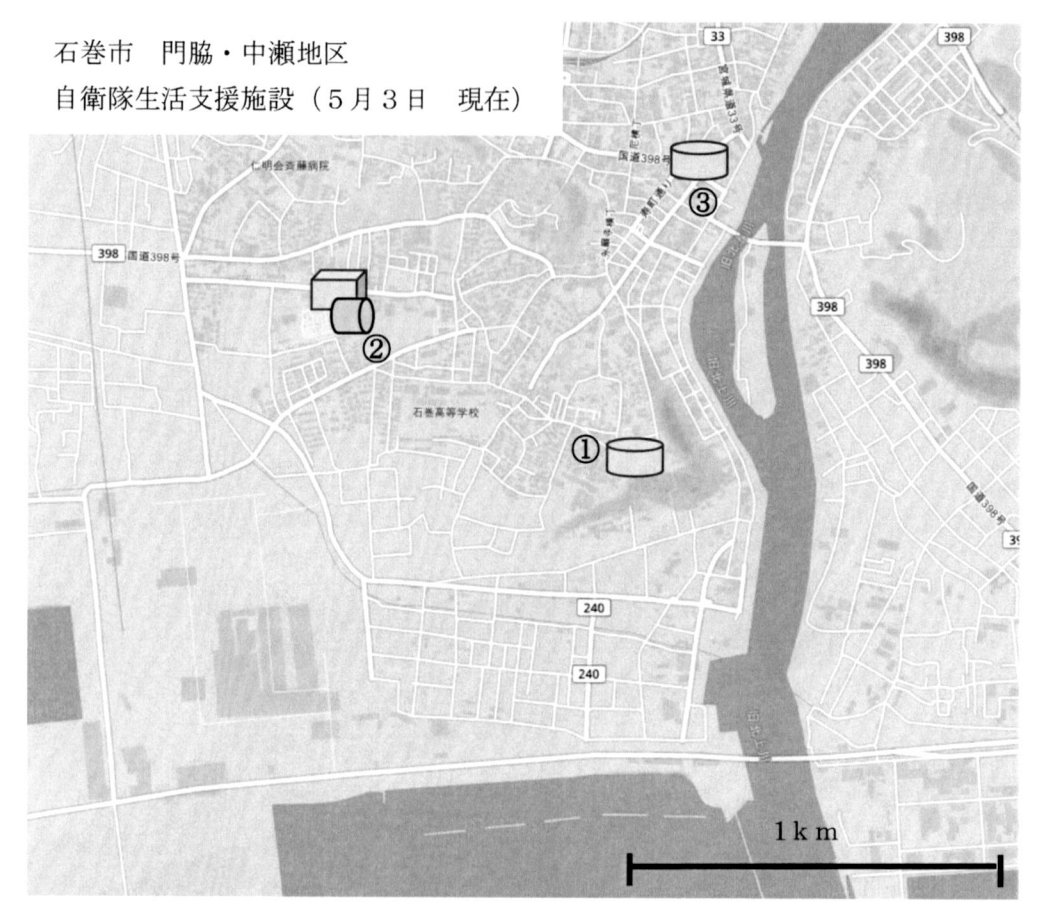

石巻市　門脇・中瀬地区
自衛隊生活支援施設（５月３日　現在）

©Mapbox, ©OpenStreetMap Contributors

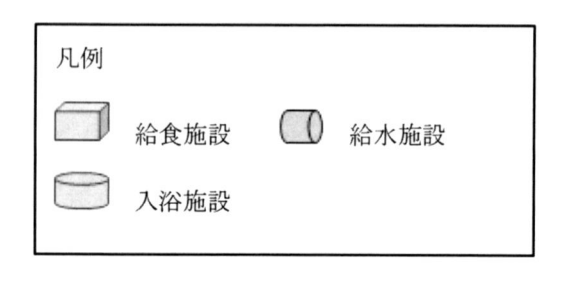

凡例

給食施設　　給水施設

入浴施設

① 日和山公園沐浴施設（　第６後方支援連隊　担任　）
② 石巻市立石巻中学校　給食・給水施設　（　第６後方支援連隊　担任　）
③ 海上自衛隊入浴施設　（　海上自衛隊　担任　）
④ 旧北上川沿い入浴施設　（　第６後方支援連隊　担任　）
　※　上記地図より、北側に２ｋｍの地点

石巻市門脇・中瀬地区の作戦（51日目　5月1日　作戦を立案）

　第44普通科連隊（福島県）は、被災地である福島に家族を残し、発災直後は石巻市全域を、その後も石巻市街地で約2カ月の間活動を行い、たいへんなご苦労であったと思う。第20普通科連隊は、それを継承し、最終的な詰めを門脇・中瀬地区で行う必要がある。そこで、私は偵察結果を踏まえ、次の作戦を立てた。

1．作戦目的
　瓦礫の撤去を行い、応急復旧から復旧への足掛かりの基礎を構築する。併せて、門脇・中瀬地区の行方不明の方々の捜索の完全性を期し、住民の方々への安心感を付与する。

2．作戦の重点地域
(1) 門脇地区、「南側の海岸部の住宅地」及び「東側の旧北上川沿い」
　部隊、重機を重点的に配置し、瓦礫を撤去する地域とする。
(2) 中瀬地区
　石巻市民の心の拠り所でもある石ノ森萬画館もあり、瓦礫撤去だけではなく清掃まで完了し、作戦を終了とする。

3．部隊の運用
(1) 門脇地区、「南側の海岸部の住宅地」及び「東側の旧北上川沿い」
　第3中隊、第1中隊、重迫撃砲中隊を大街道地区から転用する。
(2) 中瀬地区
　重迫撃砲中隊から1コ小隊を抽出して、専属として配置する。
(3) 石巻市大街道地区
　現在、第3中隊及び重迫撃砲中隊が担任する地域を第4中隊が担任する。現在、第1中隊が担任地域を第2中隊が担任する（第2中隊と第4中隊を大街道地区に残して活動させた理由としては、第2中隊は在宅避難者の多い担任地域で、その方々とコミュニケーションを図りつつ活動を行っていた。また、第4中隊は、活動の中心軸である大街道小学校を担任していた。よって、この2コ中隊は、住民への安心感を付与という観点で大街道地区において、引き続き活動させることにした。私の作戦を立てる上で基礎となっているのは、常に住民の方々の「心情」であった）。

4．重機の運用
(1) 増援部隊
　第10施設群のグラップル9台、ダンプ12両、第6施設大隊第3中隊グラップル3台、航空自衛隊施設隊グラップル2台、ダンプ10両、更に、民間業者のダンプ約20両が常時運用可能となった。
(2) 門脇地区、「南側の海岸部の住宅地」及び「東側の旧北上川沿い」①　第6施設大隊第1中隊

のグラップル3台に、増援部隊のグラップル14台を加え、合計17台のグラップルを運用する。

② 約42台の民間業者ダンプ、自衛隊ダンプを運用する。

(3) 大街道地区

現在まで、同地区で運用した民間業者のグラップルとダンプで、引き続き連携して作業を行う。

5．部隊の転用時期

(1) 基本的考え方

現在、活動を実施している大街道地区の住民に不安感を与えないように段階的に行う。この際、大街道の住民の方々に理解を得るため、今後の自衛隊の活動要領について機会のあるごとに説明を行う。

(2) 第1段階

5月3日、第3中隊を門脇地区に転用する。同日、第4中隊が、第3中隊の担任した地域を担任する。

(3) 第2段階

5月6日、重迫撃砲中隊を門脇・中瀬地区に転用する。同日、第4中隊が、重迫撃砲中隊の担任した地域を担任する。

(4) 第3段階

5月8日、第1中隊を門脇地区に転用する。同日、第2中隊が、第1中隊の担任した地域を担任する。

6．活動手順

(1) 第3中隊が、当初、門脇小学校を整備し、活動拠点を構成する。

(2) 第1中隊及び重迫撃砲中隊は、県道240号線沿いに、門脇小学校から放射状に整備し、交通路を確保する。

(3) 中瀬地区は、重迫撃砲中隊の1コ小隊により単独で活動を行う。

7．生活支援要領

現状維持とする。

以上の「作戦目的」、「作戦の重点地域」、「部隊の運用」、「重機の運用」、「部隊転用の時期」、「活動手順」、「生活支援要領」を連隊長に説明し、石巻市門脇・中瀬地区の行動にGoサインが出た。

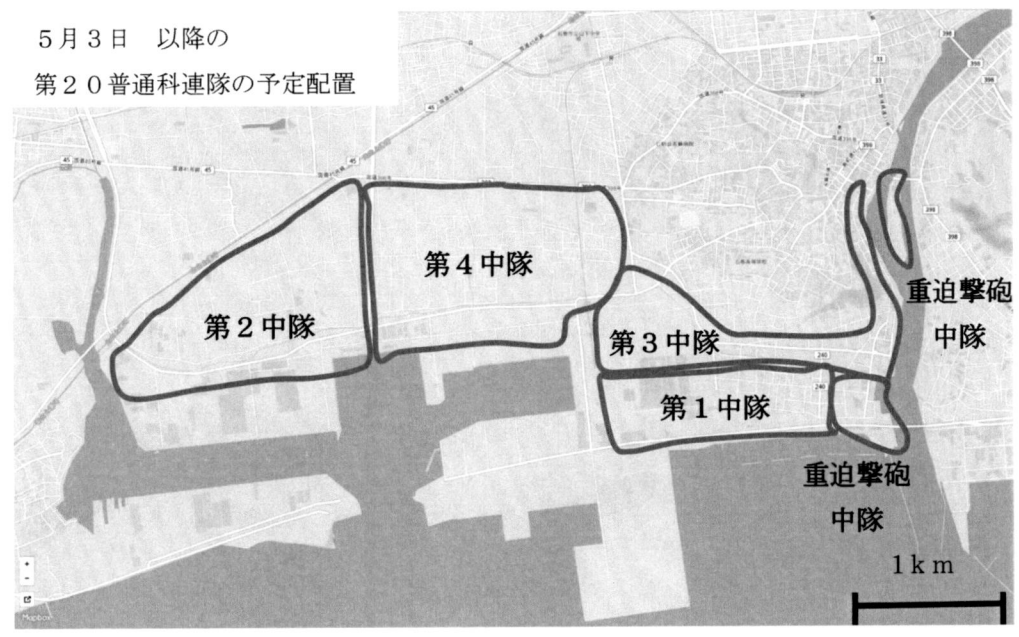

5月3日　以降の
第20普通科連隊の予定配置

第4中隊

第2中隊

重迫撃砲
中隊

第3中隊

第1中隊

重迫撃砲
中隊

1km

©Mapbox, ©OpenStreetMap Contributors

① 第3中隊
　5月3日より、石巻市立門脇小学校より活動開始
② 第1中隊
　5月8日より、県道240号沿いから活動開始
③ 重迫撃砲中隊
　5月6日より、国道240号沿い、中瀬地区から活動開始
④ 第2中隊
　引き続き、大街道地区で活動
⑤ 第4中隊
　引き続き、大街道地区で活動

「学校」という所（53日目　5月3日から5月7日まで）

　5月3日より、第3中隊は予定通り、門脇地区、門脇小学校から瓦礫の撤去を開始した。歴史の古い門脇小学校ではあったが、今回の震災での爪痕は大きく、建物自体は原型のままであったが、その全体は、火災の炎を受け黒ずんでいた。第3中隊は、作戦計画に基づき、当初、校庭の瓦礫の撤去から始め、作業拠点の構築をしている。

　瓦礫の撤去は、ただグラップルによって瓦礫をダンプに載せるだけではなく、その作業を複

数の自衛官が、行方不明の方々が取り残されていないか、遺留品がないかを注意深く見守りながら行う。時には、作業を中断して確認を行う。

　門脇小学校活動開始から3日目ぐらいだろうか、人がだんだんと学校に集まり始める。その方々は学校の卒業生だったり、子供を連れた御父兄だったりする。学校というのは不思議な存在であり、また、大切なものである。自衛官が何かしら活動を開始すると、そこが廃校になる所だとしても必ず人が集まってくる。学校は、地域の心の拠り所であると、この震災を通じて強く感じた。普段は感じないが、大学であれ、高校であれ、中学校であれ、小学校であれ、人が集い憩う所なのである。

　ある時、我々の活動を見ながら、目に涙を浮かべながら、「ありがとうございます」と言ってきた年配の女性がいた。話を聞くと、震災当時、3月11日の門脇小学校の校長先生であった。3月31日付で定年退職を迎えたとのことである。当日、子供達を裏山に急いで避難させたことを、詳しく話していただいた。ただ残念なことに、下校した子供数名の方が津波により命を落とされたとのことである。

　3月11日午後2時46分は、小学校低学年の下校時間にあたる。下校した子供達が津波により、命を落とされたという話はよく聞いた。災害とは、年齢に関係なく襲う。そのことに、改めて恐怖を感じ、子供達の冥福を祈るものである。

「お墓」とは（57日目　5月7日から）

　石巻市門脇地区には、大きなお寺が2軒あり、お墓の多い地域であった。地震の影響で、墓石が倒れている映像は、よくテレビで映し出されるが、門脇地区では、更に瓦礫がその上を覆っていた。そして、よく見かけた光景が、お墓の近くまで来るが、その状況を見て立ち去って行く方々である。おそらく、墓参りに来たが、あきらめて帰ってしまう方々であろう。

　そこで、お墓の瓦礫も撤去するようにした。本来の目的は清掃であるが、名目は、「行方不明の方々の捜索」とした。でなければ、基本、寺、個人の所有物である墓地に立ち入れないし、自衛隊の任務外である。

　初めに駐車場を整備し、墓地の出入りを容易にする。そして、墓地内の瓦礫は、隊員達が手作業で取り除いた。さすがに、倒れた墓石はどうすることもできなかったが、少しでも墓参りしやすいように通路の瓦礫は、可能な限り撤去した。

　災害派遣というと人間の第一欲求のみ追及されがちだが、私の哲学として、人の「心」を大切にしなければならないというものがある。人間は、食べるだけでは生きられない。「心」を大事にしてこそ、復興への道程になると思う。

アパート内の捜索（58日目　5月8日から）

　門脇地区には、2階建てのアパート群があった。そのアパート群は、コンクリート造りのため、建物そのものは流されていなかったが、屋上から水を被り、部屋の中には瓦礫が詰まって

いた。状況によっては、部屋の瓦礫の中に行方不明の方々が残っている可能性もある。ただ、部屋の中は個人の所有物であるため、勝手に立ち入ることはできない。そこで、石巻市役所と調整し、捜索の許可を頂いた。

部屋の中というデリケートな部分であるため、基本的には手作業であり丁寧さが求められる。そこで、丁寧な仕事で定評のある即応予備自衛官を投入することにした。アパート群は、第1中隊の担任地域に存在する。よって、即応予備自衛官も、第1中隊と同時に5月8日から、門脇地区に投入した。やはり、彼らの仕事は丁寧であった。津波により流れ込んだ瓦礫は取り除いたが、本来、そこの家具と思われる物は、すべて残置した。残置するだけではなく、きれいに整頓することにより、作業終了の印とした。一軒一軒、確実に行った。

痛ましい話ではあるが、そのアパート群から3体の御遺体を収容した。ただ、石巻市街地では、家の様子を見に帰った家主が、その家の中で、身元がわからない御遺体を発見されることは度々だった。

瓦礫の山脈（4月中旬から）

石巻市では、津波により、何百、何千という家が被害を受け、大量の瓦礫が発生した。よって、石巻市沿岸の埋立地のほとんどは瓦礫置場となった。

その瓦礫置場は、山と表現できるものではなく、山脈であった。毎日毎日、ダンプにより瓦礫が運搬され、グラップルがそれを積み上げる。更に、グラップルのオペレーターは、自ら瓦礫の山に登る道を作り、自ら上り、更にその上に瓦礫を積み上げていく。石巻市の海岸沿いは、高さが20m以上の瓦礫の山脈が連なった。海に対して巨大な壁ができている。

この瓦礫の山脈は、気温が上がるにつれ、衛生環境上の問題となった。腐った木材が大量に捨てられていたため、害虫の大量発生の源となったのである。

6月下旬以降のことであるが、ハエの大群が石巻市を覆いつくすのである。

私が、災害派遣活動を終えてからのことであるが、ある自治体が、石巻市の瓦礫の2次処理を申し出た。ただし、「地元において、放射能に汚染されている瓦礫の処理は許さない」と、ごく一部の人ではあると思うが、強い市民運動が起きた。私は、非常に憤りを感じた。同じ日本人として、石巻市の方々が、瓦礫の中で、不衛生な環境の中で生活をしていてもよいのか。そのような方々には、自分がその立場に置かれた時のことを考えてもらいたい。

有名な戦場カメラマン（63日目　5月13日）

5月13日、第20普通科連隊に、テレビにもよく出演されている戦場カメラマン渡部陽一氏が、ある雑誌の取材のため、来訪された。テレビのブラウン管の中では、優しさに満ちた話し方と人への接し方が写し出されていたが、実際にお会いしても、そのままの実像であった。

私は一日中、第20普通科連隊の担任地域を案内した。門脇地区の瓦礫撤去状況、日和山公園、大街道小学校（避難所）の順である。不思議なことに、彼に出会うとすべての人が笑顔になる。

悲しそうに肉親を探し求めていた女性も笑顔になった。

　被災地で、多くの芸能人の方、テレビアナウンサーの方に出会った。また、取材も受けた。芸能人の方々の慰問は、間違いなく人を明るくする。芸能界に疎い自分ですら、楽しく過ごすことができた。やはり、そこにあるのは、人と人との「心の交流」である。

航空自衛隊施設隊

　航空自衛隊員とは、よく地上において協力した。4月の大街道地区の行方不明の方々の捜索時は、数度、50名程が第20普通科連隊の指揮下に入り、共に活動した。そのほとんどは、戦闘機のパイロットであった。空を仕事場とするパイロットが、我々陸上自衛官と同じようにヘドロまみれになった。

　4月中旬より、航空自衛隊施設隊の大型グラップル2台とダンプ数両が第20普通科連隊の統制を受け行動した。元々、陸上自衛隊施設科部隊は、街中ではなく郊外での戦闘を想定し、訓練されている。ただし、航空自衛隊施設隊は、滑走路の整備を目的とされ訓練されている。よって、瓦礫の撤去等に手慣れていることに、ひどく感心した。門脇地区の瓦礫は、巨大な鉄棒のようなものが多い。航空自衛隊施設隊の能力は、ここ門脇地区で、遺憾なく発揮された。

仮設住宅

　記憶は不確かだが東日本大震災発災日から1週間から10日後、大型ブルドーザーが、旧北上川沿いの空き地を整地し始めた。瓦礫の撤去でもない。私は、この工事を不思議に思っていた。整地が終了し、家の基礎部分が造られていく光景を見て、仮設住宅の建設であることに気付いた。応急復旧と同時進行する仮設住宅の建設スピードに驚いた。

　5月初旬にもなると、空き地、公園のあらゆる所で、仮設住宅の建設が進んだ。仮設住宅の完成と同時に入居が始まり、ベランダには洗濯物が干されていた。本来、仮設住宅の建設に反比例して避難所の避難者数が減少しなければならない。ただ、その気配は、いっこうに見えない。そのことは、東日本大震災により、住居を奪われた方々の多さを物語っていた。

瓦礫の中の小さな脚（65日目　5月15日）

　門脇地区で、5年経ても夢に出てくる光景を見た。私は、門脇小学校近くを巡回し、作業進捗を確認中であった。すると、私の近くで、「御遺体確認」との声が聞こえた。私は、声が聞こえた方向に走って行った。

　御遺体が確認された場所には、5、6人の隊員が収容のための作業をすすめていた。そして、私はその光景を見た。瓦礫と瓦礫の間から、女の子と思われる小さな脚が2本、膝の下から出ていた。白い靴を履いていた。その靴は、汚れていなかった。雨とかで、泥が洗い流されたのかもしれない。私は涙が出そうになったが、部下の手前、自分の感情を押し殺した。隊員の中

には、涙を流している者もいる。

　彼女の上には、まだ、手作業では取り除くことはできない太い鉄骨が載っている。グラップルで少しずつ、御遺体を傷つけないように取り除いた。彼女を収容できるまで鉄骨を取り除いた。私が見る中、隊員達に毛布にくるまれ、車両に載せられた。強く感情を抑えつつ、車を見送った。今では、この強い感情を突き破るように、再びこの光景が夢に出てくる。

これは私の娘のカバンです（67日目　5月17日）

　重迫撃砲中隊が担任している、石ノ森萬画館のある中瀬地区での出来事である。中瀬地区に流れ着いたアパート2階部分の撤去手順を、私と隊員が定めている時に、私達に近づいて来る、年のころ40代ぐらいの男性と女性がいた。そして、私達に話し掛けてきた。

　「このアパートは、私達の住んでいた家の後ろに建っていたものです。元々、あった場所は、門脇で2kmほど流れてきたのです。そして、このカバンは娘の物です。このアパートに引っ掛かっているのを見つけました。いつも、これを持ち歩いていました。自衛隊さん、娘はこのアパートの下に居るかもしれません」。私は、「わかりました。今、このアパートの撤去の段取りをしているところです。何か手掛かりがあれば連絡致します」と答えた。

　この御夫婦は、翌日もその次の日も、アパートの撤去作業を見守っていた。隊員達は、ご夫婦の感情を鑑みて、極力、手作業により瓦礫の撤去を行った。3日目にアパートの撤去を完了したが、結局、娘さんを発見することはできなかった。そのアパートの撤去が終わると、ご夫婦は、「自衛隊さん、丁寧にありがとうございました」のみを静かに言って、立ち去った。

　3月11日、発災から2カ月経つ。肉親に行方不明の方がいらっしゃる方々は、生存をあきらめているようであった。せめて、御遺体だけでも対面したいという方が多かった。私達の活動は、常にそのような方々に見守られながらの行動であった。

石巻市湊・渡波地区の被害・復旧・自衛隊の生活支援状況
（57日目　5月7日から5月8日の間、偵察を行う）

　現在、第5旅団が活動している石巻市湊・渡波地区、牡鹿半島、第14旅団が活動している石巻市北上・河北・雄勝地区、女川町の偵察は、第20普通科連隊が門脇地区での軌道に乗り始めた5月7日より開始した。

　また、第5旅団と第14旅団から引き継ぐ日も決まった。第5旅団との交代日は5月23日月曜日、第14旅団との交代日は5月23日月曜日であった。第20普通科連隊は、石巻市湊・渡波地区以外の活動は経験済みである。このため、私の偵察の焦点は、初めて活動する湊・渡波地区であった。

　次に、5月上旬における石巻市湊・渡波地区の被害状況・復旧状況・自衛隊生活支援状況を記述していく。

1．被害状況

(1) 湊地区

　湊地区の海岸沿いは水産加工場が立ち並んでいたが、津波により被災し、水産加工物が住宅地に流れ込んでいた。また、海岸沿いの石巻東部浄化センターも被災し、汚水が大量に住宅地に流れ込んでいた。水産加工物と汚水が混ざり合った異臭が街全体を覆っていた。

① 　石巻市立湊小学校

　湊地区の中心的避難所であり、多くの避難者が居住していた。ただし、衛生環境は、5月初旬において劣悪であり、校庭にも水産加工物と汚水が混ざり合った泥が堆積し、異臭を放っていた。

② 　石巻市立湊中学校

　40名ぐらいの避難者の方々が居住していたが、屋外は異臭が強く、また、被災家屋から発生したと思われる害虫が大量発生しており、室温が上がっても、窓を開けられる状態ではなかった。ただし、中学校の建物は健在である。

③ 　国道398号（女川街道）沿い

　大型車がすれ違うことができるまで道路状況は復旧していたが、道路沿いには津波により被災し、崩れかけた家々が複数あった。それらは、余震や大雨により崩れる危険性がある。

④ 　県道240号沿い

　海岸沿いの幹線道路であったため、復旧速度が速かった。ただし、海岸沿いの水産加工場から流れてきた高さ15mほどの水産加工物備蓄タンクが道路上に転がっており、片側2車線の道路の一部を塞いでいた。

⑤ 　大門・明神

　湊地区において、最も被害が甚大であった。汚水と水産加工物が混ざった泥が一面を覆いつくし、異臭が充満していた。被災した家屋から害虫が大量発生していた。

⑥ 　川口

　旧北上川沿いの逆流した波が直接に当たり、海と逆の方向に家々が将棋倒しになるように被災していた。

⑦ 　松並・緑町

　大門・明神のように、水産加工工場からの流出物はなかったが、多くの家屋の1階部分が被災し、崩れかかった家屋も多かった。国道398号沿いの家屋と同様、余震や大雨で崩れる危険性がある。

⑧ 　石巻市立鹿妻小学校

　津波の被害は、直接は受けていなかったが、海岸沿いから避難された方々が多く、大規模な避難所を構成していた。

⑨ 　鹿妻

　津波の被害としては、床下浸水程度であった。国道398号沿いに近いほど、瓦礫の流入があった。

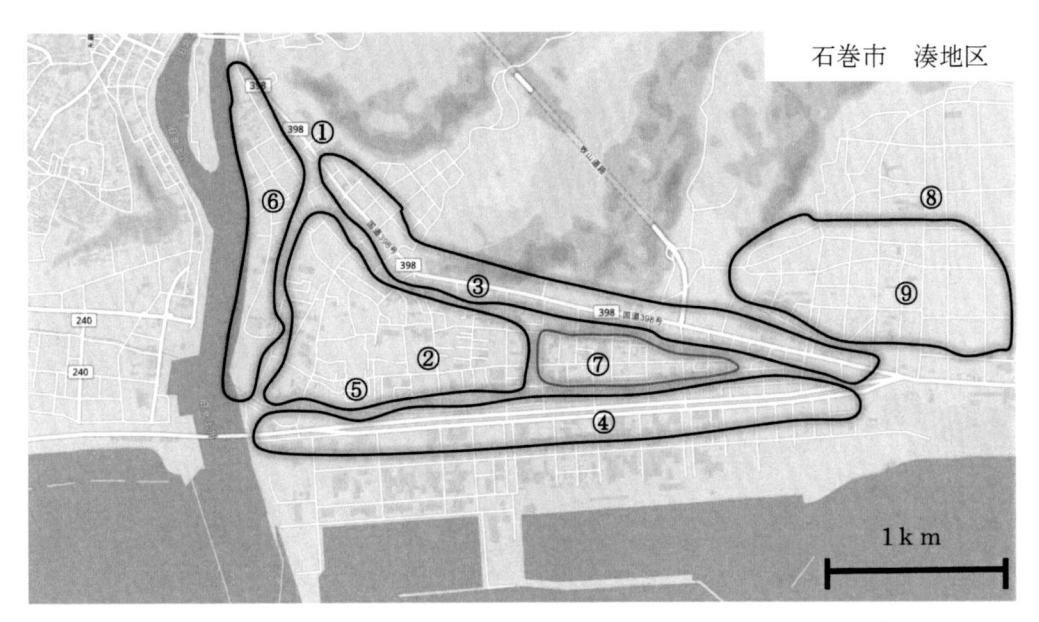

石巻市　湊地区

©Mapbox, ©OpenStreetMap Contributors

① 石巻市立湊小学校　　② 石巻市立湊中学校
③ 国道 398 号（女川街道）沿い　　④ 県道 240 号沿い　　⑤ 大門・明神
⑥ 川口　　⑦ 松並・緑町　　⑧ 石巻市立鹿妻小学校　　⑨ 鹿妻

(2) 渡波地区

① 大宮

　海岸沿いは漁港であり、大街道地区のようなヘドロ、湊地区のような水産加工物と汚水の混ざった泥のような堆積物はなかった。ただし、1階部分が被災した家屋が多かった。

② 万石浦

　津波による直接の被害は、外見上、ない状況であった。街中にも、瓦礫の散乱の跡はない。ただし、地盤沈下により、満潮時や大雨の時、膝下まで海水が覆った。普通に生活するには困難である。また、ライフラインの復旧も、その影響により遅れている状況であった。

③ 渡波地区西側（国道398号沿い）

　海岸沿いは、防風林が植えられていた。津波の襲来当時の状況を予想するに、防風林が津波の勢いを多少とも弱めたものと思う。その結果、海水が内陸の奥深く進んだ形跡はない。ただし、国道398号（女川街道）沿いは、すべての家屋の1階部分が津波の被害を受け、今にも崩れそうな家屋が複数あった。

石巻市　渡波地区

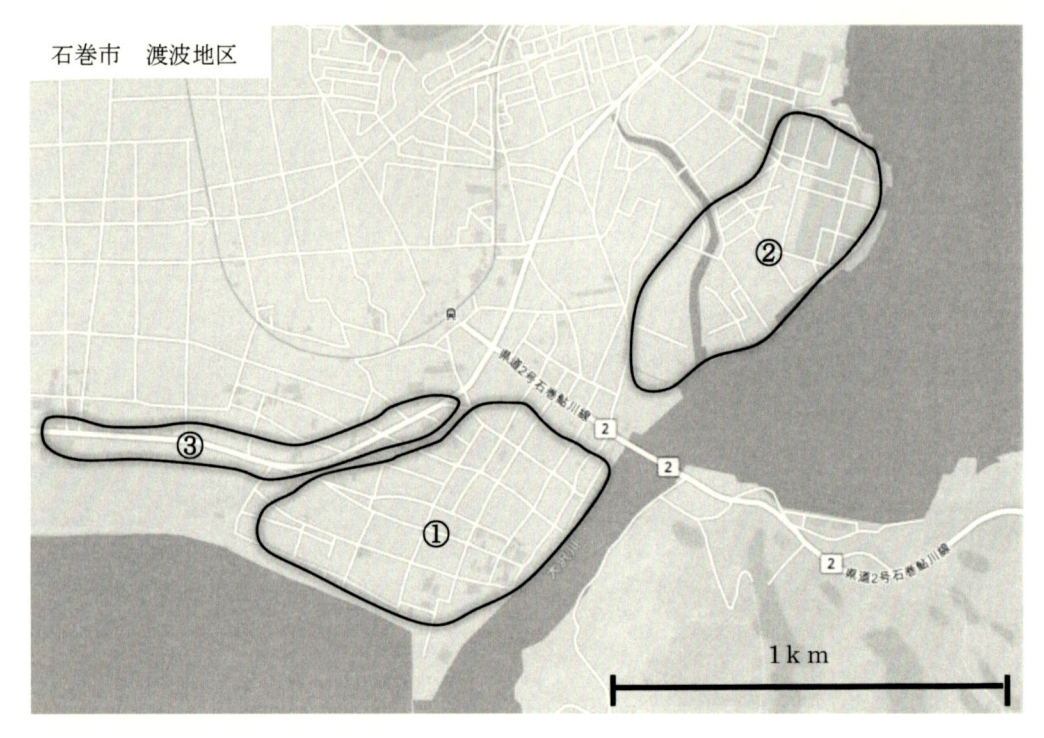

©Mapbox, ©OpenStreetMap Contributors

① 大宮　　② 万石浦　　③ 渡波地区西側（国道３９８号沿い）

２．復旧状況

(1) 湊地区

　遠く離れた北海道から津軽海峡を渡り、応援に来た第5旅団の努力の成果により、瓦礫に埋もれた道路の開通はすべて終了していた。ただし、道路以外の瓦礫は、時間不足のため多く残っていた。よって、街の瓦礫を除去し、街を覆う泥を排除して衛生環境を向上させなければ自衛隊の撤収条件は成立しないと考えた。

① 　石巻市立湊小学校

　校庭は、水産加工物と汚水の混ざった黄土色の泥が堆積し、排除する必要があった。校舎内は、ボランティアの方々が、清掃をし、ある程度、衛生環境を保っていたが、周辺の瓦礫、泥からハエ等の害虫が発生していた。今後の気温の上昇を考えると、第20普通科連隊が最初に活動しなければならない箇所を、同地と考えた。

② 　石巻市立湊中学校

　石巻市立湊小学校より海岸に近いため、更に泥が堆積していた。また、海水を被った瓦礫は腐りかけ異臭を放ち、害虫の発生源となっている。ただし、広い校庭を有しているため、整備することにより、湊地区における自衛隊の多くの部隊が集結できる活動拠点になり得た。

③　旧北上川沿いから川口・大門・明神にかけて

　ほとんどの家屋が被災している状況であった。湊地区において、最も被害が甚大である。崩れかかった家屋も多く、その家屋の中には流れ込んできた瓦礫が詰まっていた。また、水産加工工場の食品、石巻東部浄化センターの汚物が流れ込み、そして混ざり合い、泥として堆積していた。堆積した泥は異臭を放ち、害虫の大量発生源となっていた。見慣れない細かい害虫が大量発生しており、人間が動くとつきまとう状況である。この地域が、第20普通科連隊が湊地区に展開した際、最も力を入れる地域と考えたが、隊員をこの過酷な環境で活動させることに心が痛むものがあった。

④　松並・緑町の国道398号（女川街道）及び県道240号沿い

　川口・大門・明神のように泥の堆積はなく、道路上は衛生環境が保たれていた。ただし、津波による家屋被害は多く、崩れかかった家屋、原型を留めていない家屋も散見された。重機を数多く投入し、応急復旧活動に併せて、瓦礫の中に未だに取り残されている方々を捜索しなければならない。

(2) 渡波地区

①　石巻市立渡波小学校

　渡波地区の主要避難所であった。石巻市立湊小学校のような被害はなかったが、校庭内には多少の瓦礫が散乱していた。校舎及び体育館内は、避難者の方及びボランティアの方が清掃をして衛生環境が保たれていた。仮設トイレと校舎を結ぶ導線においては、木材により渡り廊下が造られ、室内に泥が入らないような工夫がされていた。ライフラインの復旧としては、電気のみが通電していた。

②　大宮及び国道398号（女川街道）沿い

　第5旅団の努力により、道路はすべて整備されていた。ただし、道路沿いには、津波が1階部分を突き抜け柱と2階部分のみ残っている家屋も数多くあり、それらの家屋の多くは倒壊の可能性があった。安全確保のためにも、倒壊家屋、倒壊の可能性のある住居は撤去する必要性があった。

③　万石浦

　万石浦では、被害状況で記述したように、津波による家屋の直接被害はほとんどなかった。ただし、街全体が地盤沈下し、毎日の満潮時、家屋は満ちてきた潮により床下浸水の状態であった。その海水の影響により、より海岸部に近い地域はライフラインの復旧が滞っていた。

④　石巻市立万石浦中学校

　万石浦の地盤沈下地域の方が多く避難されていた。ただし、中学校自体は津波の影響もなく、衛生環境も良好であった。

３．自衛隊の生活支援

①　石巻市立湊小学校

石巻市立湊小学校に第5旅団が、給食・給水施設を開設したが、約1200食／1日を超えていた。給食施設は、フル活動の状況であった。理由として、湊地区の被災状況は甚大で、ライフライン復旧の見込みも立たず、また、店舗の開店見込みが立っていなかった。よって、生活支援の比重を下げるたには、瓦礫の撤去による復旧速度の向上、避難者の方々の仮設住宅への入居が必要であった。湊地区からの自衛隊の撤収時期の見積は困難を極めた。

② 　石巻市立鹿妻小学校

　石巻市立鹿妻小学校周辺は、津波の被害を強く受けてはいなかったが、海岸近くからの避難者が多いこと、更に近辺店舗が開店していないため、在宅避難者にも自衛隊給食を提供していた。このため石巻市立湊小学校と同様に、約1200食／1日を提供していた。

　ただし、この地域は順次、電気・水道・ガスのライフラインが復旧しつつあり、また今後、店舗がそれらの復旧に伴い開店すれば、民需と競合する可能性がある。今後の方策として、段階的に自衛隊給食による食数を減少させる算段を立てなければならない。

③ 　石巻市立万石浦中学校

　石巻市立万石浦中学校における食数は、900食／1日である。海岸部は、地盤沈下により、ライフライン復旧の目途は立っていないが、若干海岸から離れている地域は、順調にライフラインが復旧している。また、この地域は、他の地域より仮設住宅への入居も順調であった。ある程度、自衛隊の生活支援組織の撤収目途も立てやすい地域であった。

④ 　ミュージアム入浴施設

　第5旅団が開設した入浴施設である。この入浴施設は、宮城県慶長使節船ミュージアムという博物館の入口に開設され、晴れた日は、美しい海の見える高台にあった。入浴施設は風光明媚であるため、近傍の湊・渡波地区の方々だけではなく、石巻市街地全域から訪れているとのことだった。石巻市民の一つの憩いの場となっていた。

　利用者数が多く、近日に撤収するというわけもいかない。入浴場の撤収を行う場合は、ガス・水道の復旧状況だけではなく、民間入浴施設の再開状況、各家庭の風呂桶の修復状況も考慮しなければならない。

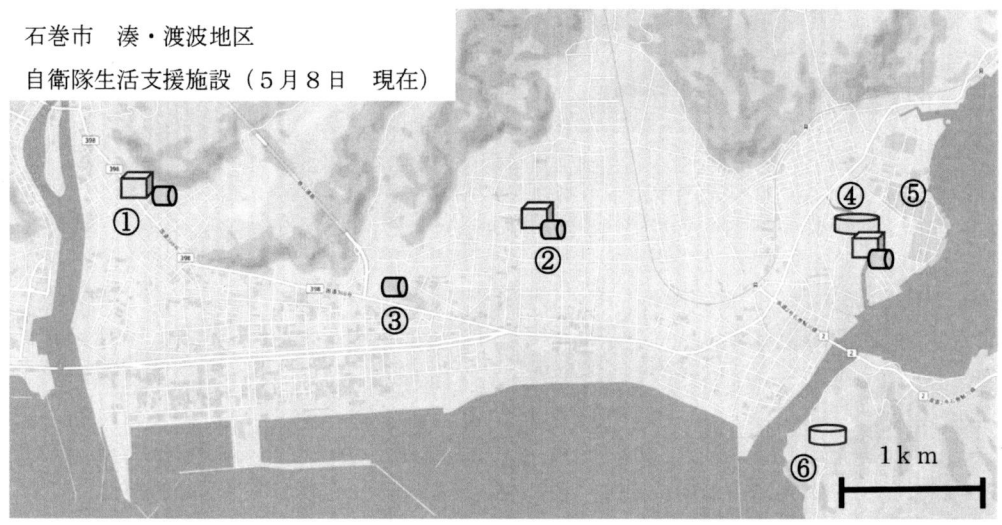

石巻市 湊・渡波地区
自衛隊生活支援施設（5月8日 現在）

©Mapbox, ©OpenStreetMap Contributors

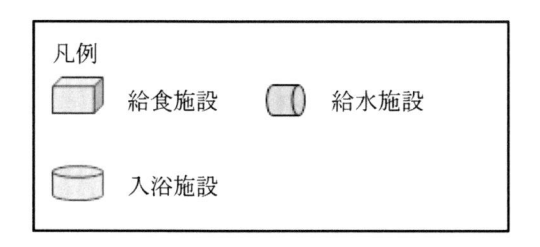

凡例

給食施設　給水施設

入浴施設

① 石巻市立湊小学校 給食・給水施設（北部方面隊 担任）
② 石巻市立鹿妻小学校 給食・給水施設（北部方面隊 担任）
③ 緑町給水所（航空自衛隊 担任）
④ 石巻市立万石浦中学校 給食・給水施設（北部方面隊 担任）
⑤ 石巻市立万石浦中学校 米軍シャワー施設（東北方面隊 担任）
⑥ ミュージアム入浴施設（北部方面隊 担任）

牡鹿半島の偵察（59日目　5月9日に偵察を行う）

　牡鹿半島においては、3月17日から3月21日までの5日間、第3中隊基幹で活動していた経緯がある。その当時から、どのくらい復旧し、第20普通科連隊として何をすれば、災害派遣の終末点となるかが偵察の焦点であった。以下、5月上旬の牡鹿半島の状況である。

1．道路状況
　県道2号線をはじめ、海岸沿いの道路は応急復旧が進み、幾つかの崩れた箇所も民間建設業者により補修中であった。諸所に片側通行の箇所もあるが、大型車もスムーズに通行可能であっ

た。3月中旬においては、石巻総合運動公園から牡鹿半島の行政中心地、鮎川浜まで、2時間かかったが、現在は、40分程度で到着する。また、県道2号線では、近日中に石巻市街地と鮎川浜を結ぶ路線バスを再開させる予定だと聞いた。ただし、発災直後の唯一の道路網であった、牡鹿半島の中心部、尾根沿いを通じる牡鹿コバルトラインは、その後の降雨等により土砂崩れを起こし、通行止めになっていた。

2．避難所等（鮎川浜周辺）

鮎川浜の被災者の方々は、石巻市立牡鹿中学校、石巻市立鮎川小学校に避難していたが、校舎内、校庭もきれいに清掃されていて、救援物資も整然と整理されていた。被災されている方々の服装も、ジャージ姿から普段着に変化している。学校近傍においては、着々と仮設住宅の建設が進められていた。全般的に、かなり落ち着きを取り戻しているようであった。

3．店舗の開店状況

浜にある多くの店舗は、被災しているため、目立った店舗の再開は見られなかった。ただし、県道2号線沿いの給分浜という所に、高台にあったため津波の被害から免れたコンビニエンスストアがあった。この店舗は、周辺がきれいに清掃され、開店準備が進められていた。

4．東浜（牡鹿半島西海岸の小さな半島部）

半島部のそれぞれの浜は、被害が甚大であったが、浜の主要産業の礎となっている漁船は、震災当時、沖合に退避し、多くが被災を免れていた。

よって、当地の主要産業である牡蠣の養殖の準備が着々と進められていた。地元の方は、「今年は無理でも、来年の出荷を目指している」と熱く語っていた。また、カヌーの操作ができるボランティアの方々が、海岸沿いの海に浮かぶ瓦礫の収集を行っていた。自衛隊の生活支援施設においては、第5旅団が開設した小さな沐浴場があった。

5．牡鹿半島西海岸

津波による家屋の被災は多大であるが、漁労長等が避難されている方々をよくまとめ、全体的に安定しているようだった。やはり、海に生きる方々の強さだろうか、漁の準備を逐次すすめていた。

6．瓦礫の状況

県道2号沿いのそれぞれの浜に、小高く積み上げられていたが、それらを取り除くことにより、更に復旧速度が高まる状況であった。

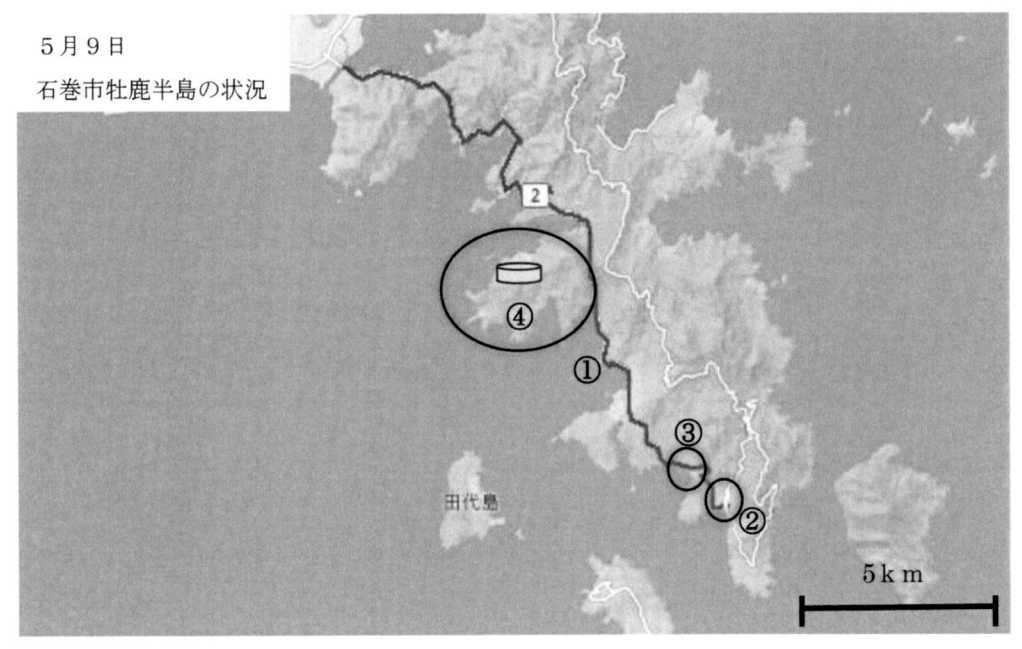

5月9日
石巻市牡鹿半島の状況

©Mapbox, ©OpenStreetMap Contributors

凡例（自衛隊生活支援施設

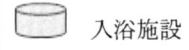 入浴施設

① 県道2号線
3月下旬に復旧し、5月上旬には、石巻市街地と鮎川浜を結ぶ路線バスの
再開を準備中
② 鮎川浜
仮設住宅の建設が順調に進んでいる。
③ 給分浜
高台にあるコンビニエンスストアーが開店準備を進めている。
④ 東浜
牡蠣の養殖場の整備が、地元漁師の方々でコツコツと進められる。
自衛隊の生活支援施設においては、沐浴場がある。

女川町の偵察（59日目　5月9日に偵察を行う）

　牡鹿半島に続いて、女川町を偵察した。3月においては、3月17日から3月19日の3日間のみ、第4中隊を基幹として活動した。当時の活動は、行方不明の方々の捜索、給食支援であった。女

川町は発災当初から、道路を整備する人、おにぎりを作る人、子供の面倒を見る人等、それぞれの役割を果たそうと粛々と活動していた。それから2カ月経ち、どのように復旧しているかを焦点に偵察をすることにした。

1. 町全体の景況

　発災当時、女川町は津波により街全体が流され、その被害は甚大であった。ただし、2カ月の景況として、道はアスファルト道で整備されるまでは至っていないが、土で踏み固められガタガタ道は解消されている。街全体の瓦礫は、片づけられ、街外れの瓦礫置場に運び込まれている。現在は、津波の勢いにより横倒しになったコンクリート製ビルの撤去作業を重機で行っている最中であった。第14旅団司令部防衛班長に話を聞くと、大手建設会社を導入して突貫で瓦礫の除去を行ったということである。改めて思うが、街の復旧のポイントは2点である。第1に「道路を整備する」こと。第2に「瓦礫を撤去し、街を美しくする」ことである。それにより人々の動きが活発になり、店舗の開店がすすみ、心が落ち着き、街が活性化していく。

2. 避難所及び仮設住宅

　女川町の避難地域は、大きく3つに区分された。「北部の小さい浜それぞれにおける公民館や小学校への避難地域」、「女川運動公園、女川町立女川小学校を主体とした避難地域」、「南部の女川原子力発電所の地域」である。

　その中で、最大規模は、「女川運動公園、女川町立女川小学校を主体とした避難地域」である。女川町の中心市街地は、巨大な波により、ほとんどが流されてしまった。このため、ほとんどの人口が同地域に移動してしまったと考えてよい。そこに第14旅団は、入浴施設、給食施設に加え、約100張りのテント村を開設していた。このテント村は、第14旅団が四国から隊員宿泊6人用の小型テントを送らせ、開設したものである。テント村は、体育館等でプライベート空間の不足を避けたい避難者の方々、子供を持つ家庭の避難者の方々には、好評の避難施設であった。女川町運動公園、女川小学校の地域は、一つの街を形成していた。避難された方々の服装もジャージ姿から普段着に変わり比較的落ち着いているようであった。

　女川町北部の海岸地域の小学校、公民館等の避難所の方々も、規模こそは小さいものの女川運動公園、女川小学校地域と同様に、落ち着いた状況であった。また、女川町の南部地域では、福島県とは異なった現象が生じていた。福島第一原子力発電所においては、津波により重大な事故が発生していたが、女川原子力発電所は、その災難から回避することができた。このため、施設の一部は避難所として運営されており、原子力発電所職員の方々と避難されている地元住民の方々の良好な関係が保たれていた。

　被害が甚大であった女川町であったが、5月上旬の状態は、全体的に落ち着いているものであったし、また、津波被害を回避した漁船による出漁の準備も行われていた。改めて、海に生きる方々の力強さを感じた。ただし、女川町には大きな問題があった。それは、女川町の地形上の特性が影響していた。海に面した急峻な山岳がほとんどであり、平らな仮設住宅建設適地

がほとんどないのである。よって、仮設住宅の建設のためには、宅地の造成から開始しなければならなかった。仮設住宅への入居までには、長期間かかることが予想され、そして、我々自衛隊の生活支援活動が長引くことが予想された。

３．道路状況

　女川町中心部の瓦礫撤去と同時に、道路の整備も進捗していた。アスファルト舗装までは行きついていなかったが、道路上の凸凹は土により踏み固められ、粒上のコンクリートで塞がれていた。また、女川町北部の海岸沿い道路も、発災当初は、満潮時に冠水する箇所が諸所にあったが、すべて埋め立てられ、現在では、石巻雄勝地区まで支障なく車を走行させることができた。

４．店舗の開店状況

　漁師の方々による出漁の準備はすすめられていたが、店舗の再開は見通しが立っていなかった。その理由としては、津波により店舗のすべてが流されてしまい壊滅的打撃を受けていたからである。ただし、万石浦沿いの温泉旅館は、温泉施設を再開している。また、女川町飲食組合の中では、協力して仮設店舗により再開しようとする動きも出ていた。

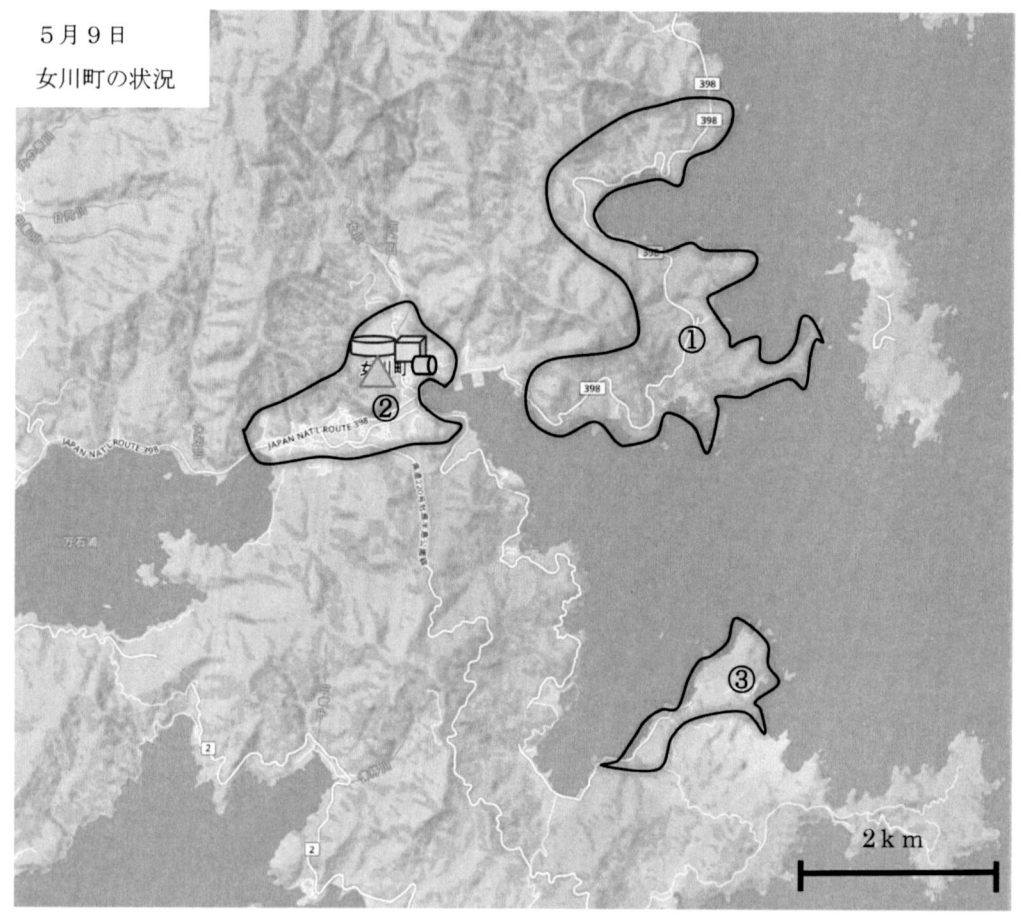

©Mapbox, ©OpenStreetMap Contributors

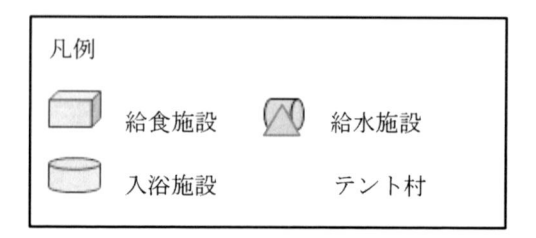

凡例

給食施設　　給水施設

入浴施設　　テント村

①　北部の小さな浜それぞれにおける公民館や小学校への避難地域

②　女川運動公園、女川町立女川小学校を主体とした避難地域
　　（自衛隊生活支援施設である、給食・給水場、入浴場、テント村が有り。）

③　南部の女川原子力発電所の地域

石巻市雄勝・河北・北上地区の偵察
（60日目　5月10日　偵察を行う）

1．雄勝地区

(1) 地区全体の景況

　雄勝地区の街の中心部も女川町と同様、津波により壊滅的な打撃を受けた。硯の生産が有名であったが、その生産現場も重大な被害を受けている。そして、最も大きい同地の懸念事項は、内陸部への移住による人口減少であった。石巻市雄勝支所長に挨拶へ伺った際も、そのことを一番に心配されていた。

　道路の整備と瓦礫の撤去は、順調に進んでおり、発災直後の瓦礫の散乱状況の面影は見当たらない。港湾施設では、コンクリート破片を細かく砕く器材が設置されており、細かく砕かれたコンクリートを、地盤沈下した箇所、陥没した箇所に埋める作業が進められていた。

(2) 自衛隊の生活支援

　郊外の特性上、各浜・地区毎、元々助け合って生活していたため、自活能力が極めて高かったように思えた。そのため、自衛隊による大々的な給食支援、救援物資の輸送も終息を見せていた。自衛隊が開設する生活支援施設は、北部方面隊が運営する水浜入浴施設と石巻市立大須小学校沐浴施設の2カ所のみであった。両方の入浴施設も発災当初より、利用者数は減少しているとのことであったが、水道復旧工事の遅れから、また需要はあるとのことであった。

(3) 仮設住宅

　雄勝地区においても、女川町のように海に面した急峻な地形が、面積のほとんどを占めており、仮設住宅の建設適地は少なかった。猫の額ほどのわずかな平らな地形に仮設住宅を数戸、建設していくような状況である。ただし、避難された方々の入居完了までは、あまり時間を必要としない予想であった。その理由として、元々、雄勝地区で居住していた人口が女川町に比して、少ないからである。

2．河北地区

(1) 河北地区の活動の焦点

　河北地区の活動地域は、私が3月14日、北上川対岸、北上地区から見えた石巻市立大川小学校のある「釜谷」と言われる土地である。私が、当初見た時は、海から4kmもある北上川上流にもかかわらず、川の堤防が決壊し、海と見間違えるほどの景況であった。その後、第14旅団が、多くの方々が犠牲になられた大川小学校を中心に徹底的に捜索活動を行った。このことは、テレビ、新聞においても大々的に報道された。

　5月上旬、「釜谷」においては、国土交通省の排水車により、溜まった海水は北上川に排水され、大川小学校の校舎内部、骨組みしか残っていない家屋も徹底的に捜索されつくされていた。捜索が一定の基準に達した箇所は、瓦礫どころか、ゴミ一つ残されていないまで徹底されていた。また、長面浦と言われる広大な沼地は、海上保安庁、警察、消防のダイバーにより捜索さ

れていた。

　ただし、行方不明になった方、全員が収容されたわけではない。第14旅団司令部第3部の防衛班長も言っていたが、まだまだ、行方不明の方々の捜索ニーズは高いとのことであった。子供を持つご両親の気持ちを思うと当然のことである。

(2) 河北総合支所周辺

　石巻市河北地区を行政的に統括する河北総合支所は、海より北上川沿いに10kmほど上流に位置する。よって、津波による直接の被害はなく、5月上旬時点で、電気・水道・ガスは、復旧していた。海に近い「釜谷」周辺から避難された方々もこの周辺で居住している。また、近くの温泉施設も再開しており、避難されている方々も、そこを利用している。河北総合支所より更に内陸部に行くと、コンビニエンスストアも営業しているところが多かった。

　河北地区内陸部においては、自衛隊の生活支援も確実に終息に向かっていた。

(3) 道路状況

　河北総合支所から海に近い「釜谷」までは、県道30号線が北上川沿いに続いている。私が、3月14日にこの地域の偵察に来た際は、堤防の決壊とともに県道30号線も寸断され、その寸断された箇所を、陸上自衛隊の施設科部隊が応急復旧工事をしていた。ただし、5月上旬に至ると応急復旧から、民間建設会社により本格的な堤防補修工事と道路の補修工事が始まっており、日々、良好な状態に回復していた。

3．北上総合支所周辺

(1) 北上総合支所周辺

　私が当初この地に入った3月14日の時点では、堤防を乗り越えた津波により、一面、1m以上の海水に覆われていた。ただし、5月上旬においては、国土交通省の排水車により、河北地区の「釜谷」同様、海水が北上川に排水されていた。また、瓦礫が排除された道路も清潔感を保っていた。ライフラインは、電気以外、復旧していないようだったが、確実に昔の姿は取り戻しつつあるようである。ただし、この北上総合支所周辺でも行方不明の方がおり、捜索ニーズは高かった。

(2) にっこりサンパーク・石巻市立北上中学校

　にっこりサンパクパークとは、北上総合支所から1kmほど離れた台上にある総合運動公園である。石巻市立北上中学校とは隣接し、施設内には総合グラウンド、テニスコート、野球場、児童公園があり、広々とした快適な環境である。北上地区の避難者の方々の多くは、ここに集まっている。

　救援物資の輸送は完全に民間会社が行い、自衛隊の生活支援活動は既に終了していた。この広い土地を活用して、仮設住宅の建設も順調に進んでいるようであり、一部は完成し入居も始まっていた。

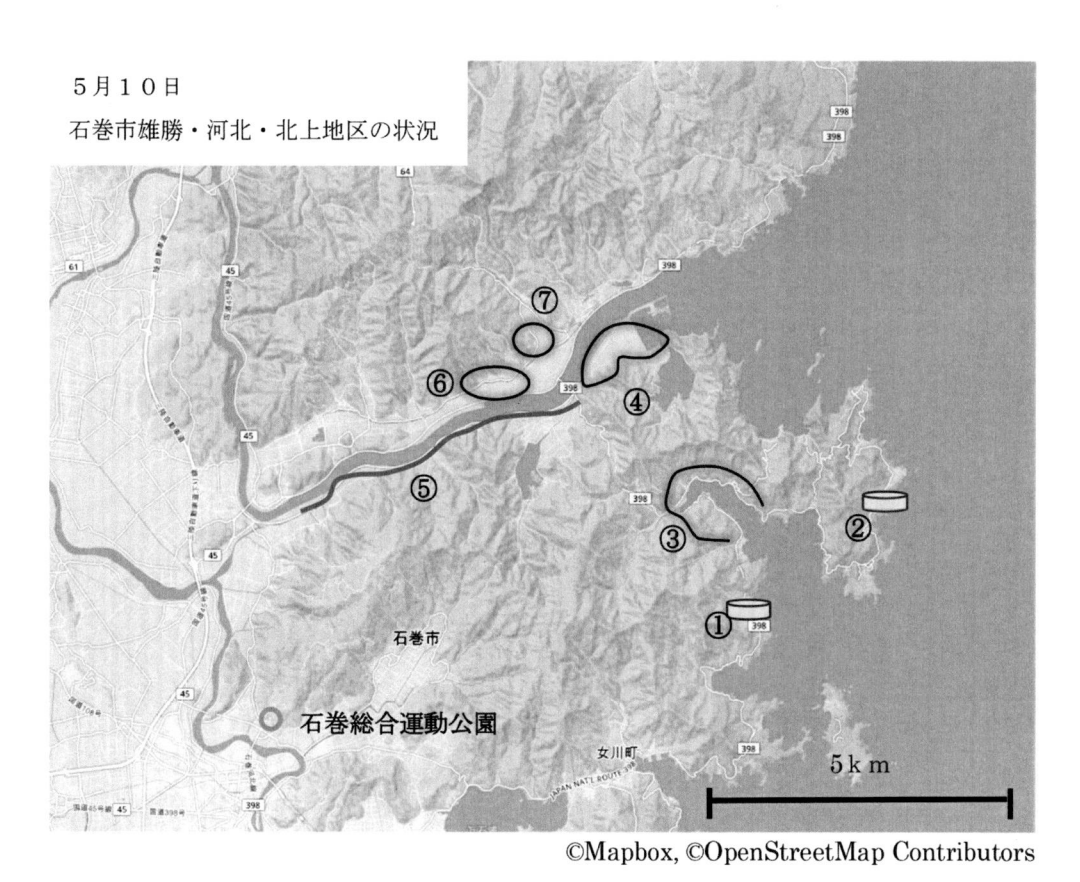

5月10日

石巻市雄勝・河北・北上地区の状況

©Mapbox, ©OpenStreetMap Contributors

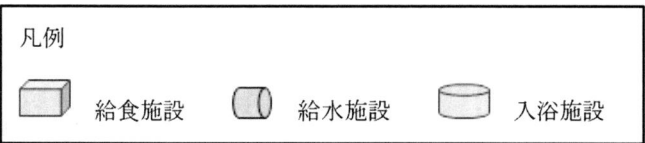

凡例

給食施設　　　給水施設　　　入浴施設

1　雄勝地区
① 水浜入浴場（　北部方面隊　担任　）
② 石巻市立大須小学校沐浴場（　北部方面隊　担任　）
③ 街中心の状況　：５月上旬は、瓦礫の撤去、道路の整備が進み、港湾施設においては、細かいコンクリート片による地盤沈下箇所の埋め立てが行われていた。

2　河北地区
④ 石巻市立大川小学校、釜谷　：行方不明の方々の捜索ニーズの高い地域だった。
⑤ 県道３０号　：応急復旧から本格的な堤防及び道路の補修工事が始まっていた。

3　北上地区
⑥ 北上総合支所周辺　：街に溜まった海水は、排水されていたが、捜索ニーズの高い地域だった。
⑦ にっこりサンパーク・石巻市立北上中学校　：広い土地を活用して、仮設住宅の建設が順調に進んでいた。

石巻市全域・女川町における作戦立案の基礎
（61日目　5月11日　分析を行う）

5月7日から5月10日の4日間で、石巻市全域と女川町の偵察を終えた。

今後この偵察結果に基づき、師団司令部から示された任務、「石巻市及び女川町において撤収条件を作為し、6月下旬から7月下旬までに部隊を円滑に撤収させる」を達成させるための作戦を立案しなければならない。また、それを達成するためには、次のような事項が重要になってくる。

1．第5旅団、第14旅団が撤収し第20普通科連隊のみの活動となる。よって、能力が限定的になるため、部隊配置で重視すべき地域、活動業務の軽重と優先順位を明確にしなければならない。

2．仮設住宅の入居状況、店舗の再開状況、ライフラインの復旧状況に関するデータを常に把握し、民需を圧迫しないよう需要の減少している生活支援施設は撤収しなければならない。また、最長でも7月下旬まで、全施設撤収のスケジュールを組み、それ以上、延長する可能性のある生活支援施設は、撤収条件を作為する必要がある。

そこで私は、石巻市全域、女川町における自治体からの自衛隊へのニーズと必要性のある業務を整理することにした。そして、「行方不明の方々の捜索」、「応急復旧（道路整備、避難所整備、瓦礫の撤去）」、「生活支援」の3つの業務区分で整理を行った。

1．「行方不明の方々の捜索」

「行方不明の方々の捜索」ニーズが高い地域は、次の4地区であった。

①「北上総合支所周辺」　②「河北地区釜谷」

③「湊・渡波地区」　　　④「門脇地区」

ただし、①「北上総合支所周辺」及び②「河北地区釜谷」は、瓦礫が除去されているため、沼地等の人の手による捜索が主体となる。また、④「門脇地区」は、現在、重機・ダンプ・人員の集中運用により、5月中旬には目途が立つ予定である。よって今後、重機及び人員を集中して「行方不明の方々の捜索」を行わなければならない地域は、③「湊・渡波地区」のみである。

2．「応急復旧（道路整備、避難所整備、瓦礫の撤収）」

瓦礫の撤去・運搬が、「応急復旧」ニーズの主体であった。ただし、「行方不明者の方々の捜索」＝「応急復旧（瓦礫の撤去・運搬）」の図式が成り立つ。なぜならば、多くの被災者の方に聞くと、瓦礫が片づけられた街の光景を見て行方不明の方々がすべて収容されたという感情が湧き、安心感が出てくるらしかった。そこで、「応急復旧」のニーズのある地域は、次の3地区であった。

①「牡鹿半島（萩浜・小網倉浜・給分浜）」

　②「湊・渡波地区」

　③「門脇地区」

　ただし、①「牡鹿半島（萩浜・小網倉浜・給分浜）」は、石巻港近くの瓦礫置場までの運搬手段、つまり、ダンプの不足が大きな原因である。また、③「門脇地区」は、「行方不明者の方々の捜索」と同時並行して、瓦礫の撤去中である。今後、重機・人手を集中的に運用しなければならない地域は、②「湊・渡波地区」に集約される。

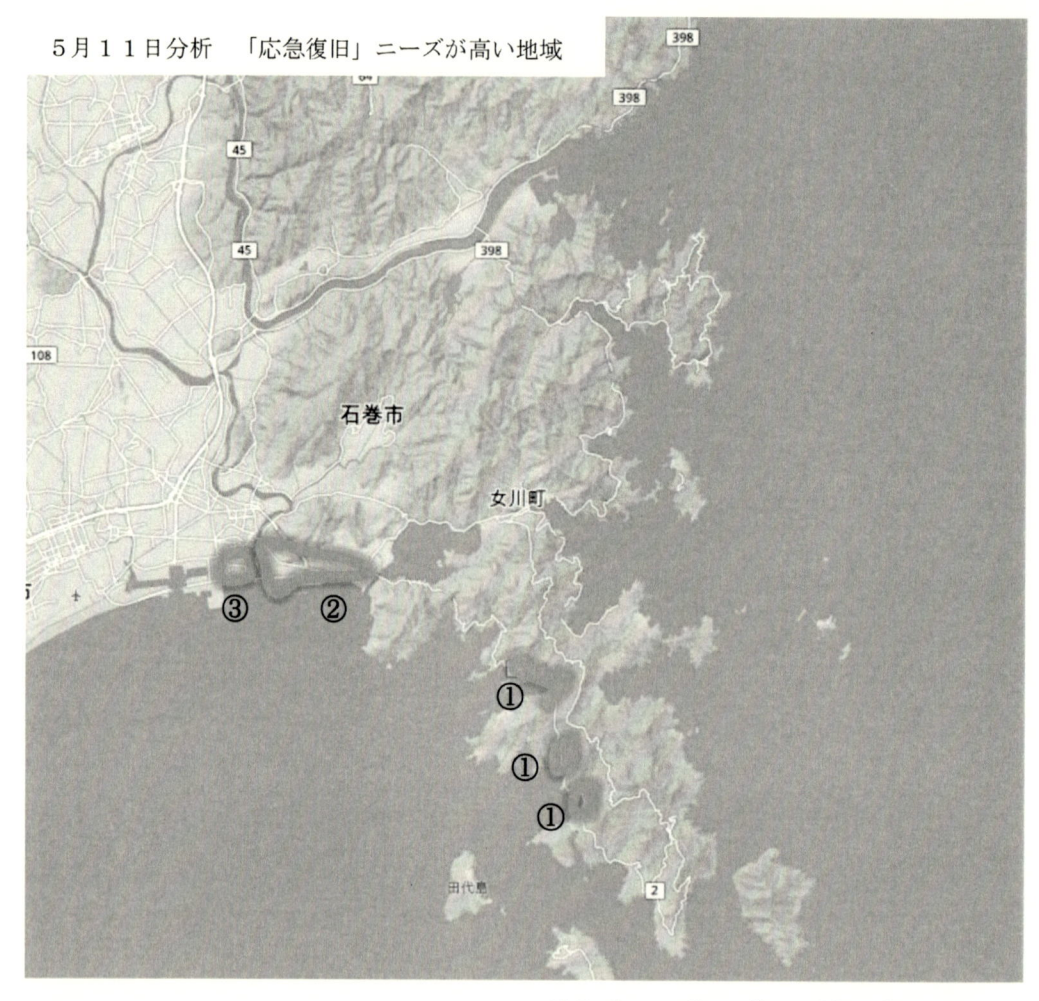

5月11日分析　「応急復旧」ニーズが高い地域

©Mapbox, ©OpenStreetMap Contributors

①　牡鹿半島（萩浜・小網倉浜・給分浜）
②　湊・渡波地区
③　門脇地区

3．「生活支援」

　一般的に、都市部より、都市部から離れた漁業を営む地域の方が、生活環境が劣悪のように思われがちだった。しかしながら、元々自給自足に近い形で生活をしているため、災害に対して強いものがあった。5月上旬に至って、牡鹿半島における生活支援所要は、極めて減少して

きており、北上・河北地区においても同様の状況であった。雄勝地区においては、水道の復旧が遅れているため入浴支援のみ必要性は残っていた。ただ、北上・河北・雄勝地区は、地震発生後、海岸部から内陸部への人口流動があり、生活支援所要が減少していることも事実である。

　海岸部の甚大な被害を受けていない都市部地域は、水道・電気ガスのライフラインは復旧しつつあった。現に、大街道地区、門脇地区の海岸から比較的に離れている所では、再開している店舗、再開準備をすすめている店舗が多かった。そのような状況の中で、生活支援所要の減少見込みが立たない地区は、次の2つであった。

　①「石巻市湊地区」

　②「女川町」

　①「石巻市湊地区」においては、瓦礫、衛生環境の劣悪性が街全体の復旧速度と店舗の開店率を低下させている。よって、「応急復旧活動」を重点的に行うことが最善策と分析した。②「女川町」においては、町のほとんどが流されているため、店舗の開店等の目途が立っていない。ただし、街独自でシャワー施設等の設置を行い、また、女川町の飲食協会による給食支援策も検討されている。今後、行政機関と連携して、「生活支援」の撤収時期を定めていくことが必要であった。

5月11日分析　「生活支援」ニーズが高い地域

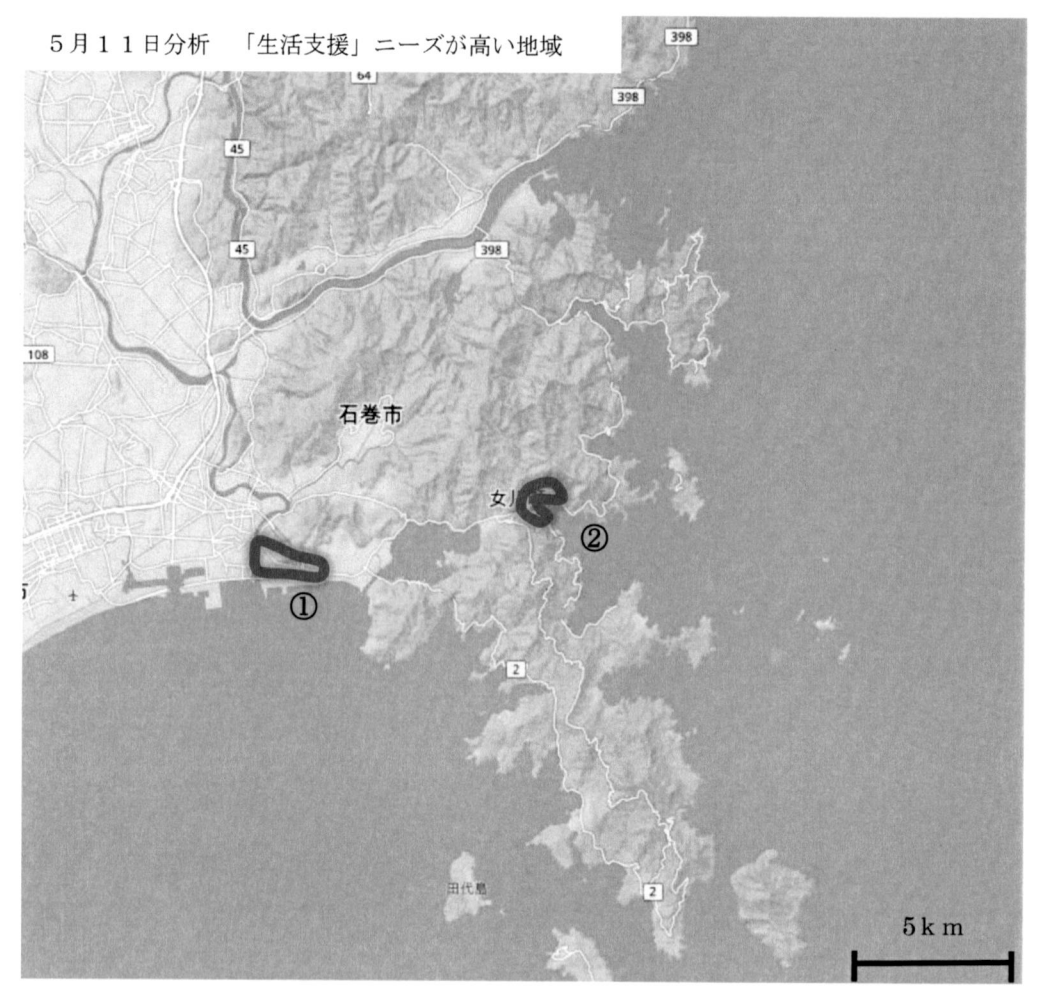

©Mapbox, ©OpenStreetMap Contributors

凡例
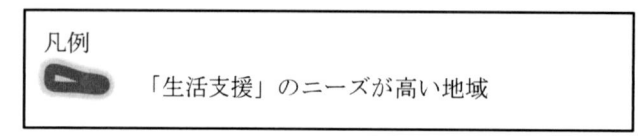　　「生活支援」のニーズが高い地域

①　石巻市湊地区
②　女川町

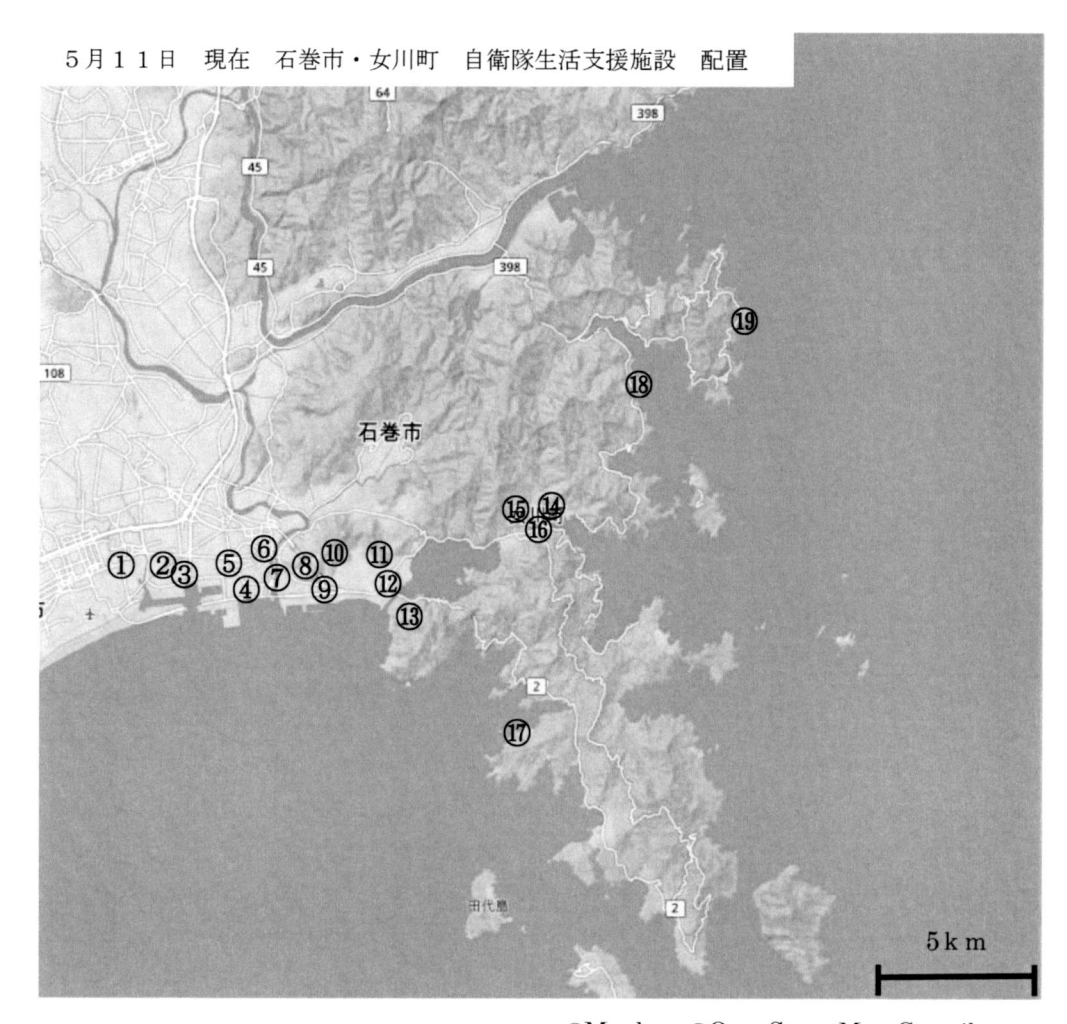

©Mapbox, ©OpenStreetMap Contributors

連番	地区		生活支援施設名称	担任部隊
①	石巻市街地	大街道地区	石巻市立青葉中学校 米軍シャワー施設	東北方面隊 （宮城県仙台市）
②			石巻市立釜小学校 給食・給水施設	第20普通科連隊 （山形県）
③			石巻市立大街道小学校 給食・給水施設、沐浴場	
④		門脇地区	日和山沐浴施設	第6後方支援連隊 （山形県）
⑤			石巻市立石巻中学校 給食・給水施設	
⑥			旧北上川沿い入浴施設	
⑦			海上自衛隊入浴施設	海上自衛隊
⑧		湊・渡波地区	石巻市立湊小学校 給食・給水施設	北部方面隊 （北海道）
⑨			緑町給水場	航空自衛隊
⑩			石巻市立鹿妻小学校 給食・給水施設	北部方面隊 （北海道）
⑪			石巻市立万石浦中学校 給食・給水施設	
⑫			石巻市立万石浦中学校 米軍シャワー施設	東北方面隊 （宮城県仙台市）
⑬			ミュージアム入浴施設	北部方面隊 （北海道）
⑭	女川町		女川町給食・給水施設	第14旅団 （四国）
⑮			女川町入浴施設	
⑯			女川町テント村	
⑰	石巻市	牡鹿半島	東浜沐浴場	北部方面隊 （北海道）
⑱		雄勝地区	水浜入浴場	
⑲			石巻市立大須小学校 沐浴場	

5月11日 現在 石巻市・女川町 自衛隊生活支援施設 配置

　石巻市、女川町の5月上旬の現況を分析して、このように総括した。「石巻市湊・渡波地区を第20普通科連隊災害派遣活動の要として、人員及び重機を集中運用する」。「『生活の安定してきている都市部から離れた海岸部』及び『ライフライン、店舗の開店しつつある都市部地域』か

ら、順次、部隊及び生活支援施設を撤収させる」。「重機の運用に関しては、牡鹿半島の瓦礫撤去終了次第、石巻市街地での運用に限定する」。つまり、石巻市の周辺部から段階的に部隊を撤収させ、最終的に石巻市街地に部隊を集約し、第20普通科連隊災害派遣活動の終末点を迎えようとする構想である。このため、撤収の時期・地区を次のように整理した。

1．第1段階
　「牡鹿半島」、「石巻市北上・河北・牡鹿地区」は、6月下旬までに撤収する。
2．第2段階
　「石巻市大街道地区」、「石巻市門脇地区」は、7月上旬までに撤収する。
3．第3段階
　「石巻市湊・渡波地区」、「女川町」は、7月中旬から7月下旬までに撤収する。

５月２３日以降の第２０普通科連隊活動予定地域

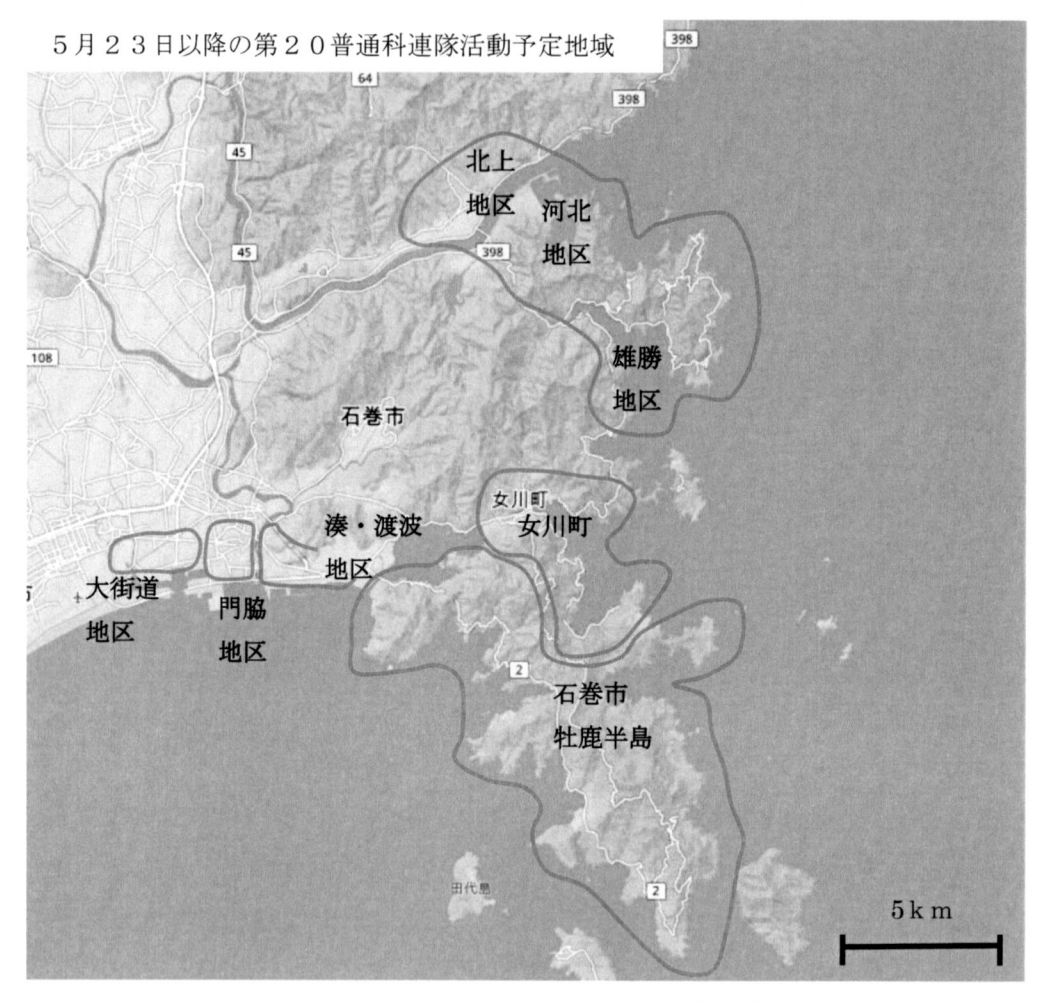

©Mapbox, ©OpenStreetMap Contributors

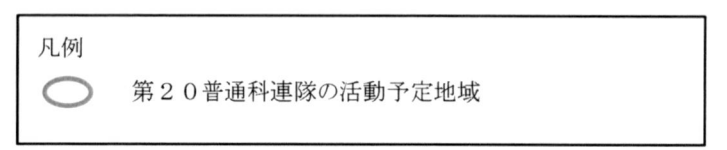

凡例

　第２０普通科連隊の活動予定地域

第５旅団（北海道）、第１４旅団（四国）が撤収し、第２０普通科連隊が、
石巻市・女川町全域で活動する。

第1段階（6月下旬）以降の第20普通科連隊活動予定地域

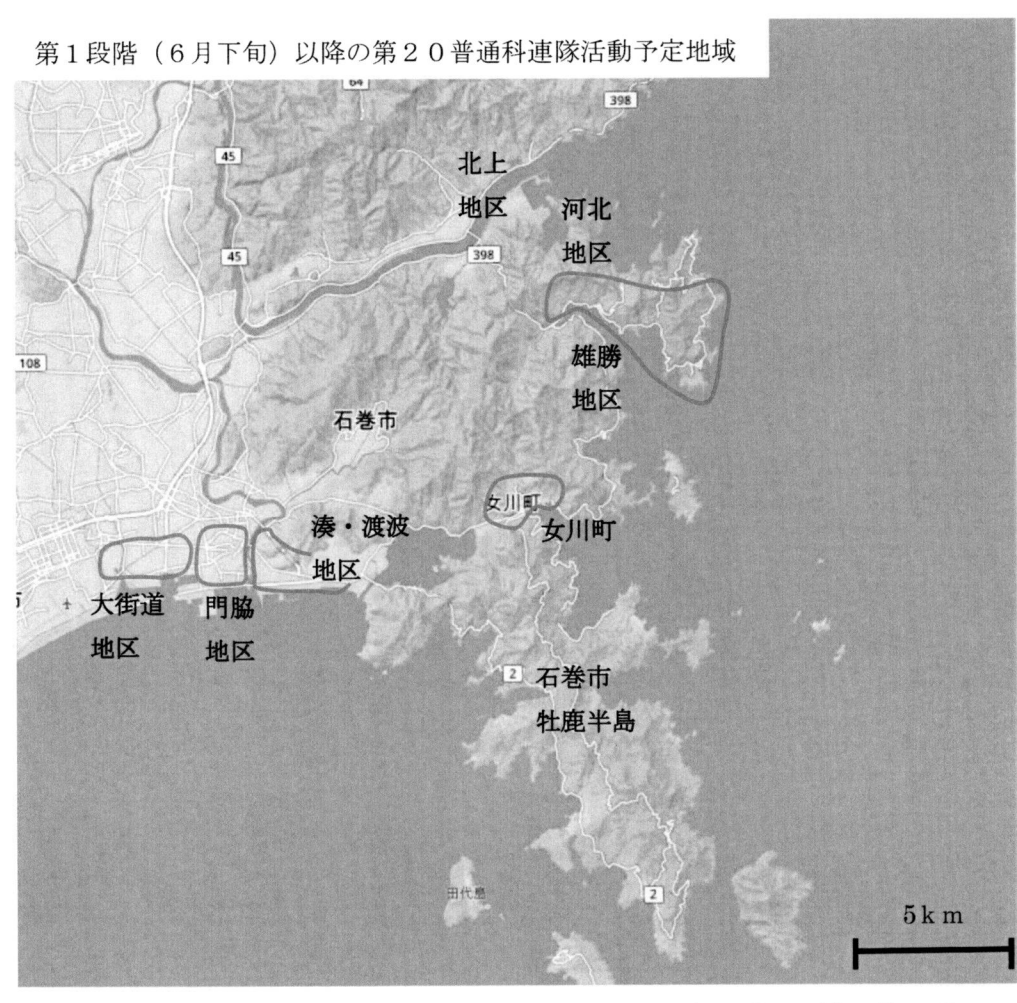

凡例
　⬭　　第20普通科連隊の活動予定地域

石巻市牡鹿半島、石巻市北上・河北地区から部隊を撤収させ、活動地域を石巻
市街地、女川町、石巻市雄勝地区の一部に限定し活動する。

第２段階（７月上旬）以降の第２０普通科連隊活動予定地域

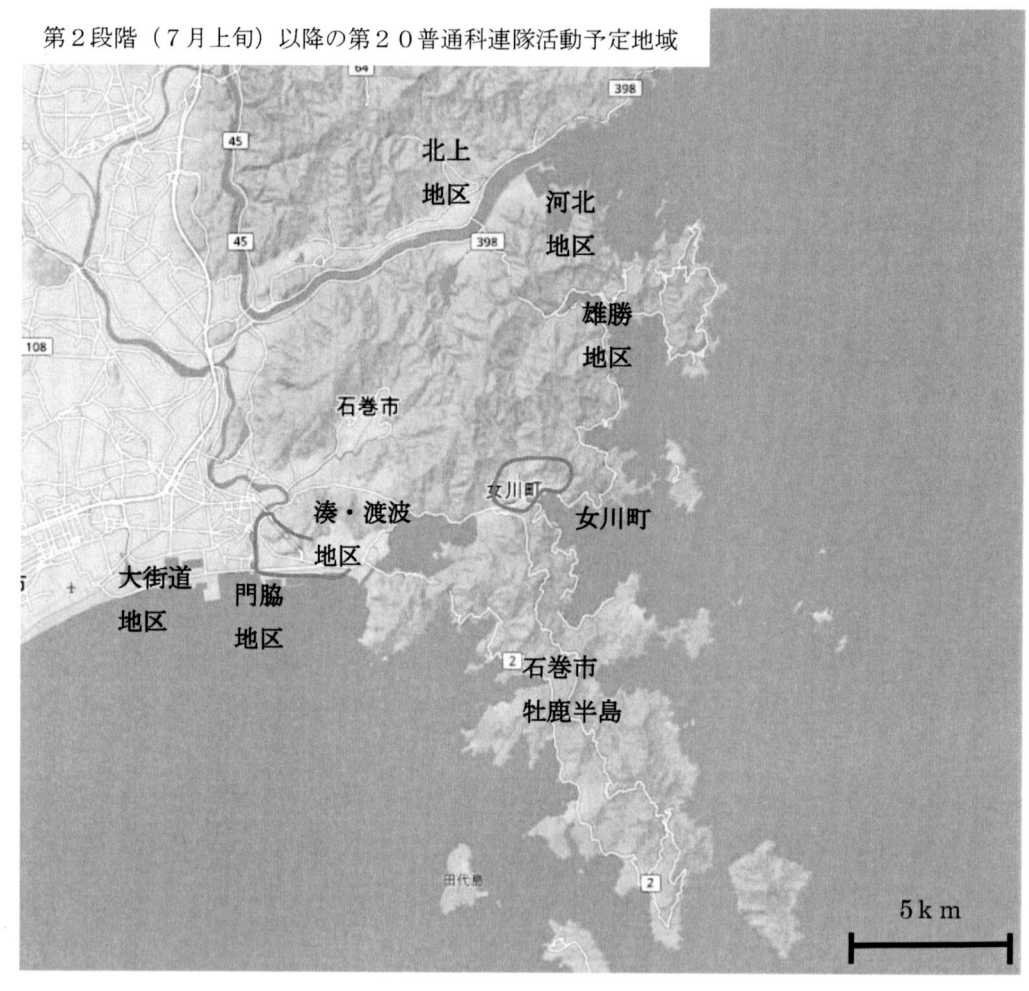

©Mapbox, ©OpenStreetMap Contributors

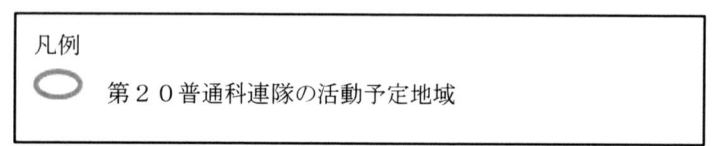

凡例

⬭　第２０普通科連隊の活動予定地域

「石巻市湊・渡波地区」及び「女川町」に限定して活動する。

以上の全般構想の中、第20普通科連隊の部隊運用構想を次のようにまとめた。

1．第1中隊

北上・河北・雄勝地区に配置する。

理由：3月17日から3月19日までの雄勝地区での活動実績があるため。

2．第2中隊

　石巻市　湊地区に配置する。

　理由：石巻市大街道地区も類似した環境での活動であるため。

3．第3中隊

　石巻市　牡鹿半島

　理由：3月17日から3月21日までの牡鹿半島での活動実績があるため。

4．第4中隊

　石巻市大街道地区・門脇地区に配置する。

　理由：石巻市大街道地区の活動の要である大街道小学校を担任しているため、引き続き活動させたほうが、活動効率上、有効であるため。

5．重迫撃砲中隊

　石巻市渡波地区

　石巻市大街道地区も類似した環境での活動であるため。

6．施設科部隊（重機・ダンプの部隊）

　牡鹿半島の瓦礫撤去が終了後、石巻市湊・渡波地区に重機・ダンプを集中して運用する。

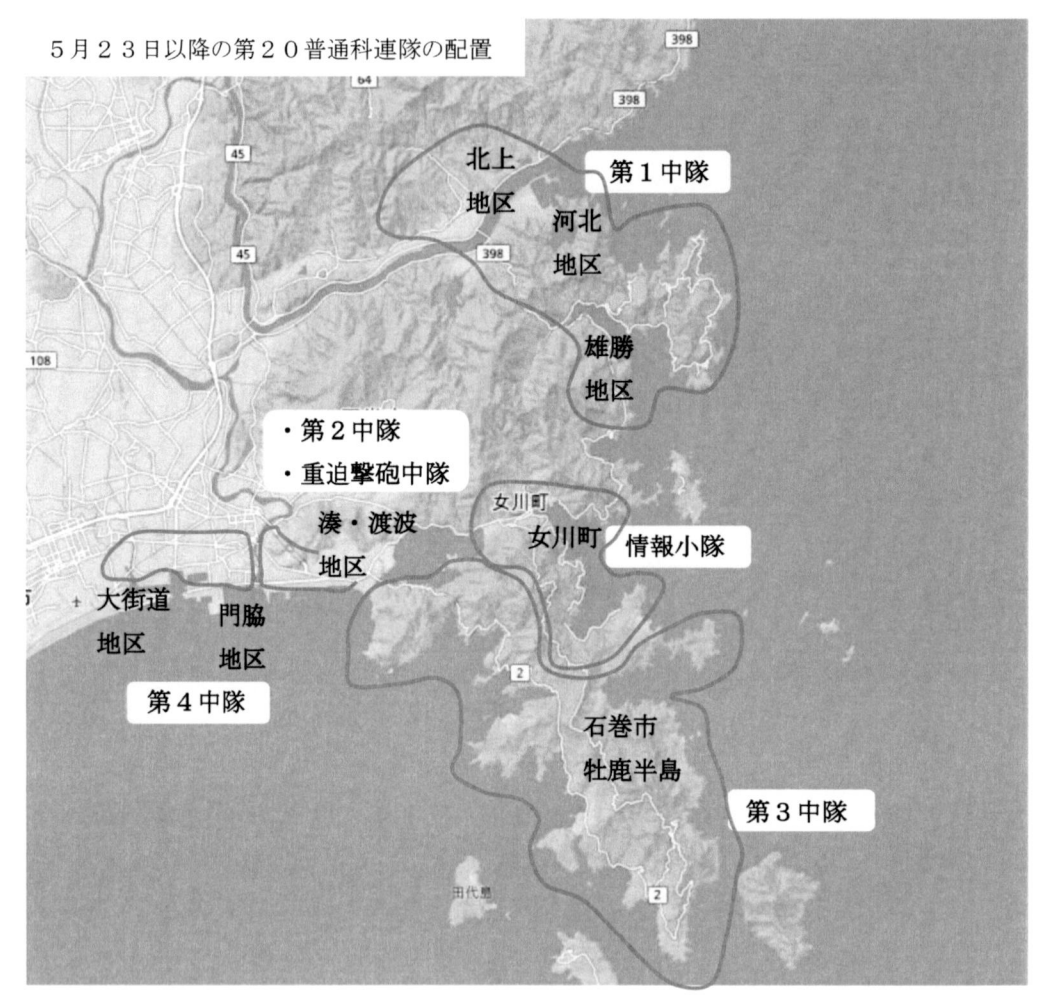

５月２３日以降の第２０普通科連隊の配置

©Mapbox, ©OpenStreetMap Contributors

　私は、複雑な事象を整理することにより、第5旅団（北海道）、第14旅団（四国）撤収後の第20普通科連隊が行うべき事項と部隊運用の結論をまとめることができた。これらを更に整理して、「作戦計画書」として表す。私は、5月10日から5月11日の2日間で「作戦計画書」としてまとめた。

「石巻市・女川町安定化作戦」と名付ける
（61・62日目　5月10日から5月11日の間に計画を作成、報告し決裁を受ける）

　以下、5月中旬の石巻市・女川町における作戦計画の骨格を記述していく。

１．方針

「第20普通科連隊は、5月中旬以降、石巻市全域、女川町を担任し、『行方不明者の捜索』、『応急復旧活動』、『生活支援』を引き続き行う。この際、湊・渡波地区を重視する。また、上記活動と並行して撤収準備を行い、7月下旬までに災害派遣活動を終了する」。

　2．各活動要領
(1)　「行方不明の方々の捜索」
　石巻市湊・渡波地区に人員、重機を集中して行う。その他の地域においては、自治体の要請に応じ人員のみをもって行う。
(2)　「応急復旧活動」
①　石巻市湊・渡波地区に人員及び重機を集中して運用する。
②　石巻市牡鹿半島及び石巻市門脇地区の瓦礫の撤収が終了したら、同地区から重機を撤収し、石巻市湊・渡波地区に転用する。石巻市牡鹿半島及び石巻市門脇地区からの重機の撤収時期を5月下旬と定める。
③　石巻市湊・渡波地区以外の地域においては、公共施設内、博物館等の整備、清掃を、人員のみをもって積極的に行い、復旧支援を行う。

　3．生活支援
(1) 各地区を担任する第20普通科連隊各中隊が、行政機関との窓口となり生活支援施設の運営を統制する（師団司令部から、各生活支援施設の運営は、全国から応援に来た部隊［その施設を設置した部隊］が行い、その行政機関との調整、運営の統制は、第20普通科連隊が行うように示されていた）。
(2) 需要の減少、仮設住宅の入居の進んでいる石巻市北上・河北・雄勝地区、石巻市牡鹿半島の生活支援施設は順次撤収する。また、ライフラインの復旧進捗に応じ、石巻市大街道地区及び石巻市門脇地区の生活支援施設も順次撤収する。
(3) 5月上旬、現在、生活支援需要の高い石巻市湊・渡波地区、女川町においては、当分の間、現状維持とし、行政機関と密接な連携を図り、撤収時期を定める。
(4) 生活支援施設の撤収に際しては、行政機関と密接に連携して代替機能を確認する。生活支援施設が撤収した場合においても、被災者の方々が、安定・安心した生活が過ごせる手段を確保するよう努める。また、生活支援施設の撤収に際しては、10日から1週間以前に被災者の方々に対して告知を行う。

　4．部隊展開
(1) 第5旅団、第14旅団撤収に伴い、第20普通科連隊は、「部隊展開スケジュール」に基づき、各中隊を展開させる。
(2) 即応予備1コ中隊を5月15日から5月22日までの間、重迫撃砲中隊の担任地域である石巻市渡波地区で活動させる。

5．撤収時期

(1) 第1段階（6月下旬撤収予定地区）

　石巻市牡鹿半島、石巻市北上・河北・牡鹿地区

(2) 第2段階（7月上旬撤収予定地区）

　石巻市大街道地区、石巻市門脇地区

(3) 第3段階（7月中旬から7月下旬までの撤収予定地区）

　石巻市湊・渡波地区、女川町

　私は、この「作戦計画」を書き上げた時、石巻市・女川町の方々が安心・安全で、今後、生活ができるようにという思いと、自衛隊が何事もなかったように自然な形で撤収できるようにという思いで、『石巻市・女川町安定化作戦』と名付けた。

			部隊展開スケジュール						
			石巻市						女川町
			市街地				牡鹿半島	北上河北雄勝地区	
月	日	曜日	大街道地区	門脇地区	湊地区	渡波地区			
5月	13	金	第2中隊	第3中隊	第5旅団（北海道）			第14旅団（四国）	
	14	土							
	15	日	第4中隊	第1中隊 ／ 重迫撃砲中隊	第2中隊	即応予備自衛官1コ中隊	第3中隊		
	16	月							
	17	火							
	18	水							
	19	木							
	20	金							
	21	土							
	22	日							
	23	月				重迫撃砲中隊		第1中隊	情報小隊
	24	火							

報告・承認

　私は、「作戦計画書」を仕上げ、すぐに連隊長に報告した。「石巻市・女川町安定化作戦」は、一点の修正もなく連隊長の承認を得た。連隊長は、その日（5月11日）の午後、「作戦計画書」を携え、仙台の第6師団司令部へ向かった。師団長への報告と承認を受けるためだ。

　仙台まで片道1時間、往復で2時間、師団長への報告で1時間、おそらく3時間待てば、「作戦計画」の良否の結果が出てくる。私の予想通り、3時間後、連隊長が石巻総合運動公園にある第20普通科連隊指揮所に戻ってきた。結果は、「作戦名」も「作戦計画」も全面的に承認を受けた。特に作戦名「石巻市・女川町安定化作戦」には、師団長も大きく頷いたとのことであった。

　これにより今後は、自衛隊の最終撤収に向けて大きく舵を取る時がきた。

第7章 「湊・渡波地区一斉捜索」への道

「起承転結」

　私は、防衛大学校時代、演劇を好んで見た。演劇のストーリー性で重要なことは、「起承転結」である。特に、「転」の部分は、多くの観客を魅了する。作戦も同様である。ストーリー性が重要である。流れるような部隊行動、クライマックスの演出は、その作戦の良否を決定する。

　東日本大震災の100日目、6月18日土曜日、石巻総合運動公園において、慰霊祭が行われた。私はこの慰霊祭に合わせて、6月16日、6月17日の2日間で「湊・渡波地区一斉捜索」という活動を計画し、部隊に実行させた。この章においては、そこまでの過程を記述していく。これは、第20普通科連隊の東日本大震災害派遣活動において、「起承転結」の「転」に当たるものであった。

第20普通科連隊 東日本大震災災害派遣 活動推移		
月　日	章	活動内容
3月11日 〜 3月15日	第2章 初動の5日間	気仙沼市・南三陸町で活動
3月16日 〜 3月19日	第3章 座布団として	第4師団と部隊交代し、石巻市北上・河北・雄勝地区、女川町、石巻市牡鹿半島で活動
3月20日 〜 3月21日	第4章 石巻市街地へ	第14旅団と部隊交代し、石巻市牡鹿半島のみで活動
3月22日 〜 5月2日	第5章 様々な活動の中で	第5旅団と交代し、石巻市大街道地区で活動
5月3日 〜 5月15日	第6章 石巻市・女川町安定化作戦	第44普通科連隊部隊転用に伴い石巻市門脇地区を含め活動
5月16日 〜 5月22日		第5旅団の撤収に伴い、石巻市牡鹿半島、石巻市湊・渡波地区全域において活動
5月23日 〜 6月19日	第7章 「湊・渡波地区一斉捜索」 への道	第14旅団の撤収に伴い、石巻市・女川町全域で活動
6月20日 〜 7月27日	第8章 終焉	順次部隊を帰隊させ、東日本大震災災害派遣活動を終了

湊地区災害対策本部長との出会い
（63・64・65日目　5月12日から5月14日の3日間）

　5月15日日曜日、第5旅団（北海道）の撤収に伴い、第2中隊を湊地区に配置した。私は第2中隊の配置以前に、湊地区を取りまとめている湊地区災害対策本部長庄司さんの所へ、3回足を運んだ。

湊地区災害対策本部は、石巻市立湊小学校にある。湊小学校には、第5旅団（北海道）が自衛隊の給食・給水施設を開設し運営していたが、私が初めてここを訪れた時は、違和感があった。なぜならば、湊地区災害対策本部長庄司さんは、事前の情報で、石巻市議会の共産党議員の方だと聞いていた。また、湊小学校は、自衛隊と考え方を異にするボランティア団体の中心活動地となっていた。私は、重い気持ちで、石巻市立湊小学校に足を踏み入れた。

1回目は、災害対策本部に挨拶のみと思い、湊小学校に行った。小学校の正面玄関には、ボランティアの方々が受付をしていた。私は、門前払いにあうのではないかと思っていたが、災害対策本部長にお会いしたい旨を言うと丁寧に対応していただき、案内してくれた。初めて、災害対策本部長庄司さんにお会いした。温和な顔立ちで、話し方もゆっくり、かつ、丁寧であった。この日、私は10分程度の挨拶で辞した。湊地区災害対策本部長、ボランティアの方の丁寧な対応に、私はやや拍子が抜けした。

翌日、再び湊小学校へ訪れた。2回目は、自衛隊の今後の行動を説明して、庄司さんに納得していただくためだ。この日も丁寧な対応を受け、「感謝」の言葉を頂いた。

そして、3回目の訪問をした。この日の目的は、「協力依頼」であった。私は、湊地区災害対策本部長に、このように説明した。「湊地区の瓦礫を撤去して、きれいにしたい。そのためには、所有者の方々に許可を頂き、また、それができなくても、町内会長等の方々に納得をして頂かなければならない。そのことを災害対策本部長から町内会長の方々に説明していただき、協力をお願いしたい」。このことを聞いた庄司さんは、積極的な協力を申し出てくれた。そして庄司さんは、わずかな沈黙の後、このような言葉を続けた。「西郷さんもご承知と思いますが、私は共産党議員なのです」。私は、このような言葉を発したことだけを覚えている。「このような時、思想は関係ありませんから」。

人間とは、その人が所属している国や組織だけを見て中身を確認せず、レッテルを張る習性がある。それが原因で戦争が起き、争い事も起こる。ただ、私がここで言いたいことは、個人を見る時には組織というフィルターを除き、よく話をすることも必要であるということである。また、「無知」、「不確実性の情報」が人に恐怖心と攻撃性を与える。

5月15日以降、湊地区の自衛隊の行動において、庄司さんの力は大きかった。すべて下準備をしていただいたおかげで、活発に活動することができた。現在、庄司さんには、改めて感謝している。また、東日本大震災から5年経た今も、双方の連絡が途絶えることはない。今回の熊本地震に遭遇したときも、真っ先に私の安否の確認を頂いた。まさに感謝である。

湊地区での行動開始（66日目　5月15日）

5月15日日曜日、第20普通科連隊が、初めて、石巻市湊地区で活動を開始した。3月中旬からの第5旅団（北海道）の努力もあり、ほぼ行方不明の方々の捜索は終了していたが、2カ月あまりでは時間が不足しており、瓦礫の撤去、ヘドロの除去等はすすんでいない。

第20普通科連隊は、大街道地区、門脇地区同様の手順、要領で活動を開始した。当初は、石

巻市立湊小学校整備、それから主要道路である国道398号（女川街道）沿いである。同時に、湊地区の活動拠点として予定している湊中学校整備も開始した。

　湊小学校の校庭は、未だに水産加工物の混ざったヘドロが堆積しており、気温が上がるにつれ、その臭いは強くなっている。そこで、学校の一部区画のヘドロを徹底的に除去、排水環境を整え、そこへ現在運営している自衛隊の給食・給水設備を移動させ、他の区画の整備をすることにした。今後、梅雨、夏場を迎えることにより、蚊の大量発生も予想される。よって、校庭の車の轍も、水溜まりができないように、重機、手作業により徹底的に埋めることにした。また、プールにも汚水が残っている。その水を抜き、底に溜まっているヘドロの排除も行った。衛生環境が整うことにより、復旧速度が高まり、人は活動的になっていくという考え方から、そのような処置を行っていった。その自衛隊の活動においては、ボランティアの方々、避難所に居住されている方々も積極的に参加いただいた。

　私は、湊地区で活動する以前は、同地区の方々からは嫌われているのではないかという固定概念を持っていた。それを完全に払拭する、自然に成り立った官民の協力態勢であった。

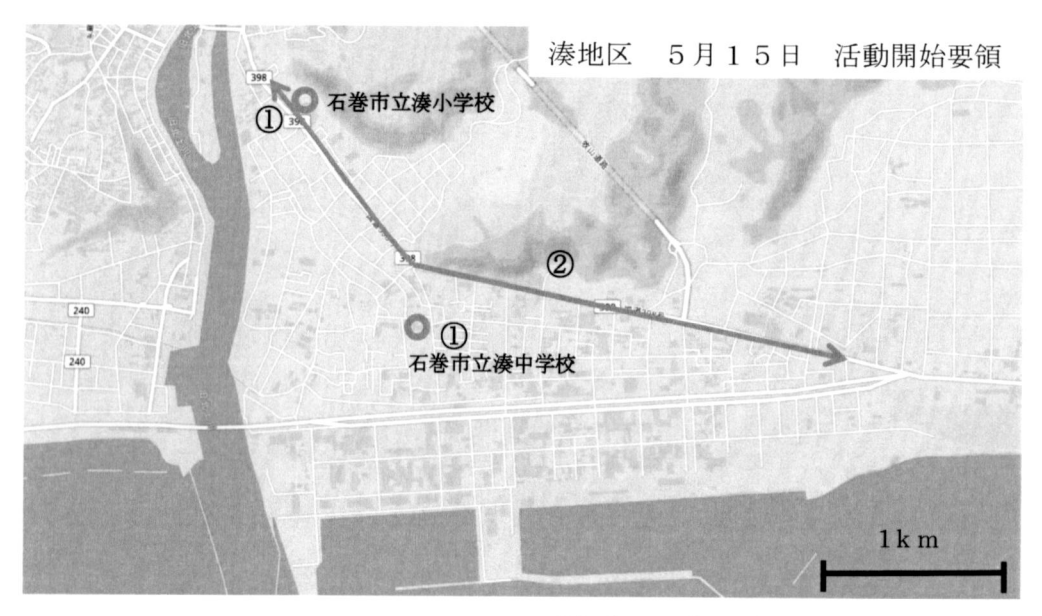

©Mapbox, ©OpenStreetMap Contributors

①　当初、石巻市立湊小学校、石巻市立湊中学校の整備から開始した。
②　その後、国道３９８号（女川街道）沿いの整備を開始した。

渡波地区での行動開始（66日目　5月15日）

　5月15日、渡波地区にも部隊を配置した。ただし、渡波地区へ配置予定の重迫撃砲中隊は、5月15日時点で中瀬地区での活動が終了していないため、即応予備自衛官の1コ中隊を配置した。

渡波地区においても、当初の活動地は「小学校」、石巻市立渡波小学校であった。

　渡波小学校は、湊小学校ほどの被害を受けていない。ただし、学校外柵に瓦礫や細かいゴミが引っ掛かり、機械力よりは丁寧な手作業が必要であった。3月中旬より、第20普通科連隊と行動を共にしてきた即応予備自衛官部隊にとっては、得意分野の活動である。また、即応予備自衛官部隊の活動期間は5月末までであり、この渡波小学校整備が最後の活動となる。そのため、即応予備自衛官部隊の士気は高かった。渡波地区でも被害が大きい大宮への機械力と人員の投入は、中瀬の活動が完了する5月22日と予定した。

　ただ、渡波小学校の東側にある万石町においては、津波による直接の被害を受けていないものの、地震による地盤沈下地域、それに伴う満潮時の浸水地域であり、我々自衛隊にとっても、今のところは何の手立ても講じられない状況であった。

渡波地区　5月15日　活動開始要領

©Mapbox, ©OpenStreetMap Contributors

①　石巻市立渡波小学校
　　5月15日より、即応予備自衛官部隊の1コ中隊が、整備を開始した。
②　大宮
　　渡波地区で最も津波の被害を受けている地域である。5月22日以降、
　　重迫撃砲中隊基幹を投入し、活動させる予定であった。
③　万石
　　地震により地盤沈下し、海水の浸水地域であった。自衛隊の能力では、
　　どうすることもできなかった。

再び牡鹿半島へ（66日目　5月15日）

　5月15日、門脇地区において、主力中隊として活動していた第3中隊を牡鹿半島に配置した。その日以前に、私と第3中隊長は、牡鹿総合支所長の所へ行った。5月15日以降、牡鹿半島においては、第20普通科連隊が担任することと、今後の活動方針を伝えるためである。

　私も、第3中隊長も、牡鹿総合支所長とは、3月中旬の活動の中でお会いしている。当時の牡鹿総合支所長は、元々3月末で定年退職予定であったが、今回の震災を受けて3カ月職務を延長し、6月末に定年退職の予定であった。

　牡鹿総合支所長は、たいへん快活な方で、海の男の風貌を備えていた。調整を行うと驚くほど話がすすみ、まとまった。そして何よりも、第20普通科連隊が、牡鹿半島に戻ってくることを歓迎してくれた。

　私が牡鹿総合支所長に持ち出した、今後の第20普通科連隊の活動方針は、次のようなものである。「牡鹿半島、東側海岸の県道2号線沿いの瓦礫は撤去し、石巻港近くにある瓦礫置場へ運搬すること。そして、その業務が終了したならば、石巻市街地に転用する」こと。「ホエールランドのような博物館、港湾部の整備は、人員による手作業ではあるが積極的に行う」こと。

　以上のことについて、牡鹿総合支所長は快く了解していただいた。ただし、このようなことを懸念した。「現在、コンビニエンスストア等が再開準備をすすめており、自衛隊が過剰に救援物資を輸送すると、そこの物が売れなくなる」というものであった。この状況は、自衛隊の撤収条件を作為するものである。ここで、私は、牡鹿半島における撤収時期に関する話を持ち出そうとしたが、その場では思い止まった。一通りの調整が終わったことにより、私と第3中隊長は、その場を辞した。

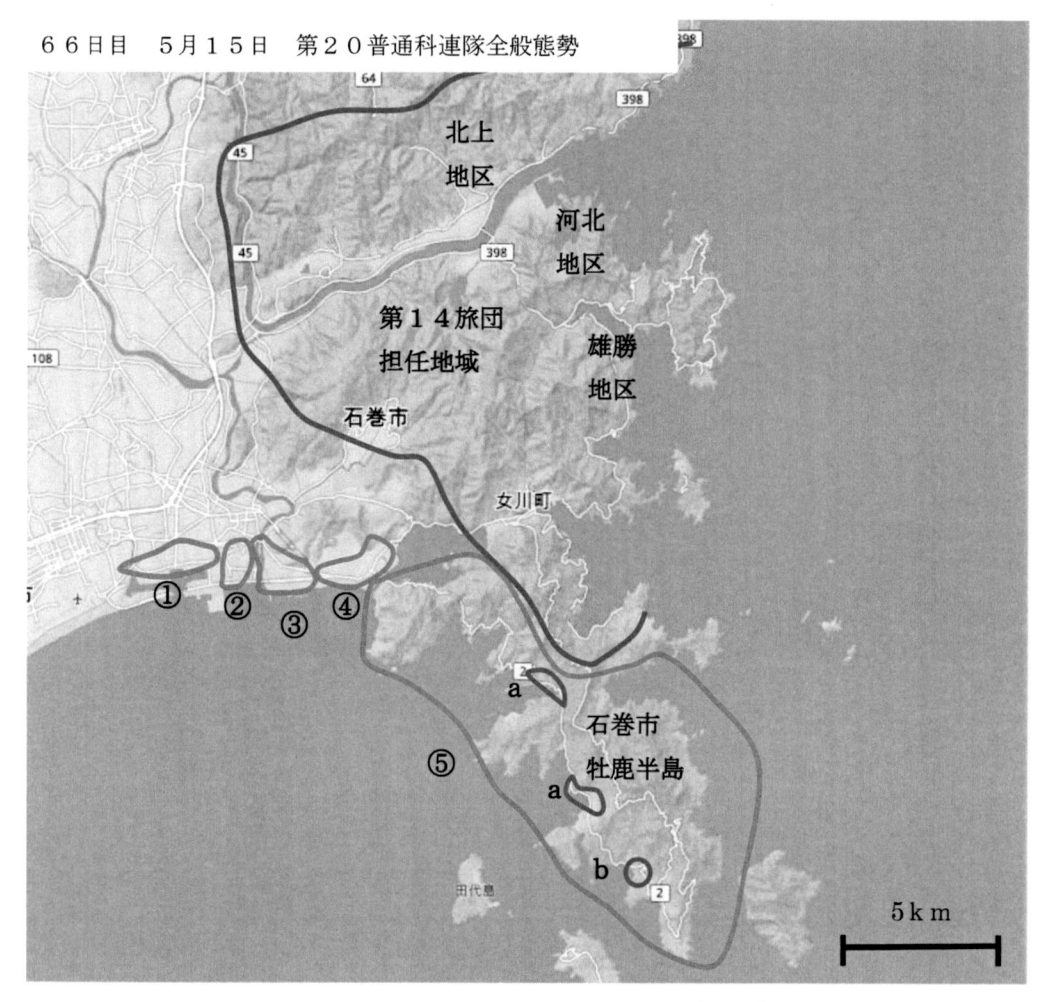

©Mapbox, ©OpenStreetMap Contributors

① 石巻市大街道地区
　　第４中隊　担任
② 石巻市門脇地区
　　第１中隊、重迫撃砲中隊　担任
③ 石巻市湊地区
　　第２中隊　担任
④ 石巻市渡波地区
　　即応予備自衛官部隊１コ中隊　担任
⑤ 牡鹿半島
　　第３中隊　担任
　　a　県道２号線の瓦礫の撤去
　　b　港湾部、ホエールランドの手作業による瓦礫の撤去

初めての休日（68日目　5月17日）

　私は、3月11日以来、初めての休日を取った。部隊としては、4月上旬以降、「2／3」の態勢で活動に当たっている。つまり、1コ中隊100名が所属していた場合は、30名〜40名が休養を取り、60名〜70名が被災地において活動する態勢であった。長期間の活動に耐えるための処置である。私も1週間から10日間の間隔をおいて、夜に山形県の家に帰り、着替えを取り休養を取ったが、丸1日の休日は初めてであった。やはり、実務を取り仕切る私が、現場を離れるわけにはいかなかった。

　5月17日は、とにかく家で寝た。あえて何も考えないようにした。驚いたことに、私の3人息子のうち、長男が学生服を着ていたのだ。この年、中学校に入学した自分の息子の学生服姿を見たのは、初めてである。自分の子の成長が、全く頭になかった私であった。

74日目　5月23日月曜日以降の態勢

　5月23日月曜日をもって「石巻市・女川町安定化作戦」における第20普通科連隊の態勢が整った。

　石巻市北上・河北・雄勝地区には第1中隊、石巻市大街道・門脇地区には第4中隊、石巻市湊地区には第2中隊、石巻市渡波地区には重迫撃砲中隊、石巻市牡鹿半島には第3中隊、女川町には連隊本部第2科と情報小隊である。また、重機を有する部隊、施設科部隊は、第6施設大隊第1中隊及び第3中隊（山形県）、第10施設群（宮城県）、更に、気仙沼市、南三陸町で任務を終えた北部方面施設隊（北海道）、第14旅団統制下で行動していた第1施設団（関東）が、石巻市において第20普通科連隊の統制下に加わった。グラップル数は常時30台以上、民間ダンプ、自衛隊ダンプを合計して、常時60台以上が稼働状態にあった。

　また、生活支援施設である給食・給水・入浴施設は、石巻市・女川町の合計で19の施設がある。施設の管理は、第20普通科連隊以外の部隊で行うが、施設の運営統制の権限は、最終撤収部隊である第20普通科連隊の任務である。

　私の今後の作戦の焦点は、石巻市・女川町の広域に広がった部隊・施設を減らす算段である。このためには、各行政機関との密接な連携も必要であり、仮設住宅への入居、店舗開店状況に応じたタイミングもある。自衛隊生活支援施設は、被災者の方々に親しまれている。これを撤収させるためには、丁寧な行政機関との調整と被災者の方々への説明も必要であるし、告知のタイミングもある。私の頭の中は、「勢い」から「慎重」への変換点であった。

石巻市湊・渡波地区の困難性

　石巻市湊地区の活動進捗は、芳しくなかった。理由は、2つある。1つは、国道298号線（女川街道）沿いは、交通量が多く、重機やダンプの活動を制限したためだ。2つ目は、地区の被災状況が複雑だったためである。家屋の中に多くの瓦礫、汚物、水産加工物が流れ込み、まずは

そこの部分を、行方不明の方々の捜索も兼ねて丁寧な手作業により取り除き、次に重機を活用した瓦礫の撤去作業に移らねばならなかった。また、川口・大門・明神の地域は、小型車が通行可能な道までは整備されていたが、重機・ダンプが通行可能な道まで整備しなければならない所が諸所にあった。

5月下旬においては、重機より人手が不足している状況であった。このため、当面の処置として、常時、第4中隊から1コ小隊20名を第2中隊長の指揮下に置くことにした。また、湊地区においては、瓦礫、汚物、水産加工物から発生した細かい害虫が、隊員に対し、相当な不快感を与えるものであった。

渡波地区においても、活動進捗は苦戦した。大宮で活動させてから判明したが、当初の見積より瓦礫の量が多かったのである。特に、国道298号（女川街道）の北側は、偵察時には、それほど気には留めていなかったが相当量の瓦礫が流れ込んでいた。

いずれにせよ、今後の第20普通科連隊の活動の焦点は、石巻市湊・渡波地区であり、この地区の瓦礫を、いつまでに撤去し、生活環境、衛生環境を向上させるかが、撤収条件の重要な鍵であった。

「転」のタイミング（74日目　5月23日）

第20普通科連隊が、石巻市全域を担任することになってから、毎週月曜日と木曜日に行われる。石巻市が主宰する石巻市災害対策会議に、連隊長と私が出席した。会議には、防災、生活、建設等の担当部長が出席し、石巻市長へ報告する形で行われていた。また、石巻市社会福祉協議会の代表者、ボランティアの代表者、石巻警察署長、石巻消防署長も参加していた。

連隊長と私は、第20普通科連隊が石巻市全域を担任した5月23日月曜日の会議から参加したが、その時に、地震が発生した3月11日から数えて100日目に当たる6月18日土曜日、「石巻市慰霊祭」が営まれる予定であることを確認した。

ここで、私の中には1つの考えが浮かんだ。100日目という節目を区切りとして、自衛隊の「行方不明の方々の捜索」、「応急復旧活動」を縮小すること。特に、現在、進捗に困難が伴っている石巻市湊・渡波地区においては、「石巻市慰霊祭」以前に、短期間、人員及び重機を集中運用し、その地区の主要な活動を完結させることである。

私の頭の中には、それを行う具体性はなかったが、6月16日、6月17日の2日間、何らかのアクションが必要だと考えていた。そして、この時の私の発想は、「湊・渡波地区一斉捜索」というものに繋がっていく。思いついた当初は、大掛かりな捜索活動になるとは予想していなかったが、いつのまにか自衛隊だけではなく、行政機関・警察・消防の方々を巻き込んだものに拡大し、その捜索活動が報道されるまでに至った。

まさに、この考えが、石巻市における災害派遣活動における「起承転結」の中の「転」に当たることになった。

石巻市ボランティア会議への出席

　週に1度、石巻市役所において、ボランティア会議が開かれた。5月23日以降、この会議には、私が参加するようにした。参加者は、市役所の担当者、石巻市で活動しているボランティア団体の代表者の方で、総勢5〜6人の会議である。基本は、ボランティア団体代表者の方から、市役所の担当者への報告形式である。

　私は、今回の東日本大震災の災害派遣活動において一つの思いがあった。それは、それぞれの組織力を結集することである。よく起こった事象であるが、ある地域、避難所において、自衛隊、警察、消防、医療団体、ボランティア団体が重複して活動し支援過剰になったり、あるいは逆に、どの組織も活動しておらず、支援が粗くなっていた地域、避難所もあった。各種組織を統一的に運用できれば、あるいは統一的に運用ができなくても、調整により、互いにそれぞれの組織の状況を知り活動すれば、その支援は極めて効率的になる。

　それで私は、この会議において、第20普通科連隊の活動内容、活動地域、今後の活動方針を丁寧にボランティア代表者の方々に説明した。災害派遣活動であるため、何も防衛の秘密となるものはない。

　意外とこれがボランティアの方々に好評であった。今までは、各現場において、自衛隊とボランティアが隣り合わせで活動しているが、お互い何をしているのかわからない状況が生起していた。そこには、一つの壁が存在するようである。

　ボランティアの方々にとっても、自衛隊の活動内容を知ることにより、親近感が湧き、近くで自衛隊が活動していても圧迫感から解消され、活動しやすくなったとのことであった。

石巻警察署との協力（74日目　5月23日）

　第20普通科連隊において、石巻市・女川町の警察のコントロールタワーである石巻警察署との調整をすることは、5月22日以前はなかった。しかしながら、第20普通科連隊が5月23日以降、石巻市・女川町の全域を担任することになり、その必然性が出てきた。5月23日、早速、連隊長と私は石巻警察署に出向き、挨拶と協力態勢強化について話し合った。その場において取り決めたことは、週2回会合を開くこと、その会合を開く場所も石巻警察署と第20普通科連隊指揮所において交互にすることを取り決めた。

　その後、この3月から5月中旬までの教訓を踏まえ、次のように警察との協同要領を変化させた。今までは、行方不明の方々の捜索においては、警察側と自衛隊側は地域の境界を定め、それぞれの担任地域で行っていた。しかし今後は、警察と自衛隊の境界を定めずに同一地域で行動し、役割区分により協同するようにした。理由として、地域の情報収集、聞き込みを得意とする警察と、重機の運用等、力技を得意とする自衛隊が同一地域で役割を区分して行動するほうが効率的と考えたからだ。

　具体的な行動要領として、このようにした。当初、警察側が「まだ行方不明の方がいるかいないか」、「該当する方が、3月11日、当日どのような行動をとっていたと予想されるか」の聞

き込みを、地元の方々に行う。その情報を元に自衛隊が重機、人員を導入し捜索を行う。もし、行方不明の方を確認したならば、警察側が収容するというものであった。この方式の導入により、双方の長所が生かされ、組織間の情報・行動の共有が容易になり、効率的な活動が可能となった。

　また、このような協同も行った。警察単独で捜索を行っている、女川町の「出島」という離島があった。そこへの移動に、自衛隊ヘリコプターによる人員輸送協力である。警察の方は、天候さえ良ければ私の電話一本でヘリコプターが飛んでくる自衛隊の規模の大きさに、驚かれたようであった。

なぜ自衛隊が長期の作戦行動ができ、多くの人員・機械力を運用できるのか。

　幹部自衛官は、任命された当初から、部隊をいかに効率的・機能的に運用していくかの教育を受け、訓練を積み重ねて身に着けていく。その要点は、「先行した計画作成」、「部隊の組織化」、「簡潔・明瞭な指示伝達及び実行の確認」である。その一端をここに紹介していく。

1．「将来作戦」と「当面作戦」

　大きく作戦の立て方として「将来作戦」と「当面作戦」の2本立てがある。「将来作戦」とは、私が本書で記述しているが、1週間後、1カ月後、2カ月後と、ある程度の長期の目線で立てていく作戦である。「当面作戦」とは、極端に言えば翌日の行動である。少なくとも1週間以内の部隊の行動である。通常、「将来作戦」は、上級者が組み立て、「当面作戦」は、その部下が行う。第20普通科連隊の場合は、私が「将来作戦」を組み立て、私の部下である運用訓練幹部が「当面作戦」を組み立てていた。

　「将来作戦」と「当面作戦」の両輪で部隊は運用されていく。今、行うべき「当面作戦」が、将来の目的・目標と合致しているかを常にチェックし、部隊運用にムダ・ムラが生じないように、それと実際に行動する隊員が、先を見通して行動できるようにするのである。

2．役割区分の明確化

　私の東日本大震災災害派遣での役割は、部隊が目指すべき「目的」、「目標」の明確化、また「目的」を達成するために、自衛隊内部だけではなく、行政機関、警察、消防等と幅広く調整していくことであった。ただし、それを成り立たせるために、部下の役割は細分化していた。重機等の作業機械を配分・運用をする者、航空機担当者、車両担当者、文書作成者等々である。彼らは何も示さずとも、自分のやるべきことがわかっており、私が考え方を示すだけで、必要な時期に、必要な事項を備えてくれた。

　また、各役割にはバックアップ機能があり、同一の能力を有する者が複数いた。よって、活動が長期にわたっても交代で休養を取り、同一部隊が長期間の作戦行動に耐えることができた。体力・気力のみでは、長期間の任務に耐えることはできない。

3．「状況図」

第20普通科連隊指揮所の壁面には、「状況図」というものが張られていた。

「状況図」とは、地図上に必要とする事項が記載され、誰がこれを見ても、一目で部隊の状況や、それに関係する事項が理解できるものをいう。また、この「状況図」は時間が重要であり、常に最新のものに整備しなければならない。

「状況図」の歴史は古い。なぜならば、戦争・戦闘の失策の本質とは、敵・我の状況不明化の積み重ねが原因だからである。作戦とは、特に特別な頭脳は必要としない。客観的に情報を把握することと、それに基づく部隊の行動を定めるのみの行為である。そのための最も重要なツールが「状況図」である。「石巻市・女川町安定化作戦」遂行中に第20普通科連隊指揮所壁面で、常に整備されていた「状況図」の概要を記していく。

(1) 「石巻市・女川町全域状況図」

第20普通科連隊の全体状況が把握できるよう、石巻市・女川町の全体地図に、第20普通科連隊の部隊配置及び生活支援施設が記載されていた。生活支援施設は、撤収されるにつれ、その状況図から消去された。

(2) 「湊地区状況図」及び「渡波地区状況図」

5月23日以降、重機・ダンプ、人員が多く投入された湊・渡波地区は、縮尺が拡大された地図が壁面に張られた。そこには、グラップル・ダンプの1台単位まで、人員については10人単位まで表示された。これにより、焦点となっている地域の機械力、人員の運用が一目瞭然となり、「次にどの箇所に機械力を配当したらよいか」、「人員の配置変換は必要か」等の判断も容易となった。

(3) 「給食・給水所要量」、「入浴者数」、「仮設住宅入居者数」

利用者の減少数が自衛隊の撤収条件となる「給食・給水所要量」及び「入浴者数」と増加数がその撤収条件となる「仮設住宅入居者数」のデータは、常時壁面に張り出していた。この数値変動が、5月23日以降、私の作戦構想の基礎であった。

(4) 「クロノロジーの表示」

24時間態勢で係が無線通信内容等を時系列に記録し、部隊行動に漏れがないように、また、突発事案等が発生していないかを確認できるようにしていた。

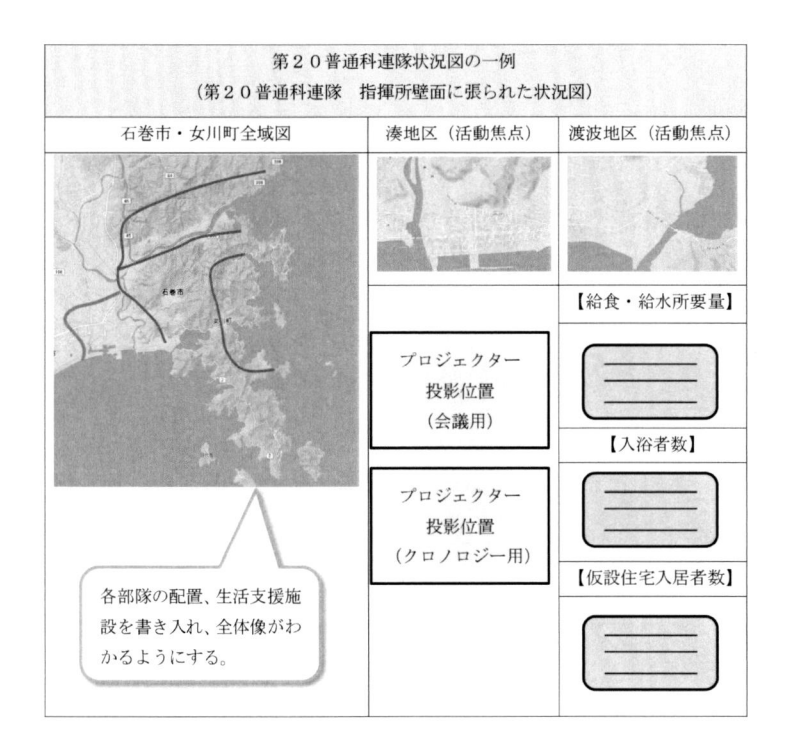

この「状況図」のノウハウは、すべての組織に応用できるものと思う。錯誤とは、状況が整理されていないため起こるものであって、更に、錯誤は不安と恐怖を引き起こす悪循環となる。災害という状況だけでなく、行政機関、民間企業においてもデジタルとアナログに事象を整理することにより、全体像が見え、間違った判断は下さなくなるものと思う。

4．意思伝達のフォーマット化

　自衛隊においては、「計画書」、「命令書」、「会議手順等」がフォーマット化され、それが、下級指揮官まで頭の中に入っている。よって、伝えられて頭の中で理解するまで、時間があまりかからず、短時間で部隊の実行動に移行できる。次に、第20普通科連隊で日々行われた、会議フォーマット（会議次第）の一例を紹介する。

【会議フォーマット】
1 「状況」
(1) 気象、(2) 上級部隊の状況、(3) 行方不明の方々の捜索状況、(4) 応急復旧状況、(5) 生活支援状況、(6) ライフライン・交通網の復旧状況、(7) 仮設住宅への入居者数、(8) その他
2 「指導要領」
(1) 将来的な事項
　ア 部隊運用　イ 重機・ダンプの運用

ウ 生活支援施設の運営　エ 撤収要領

(2) 当面的な事項

　ア 部隊運用　イ 重機・ダンプの運用

　ウ 生活支援施設の運営　エ 航空機の運用

　オ 行政機関・警察・消防・ボランティア等との協同要領

3 「各部隊の任務」

(1) 第1中隊、(2) 第2中隊、(3) 第3中隊、(4) 第4中隊、(5) 重迫撃砲中隊、(6) 第1中隊／第6施設大隊、(7) 施設作業小隊、(8) 情報小隊

4 「補給」

(1) 自隊の食事　(2) 自隊の補給品

5 「指揮・通信」

(1) 通信組織の構成　(2) 通信統制

6 「広報」

(1) 報道機関への対応　(2) 被災者の方々への告知

　以上が、項目である。第20普通科連隊においては、刻々と変化する被災地での状況に対応するため、毎日午後7時より30分間の作戦会議を開き、連隊長、副連隊長、もしくは、私から、各中隊長に指示を出し、各中隊長はその内容を部下に速達して、翌日の部隊行動に反映した。

5．指揮官の全人格

　組織、システムが完備されていても、最も重要なのは、一人の指揮官の全人格である。隊員を惹き付ける魅力、あらゆる困難な状況でも平然とした顔をしていることのできる勇気が必要である。また何よりも、隊員を思いやる気持ちは、自然と末端まで伝わる。

　当時の第20普通科連隊の連隊長冨田1佐、副連隊長（3月11日から4月18日までは、川井2佐、4月19日以降は人事異動により佐藤2佐）は、温厚・誠実な方々であった。ただし、隊員を思いやる気持ちと決断力は何よりも勝っていた。自然とそれは、隊員に伝わっている。よって、隊員はどんな指示に対しても黙々と任務に邁進した。そして、何よりも、私が計画した作戦に信頼を寄せてくれ、バックアップを十分にしてくれた。歯車が合わない組織、それは、システムでも制度の責任ではない。最終的にはトップの責任である。このことは、歴史がすべて証明している。

「湊・渡波地区一斉捜索」の計画作成（78日目　5月27日）

　5月27日、私の思いを連隊長に言ってみた。石巻市慰霊祭に合わせた「湊・渡波地区一斉捜索」の構想である。その目的は、「現在、活動に困難を極めている湊・渡波地区の行方不明の方々の捜索と瓦礫の撤去を、石巻慰霊祭が行われる6月18日（土曜日）、前日の6月17日（金曜

日）及び前々日の6月16日（木曜日）までに一挙に終え、6月19日日曜日以降は完全に撤収態勢に移行する」というものである。つまり、第20普通科連隊の東日本大震災における災害派遣活動の「起承転結」の「転」を設定するものである。連隊長に私の考えを言った。すると、連隊長の答えは、「いいね。やろうか」のただ一言であった。連隊長の答えは、常に合理的、単純・明快であった。

　そこで、私は、計画書を作成した。次が、その概要である。

１．作戦名
　「石巻市・女川町安定化作戦」の一部として、「湊・渡波地区一斉捜索」とする。

２．作戦目標
(1)「発災100日、前日の6月17日金曜日までに、自衛隊が行う湊・渡波地区の『行方不明の方々の捜索』及び『応急復旧』は完了する。これにより、石巻市及び女川町の自衛隊の災害派遣活動は、『生活支援』のみとする」
(2)「施設科部隊（重機・ダンプを保有する部隊）は、6月19日以降、順次に撤収させる」
(3)「6月19日以降に、ライフラインの整っている地域の自衛隊生活支援施設は撤収させる」

３．実施要領
(1) 作戦実施日
　6月16日（木曜日）、6月17日（金曜日）の2日間
(2) 行政機関との連携
①　石巻市行政機関へ住民への告知を依頼
②　6月16日、または、6月17日、石巻市長亀山氏に上空から石巻市を視察していただき、自衛隊災害派遣活動の成果及び完成度を確認していただく。
(3) 警察との連携
　警察にも協同で、一斉捜索に参加していただき、地元警察一体での活動として、住民の方々に認識してもらい安心感を付与する。
(4) ボランティアへの協力依頼
　民官一体化を目的として、警察、自衛隊による応急復旧が完了し、安全が確認された地域の清掃活動を依頼する。
(5) 第20普通科連隊の態勢
①　総人員の80%を参加させる。
②　北上・河北・雄勝地区で活動中の第1中隊、大街道・門脇地区で活動中の第4中隊、牡鹿半島で活動中の第3中隊も6月16日、6月17日の2日間は、2コ小隊を差し出して湊・渡波地区で活動させる。
(6) 事前準備

① 6月16日、6月17日の2日間で、湊・渡波地区の「応急復旧活動」、「行方不明の方々の捜索」を完了するため、6月15日までに道路整備を完了する。

② 湊地区総合対策本部長庄司さんに協力を依頼

6月16日、6月17日の2日間、家屋の所有者の方に可能な限り立ち会っていただくように告知を依頼する。

以上文面に落とし、連隊長にその日のうちに報告した。連隊長は、「これで行こうか」だけを言い、翌日の5月28日には、師団長久納陸将の所へ報告をし、承認を受けてしまった。

私は元々、第20普通科連隊600名、警察官50名、ボランティアの方々30名ぐらいの人数でイメージしていたが、師団長がこの考え方にたいへん共感し、その規模はドンドン拡大した。また、警察の方々、消防の方々、ボランティアの方々の協力態勢も拡大し、6月16日、6月17日の実施日には、2000名以上の規模の行動となった。

石巻市への説明（79日目 5月28日）

5月28日、私は石巻市市役所、防災課長木村さんの元に向かった。5月23日以降、石巻市役所には連絡幹部を24時間態勢で常駐させ、行政側と第20普通科連隊の錯誤がないように対処させていた。ただし、重要な話がある場合は、連隊長、副連隊長、もしくは私が、市長、部長、もしくは防災課長と直接に話をした。

今回は、重要な2点を防災課長木村さんに説明するために、私が石巻市役所に足を運んだ。1点目は、「今後、石巻市・女川町においては撤収の準備をすすめていく」こと。2点目は、「湊・渡波地区一斉捜索」に関する事項であった。防災課長 木村さんは、自衛隊の行動にたいへん理解のある方で、第20普通科連隊が石巻市・女川町全域を担任した以降も、全面的に協力していただき、また、自衛隊側に代わって、自衛隊の行動を住民の方が納得するよう説明してくれた。

今回の2点の説明においても、すぐに理解していただき、全面的に協力する旨を言ってくれた。特に、現在自衛隊の活動拠点となっている石巻総合運動公園からの撤収は、双方にとって利がある。空き地という空き地に、急ピッチに仮設住宅団地の建設がすすめられていた。現在、陸上自衛隊の重機、ダンプ、トレーラー置場となっている石巻総合運動公園の南西部の広場でも、仮設住宅の建設予定地になっているのだ。

現場において自衛隊は、活動する地域に愛着が湧き、その土地から離れたくない気持ちになる。また、被災者の方々も自衛隊員と顔見知りになり、自衛隊の撤収に関して敏感になり、抵抗を感じるようになる。ただし、全体を見通すならば、自衛隊は被災地に長く居過ぎてはいけないのだ。長く居過ぎれば、逆に、その土地の復旧を遅らせることになる。災害派遣における自衛隊の撤収は、タイミングが重要である。

石巻警察署、ボランティアの方々への説明（82日目　6月2日）

　石巻警察署との6月2日の定例会合の中で、連隊長が直接、石巻警察署長に「湊・渡波地区一斉捜索」の構想を説明した。また、今後の自衛隊の活動の考え方、つまり撤収要領についても、私が石巻防災課長木村さんに伝えたものと同じ内容を石巻警察署長にも説明した。石巻警察署長も自衛隊の状況に深い理解を示していただき、「湊・渡波地区一斉捜索」に関しては、全力を挙げて行いましょうということで話しがまとまった。

　そして、ボランティアの方々への協力依頼に関しては、石巻警察署長への説明と同じ6月2日、石巻市役所で行われたボランティア会議で、「湊・渡波地区一斉捜索」の考え方を説明した。ボランティア代表の小林さんも、たいへん前向きに聞いていただき、被災者の方々のために、また、街をきれいにして復旧速度を高めましょうということで話がまとまった。ただし、ボランティアの方々には、石巻市防災課長、石巻警察署長に対して説明した「自衛隊の撤収準備」に関しては言わなかった。もし、そのことを言ってしまうと、口伝えで、石巻市・女川町の被災者の方々に伝わり、動揺が起こる可能性があるからである。

　この時期、3月、4月の自分とは異なり、組織人としての冷徹な自分がいた。話し相手の背負っている組織を見ながら、話しの内容を変化させていた。災害派遣が終わり、数年が経過しているが、私を信頼していただいたボランティアの方々、被災者の方々の多くの方には、組織を背負っていたとは言えど、たいへん申し訳のないことをしたと思っている。

石巻消防署の協力（87日目　6月6日）

　石巻警察署の方から連絡があった。石巻消防署も「湊・渡波地区一斉捜索」に参加したいとのことだった。石巻消防署の方は、石巻市役所の方から、警察と自衛隊が協同で、6月16日、6月17日の2日間、「湊・渡波地区一斉捜索」を行うということを聞いたとのことであった。私は、石巻消防署は、従来の「消火」と「救急救命」の任務に復帰しているということであったので、今回の主目的である「行方不明の方々の捜索」と「応急復旧活動」には該当しないと考えていた。それが、ぜひとも参加したいとのことであった。私は、少し後ろめたさが残った。筋として、地元の消防署には協力を依頼するべきであったであろう。

　そこで、石巻警察署の担当課長と私のほうで、石巻消防署の代表者の方に「湊・渡波地区一斉捜索」に関して説明に行くことにした。

　石巻消防本部は、海岸沿いから離れた旧北上川沿いにあった。津波の被害は少なく、完全に復旧していた。また、隣の空き地には仮設住宅団地があり、既にすべての仮設住宅では、生活が営まれている。

　石巻警察署の担当課長と私は一緒に、石巻消防署の代表の方に「湊・渡波地区一斉捜索」に関して説明をした。説明後、石巻消防署の代表の方からは、「これから、2日間の参加人員を募ります」ということと、「捜索の担任区分に関しては自衛隊側に任せます」という回答を得た。

　この、消防、警察、自衛隊の3者会談により、「湊・渡波地区一斉捜索」は3者の連係プレー

となっていく。

撤収調整　その1（81日目　5月30日）

　時は少し遡る。5月30日である。牡鹿半島から自衛隊撤収に関して説明するため、牡鹿総合支所長の所へ向かった。牡鹿総合支所長は、相変わらず快活で、私を明るく迎えてくれた。

　私は、牡鹿総合支所長に対して遠まわしの言い方はせず、単刀直入に話を切り出した。「5月31日、県道2号線沿いの瓦礫撤収が終了するため、重機を石巻市街地へすべて移動させる」こと。「6月20日をもって、東浜沐浴場を撤収する」こと。「6月30日をもって、石巻市牡鹿半島から自衛隊を撤収させる」こと。以上の3点を説明すると、牡鹿総合支所長は快く了解され、住民への告知も順次していただけるとのことだった。牡鹿総合支所長の気持ちを察するに、自らの手で復旧・復興に向かっていくという強い意志が漲っていた。そして住民の方々も、既に海で仕事をすることに向かっているようであった。

　同じ日、石巻市役所にも向かい、防災課長木村さんと撤収に関する調整を行った。現在、ライフラインが復旧している地域、店舗が再開している地域では、今後、民需を圧迫する可能性があるため、6月20日をもって撤収したい旨を言った。また、撤収を予定する生活支援施設を挙げた。「青葉中学校　米軍シャワー施設」、「石巻市立釜小学校　給食・給水施設」、「石巻市立石巻中学校　給食・給水施設」、「海上自衛隊　入浴施設」及び「日和山　沐浴場」の5カ所である。防災課長の答えとしては、6月20日までに、代替の手段を講じるとのことであった。その代替手段としては、避難所へのレンタルシャワーの設置、避難者の方々への弁当への切り替えである。防災課長の前向きな回答に感謝した。

　話は変わるが、牡鹿半島に行った際、中学校野球部が練習をしていた。被災した街並みが見える高台のグラウンドにおいてである。何か、私はその練習姿に感銘を覚え、野球経験もないのに、現在では地元の軟式野球審判連盟に入り、時々少年野球の試合に審判として参加している。

上空

　私は、第20普通科連隊が、石巻市・女川町全域を担任してから、週に1回か2回はヘリコプターを使い、上空から災害派遣活動の進捗状況を確認した。

　ただし、河北地区、特に石巻市立大川小学校上空を飛行する際、目眩がしたり、胸が押し潰されそうな感覚になった。これは気のせいかもしれないし、自分の思い込みかもしれない。また、多くの方が亡くなった地域を上空から眺めることは、不謹慎であるという気持ちになった。

　私は、上空においても、石巻市立大川小学校上空だけではなく、多くの方々が亡くなった箇所箇所で、深く拝むようにした。

漫画家「須本壮一」氏からの連絡

　6月上旬のある日、以前「食」について取材を受けた漫画家の須本壮一氏から連絡がきた。6月18日予定で、石巻市のどこかの避難所で、複数の漫画家の方でサイン会を行うということであった。既に、石巻市役所の観光課に連絡済みとのことである。また、その時に石巻市役所観光課担当の方の名前も教えていただいた。私は須本壮一氏に何か困ったことがあれば、連絡を下さいと言って電話を切った。

　私は、石巻市防災課長木村さんの用件のついでに、観光課に寄ってみた。サイン会担当の方は、私と同年代の鈴木さんという女性であった。サイン会の件で自衛官が訪ねてくるとは思いもしなかったみたいで、驚いた様子であった。ただ、観光課勤務だけに、人当たりがよく、明るく接してくれた。

　サイン会は、現在、渡波小学校で計画しているという。私には、たいへんありがたい場所で開催してくれると思った。「湊・渡波地区一斉捜索」の対象地域であり、発災から100日目を焦点に、心を鎮める「石巻市慰霊祭」、復旧の足掛かりとなる「湊・渡波地区一斉捜索」、前向きの明るい話題となる「サイン会」が行われる。ストーリーの中の「起承転結」の「転」としては、ふさわしい状況が創出される。

　そこで、サイン会担当の鈴木さんに、何か困ったことはないか尋ねた。すると、漫画家の方々の移動手段がなく困っているという。まず、マイクロバスをレンタルするにも石巻市は、店舗の多くが被災しレンタルできないと。また、仙台市でレンタルするにしても価格が高くなる。そして、何よりドライバーがいないとのことであった。私は女性の手前もあり、「私が何とかします」と言ってしまった。鈴木さんは、「ご迷惑をお掛けしませんか」と、たいへん心配そうであったが、私も言い放った手前、何とかしなければならなかった。

　私は連隊指揮所に帰り、師団司令部広報室に電話を掛けた。その内容は、師団司令部付隊にあるマイクロバスを借用できないかということである。しかしながら師団司令部広報室担当者の返答は、芳しいものではなかった。「自衛隊への取材ではなく。サイン会支援という名目では、規則上、貸し出すことはできない」ということだ。私は、様々な理由を付けた。「民生協力」だの。「間接的な自衛隊への広報活動」だの。「漫画こそ、子供への広告媒体」だの。色々と言ったが、「Yesの返事」は聞けなかった。やっとのことで、広報担当者から「少し時間を下さい」という言葉をもらった。

　翌日、師団司令部広報担当者から連絡があった。答えは「貸出OK」であった。私は何度も広報担当者に、「ありがとう」を言った。これで、私の顔も立つし、東日本大震災災害派遣活動の第20普通科連隊の歴史において、漫画家の方のサイン会まで支援したことが残る。

　私は自負心を持って、石巻市観光課の鈴木さん所まで、「マイクロバスで支援します」の答えを持って行った。また、「被災地全般も案内します」の言葉まで言ってしまった。

大渋滞

　石巻市街地の朝は、大渋滞から始まった。この大渋滞は、発災当初の悪路、停電、燃料不足によるものではなく、石巻総合運動公園から湊・渡波地区のほうへ向かって、重機を積載した大型トレーラーが何十台も一斉に動くためだ。つまり、自衛隊車両が引き起こしている渋滞である。

　その渋滞に対して、何のクレームもない。逆に反対車線を走行する車、高校生、通学途中の小・中学生から手を振られる。ありがたい話である。いつも、自衛隊に対して協力していただいている石巻市・女川町の方々に感謝しながら現場に向かった。

捜索犬を依頼

　私は、「湊・渡波地区一斉捜索」において、捜索犬の導入を考えていた。自衛隊には捜索犬はいない。警察を通じて、捜索犬を導入するのだ。ただし、捜索犬の特性を確認すると、臭いの強すぎる現場では、その能力は制限されるとのことだ。と言うことは、異臭の強い津波災害現場であれば、その運用は困難ということになる。

　ただし、私は、被災者の方々に安心感を与えるために捜索犬の運用を考えていた。「捜索犬」を被災者の方々に見ていただいて、そこまで最終的にやっているのかと思ってもらうためだ。私が考えている本当の「捜索犬運用の目的」は、連隊長、副連隊長だけには伝えていた。

　警察を通じての捜索犬の運用は、「OK」が出た。私は、運用する地区を定めた。「捜索犬」の運用地区は、異臭が比較的少ない「渡波地区」にし、「捜索犬」の準備地域は、渡波小学校とした。渡波小学校に避難している方々に、存分に「捜索犬」の姿を見てもらうためだ。「捜索犬」には、専門のトレーナーがついてくる。そのエスコート役を、担任中隊の中隊長である重迫撃砲中隊長に依頼した。

撤収調整　その2（83日目　6月3日）

　私は、第1中隊が担任している北上・河北・雄勝地区からの自衛隊撤収を、6月30日と考えていた。その調整を行うため、6月3日、北上・河北・雄勝地区のそれぞれの総合支所長と個別に会合を持った。現在、3つの地区で活動している内容は、手作業による公共施設の整備、警察主体の行方不明の方々の捜索である。特に、河北地区、石巻市立大川小学校のある釜地域では継続的に行方不明の方々の捜索が行われている。ただし、自衛隊の勢力は、第14旅団が同地区を担任している当時より、人員的には10分の1まで減少している。何よりも、北上・河北・雄勝総合支所長の最大の懸念事項は、海岸沿いから内陸部への人口流入であった。特に、雄勝地区は地区の中心部が完全に津波により流されてしまったため、その懸念は深刻であった。

　反面、自衛隊に対するニーズは減少しており、自衛隊の撤収にも理解を示してくれていた。この会合により、牡鹿半島同様、北上・河北・雄勝地区も、6月末までは自衛隊が活動し、6月30日に撤収することが決定した。ただし、雄勝地区にある水浜入浴場、石巻市立大須小学校沐

浴場は、同地域の水道復旧が遅れているため、7月にも施設を残してくれるように依頼があった。この調整により、一部を除いて7月以降の第20普通科連隊の活動地域は、石巻市街地及び女川町に限定されることになった。

門脇地区　日和山公園での出来事

6月10日前後であったことを記憶している。「6月20日撤収予定の日和山公園沐浴所」に関する情報が、隊員の口から住民の方々に伝わり、地元の新聞に掲載された。そこで、周辺地域の住民間で「自衛隊の沐浴場が撤収したならば困る」ということで、多少の騒ぎになっているとのことであった。この地元新聞の掲載は、石巻市の告知前である。私の情報統制のミスである。

自衛隊の生活支援は、その源は国民の税金から成り立っている。ただし、利用する側からすれば無料であり、運営する側からは、人件費、設備管理費は無料である。また、現場でその職務に携わる隊員は、地元の方々と顔見知りになり、その土地、そのものに愛着が湧いてくる。ただ、全体を見渡す実務総括者は、そうはいかない。無料の施設が、普通の街に居座り続けるとお金の回りが悪くなり、かえって街の復興の足かせとなる。私の職務としては、地元と自衛官の切り離しを図らなければならない。我ながら、いやな任務である。

この日和山公園における騒ぎの一件は、私の手に負えず、連隊長に収拾を頼んだ。連隊長は、その温厚な人柄をもって石巻市と連携し、この騒ぎを収めてくれた。私はこの一件を教訓に、部外に対してだけではなく、隊員に対しても情報の開示を慎重にすすめていくことにした。

大規模になった「湊・渡波地区一斉捜索」（90日目　6月9日）

「湊・渡波地区一斉捜索」は、自衛隊だけではなく、関係機関も含めて規模が大きくなった。

まず自衛隊側である。第6師団長久納陸将の相当の後押しがあり、6月16日、6月17日の第20普通科連隊への増援部隊は次のようになった。

第22普通科連隊（宮城県・多賀城市）300名、第6後方支援連隊（山形県）200名、第6通信大隊（山形県）80名、第2特科群（仙台市）150名、第6師団付隊（山形県）30名に加え、航空自衛隊から200名の応援がくることになった。自衛隊側は、増援だけで約900名、元々、石巻市で活動していた施設科部隊300名、私が所属する第20普通科連隊が600名であり、合計、約1800名が、2日間、湊・渡波地区で活動することになった。

石巻市警察担当課長からの連絡によると、警察側も機動隊等の増援があり、当日300名が石巻市に来るとのことであった。また、石巻消防本部から消防士約100名が参加する。驚いたことに、ボランティアの方々も600名参加するとのことだ。

すべて合わせると、約2500名の人員が6月16日と6月17日の2日間、湊・渡波地区で活動することになった。人員が増えることは、たいへん嬉しいことではあるが、統制しなければ、せっかくの多くの人員にムダ・ムラが生じてしまう。そこで、部隊運用の考え方のみを示し、自衛隊側の細部運用は、私の部下である2人の運用訓練幹部井上1尉（4月19日　人事異動により佐々

木1尉と交代）、肘岡2尉に完全に任せ、私は自衛隊側以外の組織との調整に集中することにした。以下、私の部下である運用訓練幹部に示した内容である。

１．部隊の運用

(1) 第20普通科連隊の隊員は、重機と協同して、瓦礫の撤去等を行う。活動地域は、湊地区の川口・大門・明神、渡波地区とする。

(2) 第22普通科連隊、第6後方支援連隊、第6通信大隊、第2特科群、第6師団付隊及び航空自衛隊部隊は、湊地区及び渡波地区の屋内捜索に当たる。

(3) グラップル（40台以上）、ダンプ（自衛隊及び民間業者のダンプ合わせ100台以上）は、第6施設大隊第1中隊長が各地域に配当し運用する。

２．警察への依頼

　湊・渡波地区の屋内捜索を自衛隊と協同で行うように依頼する。

３．消防への依頼

　湊地区、国道398号（女川街道）沿いの屋内捜索及び切断カッター等の支援を依頼する。

４．ボランティアの方々への依頼

　主要国道をきれいにして、復旧速度を高めるため、国道398号（女川街道）沿いの清掃を依頼する。

５．捜索犬の運用

　渡波地区で運用する。

６．自衛隊の集合地点

　石巻市立湊中学校とする。

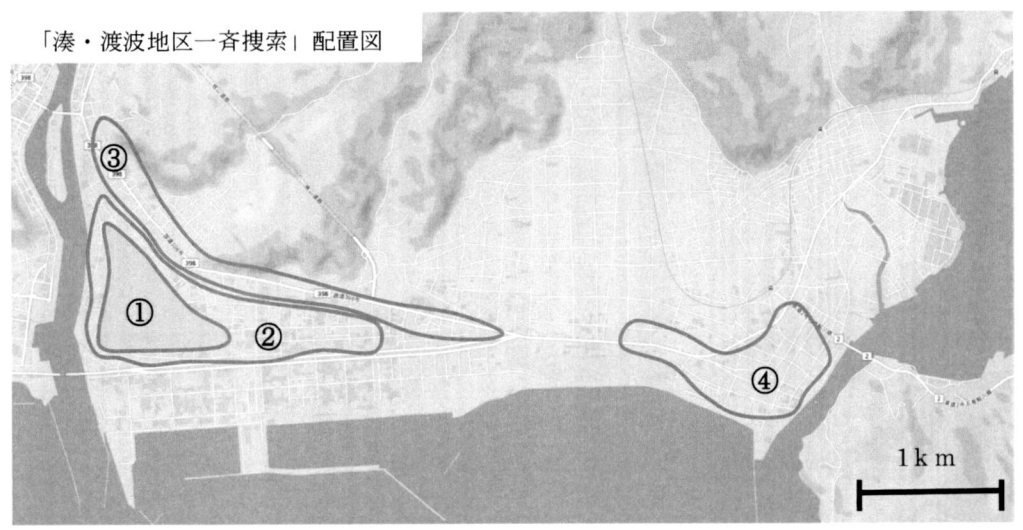

「湊・渡波地区一斉捜索」配置図

©Mapbox, ©OpenStreetMap Contributors

① 川口・明神・大門
　第20普通科連隊は、重機と協同し、瓦礫の撤去を行う。
② 湊地区全域
　第22普通科連隊、第6後方支援連隊、第6通信大隊、
　第2特科群、第6師団司令部付隊及び航空自衛隊部隊は
　屋内捜索を行う。（※　警察と協同する地域）
③ 国道398号（女川街道沿い）
　a　屋内捜索を消防に依頼する。
　b　ボランティアの方々に清掃を依頼する。
④ 渡波地区
　a　第20普通科連隊は、重機と協同して瓦礫の撤去を行う。
　　その他の部隊は屋内捜索を行う。（※　警察と協同する地域）
　b　捜索犬を運用する。

　私が以上のことを示したのが、6月9日である。私の部下である運用訓練幹部 井上1尉と肘岡2尉は、これが示された後の1週間、「偵察」、「調整」、「計画の具体化、修正」を繰り返し不眠不休であった。まことに頭の下がる思いである。また、私の部下だけではなく、組織の壁をなくした協力により、「湊・渡波地区一斉捜索」当日を迎えることになる。

当日（98日目　6月16日）

　「湊・渡波地区一斉捜索」、初日6月16日、当日は6月の梅雨空ではなく澄み切った晴天であった。自衛隊の各部隊は、石巻市立湊中学校に午前7時30分に集合を完了する。私は、その1時

間前の6時30分には石巻市立湊中学校に行き、各部隊が到着するのを待った。午前7時過ぎから、続々と部隊が集合し始めた。1800名の隊員が集合を完了した時、それは、壮観であった。私は集合した1800名の隊員に対して、メガホンを取った。そこで言った言葉は、「2日間、第20普通科連隊に対し協力してくれることへの感謝」、それと、「町をきれいにすることで復旧速度が速まることの意義」であった。各部隊は、解散後、事前に示していた部隊の割り当てられた地域へ済々と向かった。これも、事前に井上1尉と肘岡2尉が、具体的な計画書を各部隊に配布していたおかげである。現地に到着する前に、各部隊は自分達のやるべきこと、やるべき場所が既に理解されていた。それでも、私の部下である井上1尉と肘岡2尉は、現地で更に具体的に指示するため走り回っていた。

　私はその次に、石巻漁港に行った。昨日、ボランティアの代表小林さんから電話があり、午前9時にボランティアの方が集合するので、ぜひとも来て下さいとのことであった。私は、「せっかく呼ばれたのだから」という軽い気持ちだったが、行ってみると、そのボランティアの方々の多さに驚いた。自衛隊とは、また異なった壮観さである。私は、挨拶を依頼された。私は緊張感のあまり、1度目は断ったが、「ぜひとも」と言われ、用意されたお立ち台に立った。私はここでも「感謝の言葉」と「街をきれいにすることの意義」、それに加え「ボランティアの偉大さ」を述べた。その言葉には何の偽りもない。拍手が起きた時、何か映画のワンシーンの中にいるようであった。次は、一緒に写真撮影を頼まれた。自衛官は、私が一人、周りは600名のボランティアの方々である。名前をインターネットに出さないことを条件にOKした。今思うと、私にとって最高のワンショットだったと思う。

　その後、石巻市立渡波小学校のほうに行った。午前10時から捜索犬が活動を開始する。私が石巻市立渡波小学校に着いた時は、既に捜索犬は、車から学校校庭に降ろされ、準備中であった。捜索犬は、尻尾を振りながらトレーナーの周りをぐるぐる回っている。避難者の方も、珍しがって、捜索犬の行動を見ている。私の狙いは的を得たようだ。ここまで、物事がすすみ始めれば、私は何もすることはない。私の任務は、先を見通し、計画をし、準備することが主体である。

　私はその後終日、湊・渡波地区を巡回した。青の制服の警察官も、橙色の制服の消防士も、様々な模様のボランティアの方も、迷彩服の自衛官も、同じ目的をもって行動している。すべての人に感謝である。

石巻市長 亀山氏と同乗して（99日目　6月17日）

　「湊・渡波地区一斉捜索」2日目、6月17日、私は、ヘリコプターによる視察をすることになっていた。ただし、それは普通の視察ではない。石巻市長亀山氏、石巻市防災課長木村さん、石巻警察署副所長と同乗する。これは、「湊・渡波地区一斉捜索」の締めとして、現在の石巻市の状況を、石巻市長に確認していただくために計画した。私が、パイロットとの連絡係兼ねてエスコートをした。

ヘリコプターの発進位置は、第20普通科連隊が活動拠点にしている石巻総合運動公園陸上競技場である。フライト開始時刻は午前10時。昨日に引き続き、空は澄み切っている。石巻市長、石巻市防災課長、石巻警察副所長は、午前9時40分にはその場に着いた。私は、その方々にフライトコースを説明し、ヘリコプターの到着を待った。

　午前10時5分前、西の空から中型ヘリコプターの低いローター音が地面を叩きつけながらやってきた。その姿は、豆粒の大きさから拡大していき、目の前に降着した。ローターは回転を続け、陸上競技場の芝生は、ヘリコプターを中心に外側に倒れ込む。ヘリコプターから機長と機上整備員が降り、搭乗へのヘスコートをする。私を先頭に搭乗した。ヘリコプターパイロット座席の真後ろである前部座席に石巻市長亀山氏と石巻警察署副所長が、後部座席に石巻市防災課長木村さん、私、機上整備員が並んだ。全員が、シートベルトを締め、機上ヘッドホンをするのを確認して、私はパイロットに搭乗完了を報告した。

　ヘリコプターはローターの回転速度を速め、ゆっくりと上昇を始める。私は要所要所で、機上内通信により飛行経路を案内した。当初は、石巻市街地上空である。石巻市の西の方向から進入し、大街道地区、門脇地区、湊地区、渡波地区を飛んだ。湊・渡波地区では、多くの人が見え、重機が盛んに動いている。石巻市長は機内無線で、「瓦礫が片づきましたね。ありがとうございます」と言っていた。

　ヘリコプターは、緩やかに右側に旋回し、牡鹿半島西側海岸を飛んだ。そして、牡鹿半島南端を左側に旋回し、牡鹿半島の東側海岸を飛んだ。そこで、石巻市長は、悲しそうな声で、「すべての浜が流されてしまいました」とポツリと言われた。この声のトーンは、私の頭の中に今でも残っている。最後に北上川沿いを飛んだ。石巻市立大川小学校上空では、石巻市長亀山氏は、頭を静かに垂れておられた。

　1時間ほどのフライトで、石巻総合運動公園に降着した。石巻市長 亀山氏は、ヘリコプターを降り車に乗り込む前に、丁寧なお辞儀をされ、「本当にありがとうございました」と言われた。私は胸に込み上げるものがあった。この石巻市長に同乗したフライトは、私の自衛官生活での最後のものとなり、印象深いものとなった。

　「湊・渡波地区一斉捜索」における私の任務は、終了した。今日の夕方まで部隊は動くが、すべて順調に進んでいる。順調に進んでいる時に、口を出すと逆に混乱を起こす。2人の部下、井上1尉と肘岡2尉にすべてを任せることにした。

漫画家の方々

　6月18日土曜日、石巻市立渡波小学校でサイン会を行うため、須本壮一氏のエスコートの下、6月17日午後に、漫画家7名の方が石巻市を訪れた。

　第20普通科連隊は、それを支援するため、第6師団司令部付隊からマイクロバスを借り受け、午前中に仙台駅にまで迎えに行き、石巻総合運動公園にある第20普通科連隊指揮所に迎えた。漫画家の方々は、もの珍しそうに自衛隊の大小のテントが立ち並ぶ指揮所や宿営地を眺めていた。

連隊長は指揮所テント内に招き入れ、状況図等を説明するとたいへん興味深く聞かれていた。

その後、子供達の慰霊のため、石巻市立大川小学校を訪れた。「湊・渡波地区一斉捜索」は部下に任せている。役得であるが、私が漫画家の方々を案内した。石巻総合運動公園を出る際は、漫画家の方々も様々なことを話していたが、災害現場を通る際には言葉を失って、じっと外を見つめていた。石巻市立大川小学校に到着すると、コンクリートの形だけを残した小学校を見て涙を流す方もいた。偶然ではあるが、そこに被災地を回り、慰霊している僧の方がいた。その僧の方が唱えるお経を皆静かに聞き、頭を垂れた。

私が今回の災害派遣で学んだことは、人間は、衣食住だけでは生きられないということである。人間が生きていくためには、歌があり、本があり、髪の手入れがあり、様々なものが必要である。漫画家の方々が、6月18日、石巻市立渡波小学校でサイン会を行ったが、これほど子供達を元気づけるとは夢にも思わなかった。

3月11日から100日

6月18日土曜日の朝も澄み切った青空であった。梅雨時には珍しく、6月16日から6月18日までの3日間、晴天が続いた。本日は、石巻市で100日慰霊祭が執り行われる。このため部隊に対しては、外での活動は控えさせ、石巻総合運動公園内の活動拠点において、器材の整備等に集中させるようにした。

私はドライバーの渡辺2曹の2人で、石巻市街地の大街道地区、門脇地区、湊・渡波地区を歩いた。ここでの自衛隊が行うべき、「応急復旧活動」、「瓦礫の撤収」は終了した。発災当初から、南三陸町、気仙沼市、石巻市、女川町の瓦礫の中を駆け回った私にとって感慨深いものがあった。あと、自衛隊がやるべきことは、生活支援活動のみである。そして、最も力を入れなければならないことは、この土地で何事もなかったように、自然に退くことである。

私が自衛官生活で思ったことは、平和な日本において、自衛隊は、目立ってはいけない存在だということだ。国家・国民の縁の下の力持ちでなければならない。

第8章　終焉

撤収まで

　発災から5月上旬までは、組織の中の人間でありながら感情に流される自分がいた。5月中旬から第20普通科連隊撤収の7月27日までは、組織の中の冷酷な自分がいた。「まだまだ、自衛隊が活動しなければならないのではないか」、あるいは、「まだ、被災地で活動したい」という個人の感情を押し殺してである。

第20普通科連隊　東日本大震災災害派遣　活動推移		
月　日	章	活動内容
３月１１日 〜 ３月１５日	第２章 初動の５日間	気仙沼市・南三陸町で活動
３月１６日 〜 ３月１９日	第３章 座布団として	第４師団と部隊交代し、石巻市北上・河北・雄勝地区、女川町、石巻市牡鹿半島で活動
３月２０日 〜 ３月２１日	第４章 石巻市街地へ	第１４旅団と部隊交代し、石巻市牡鹿半島のみで活動
３月２２日 〜 ５月２日	第５章 様々な活動の中で	第５旅団と交代し、石巻市大街道地区で活動
５月３日 〜 ５月１５日	第６章 石巻市・女川町安定化作戦	第４４普通科連隊部隊転用に伴い石巻市門脇地区を含め活動
５月１６日 〜 ５月２２日		第５旅団の撤収に伴い、石巻市牡鹿半島、石巻市湊・渡波地区全域において活動
５月２３日 〜 ６月１９日	第７章 「湊・渡波地区一斉捜索」への道	第１４旅団の撤収に伴い、石巻市・女川町全域で活動
６月２０日 〜 ７月２７日	第８章 終焉	順次部隊を帰隊させ、東日本大震災災害派遣活動を終了

6月21日　以降　石巻市・女川町　自衛隊支援施設

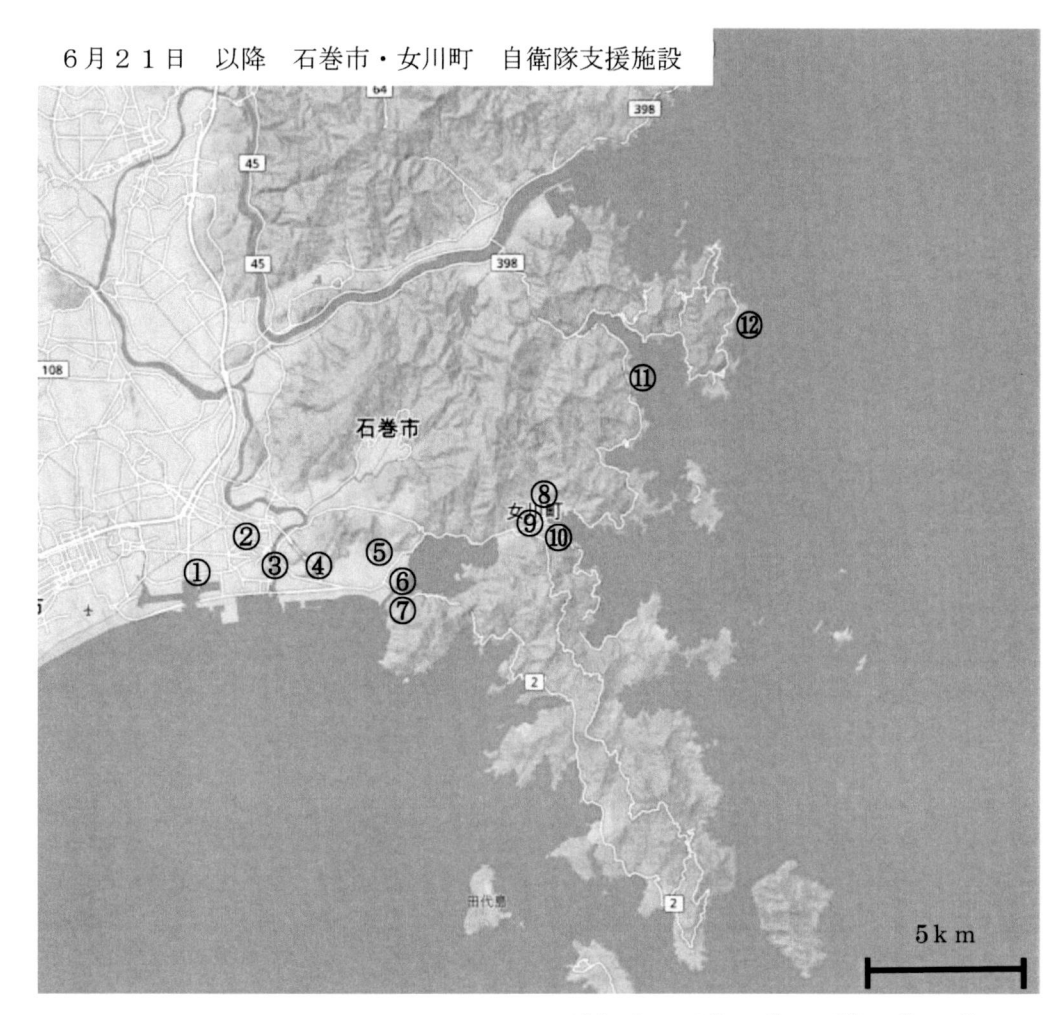

©Mapbox, ©OpenStreetMap Contributors

			6月21日以降　石巻市・女川町　自衛隊生活支援施設　配置		
連番	地区		生活支援施設名称	担任部隊
①	石巻市街地	大街道地区	石巻市立大街道小学校 給食・給水施設、沐浴場	第20普通科連隊 （山形県）
②		門脇地区	旧北上川沿い入浴施設	第6後方支援連隊 （山形県）
③		湊・渡波地区	石巻市立湊小学校 給食・給水施設	北部方面隊 （北海道）
④			石巻市立鹿妻小学校 給食・給水施設	
⑤			石巻市立万石浦中学校 給食・給水施設	
⑥			石巻市立万石浦中学校 米軍シャワー施設	東北方面隊 （宮城県仙台市）
⑦			ミュージアム入浴施設	北部方面隊 （北海道）
⑧	女川町		女川町給食・給水施設	第14旅団 （四国）
⑨			女川町入浴施設	
⑩			女川町テント村	
⑪	石巻市	雄勝地区	水浜入浴場	北部方面隊 （北海道）
⑫			石巻市立大須小学校 沐浴場	

撤収開始（102日目　6月20日）

　6月20日月曜日より、施設科部隊（重機を保有する部隊）は、撤収を開始した。まず初めに、宮城県船岡駐屯地に拠点を置く第10施設群、翌日6月21日火曜日より、関東を管轄する第1施設団、北海道へのフェリー乗船待ちしていた北方施設隊が石巻総合運動公園を去った。3日前まで、30台以上のグラップル、数多くのトレーラー、ダンプが並んでいて壮観であった石巻総合運動公園南側は、空き地となり寂しさが残った。今では、第6施設大隊のグラップル2両とトレーラー3両を残すのみだ。それら自衛隊重機と車両と交代して、その地に入ってきたのは、仮設住宅を建てるための民間業者の測量手、仮設住宅用資材である。

　そして生活支援施設も、予定していた施設は6月20日月曜日に撤収した。大街道地区「石巻市立釜小学校給食・給水施設」、「石巻市立青葉中学校米軍シャワー施設」、門脇地区「日和山沐

浴場」、「石巻市立石巻中学校給食・給水施設」、「海上自衛隊入浴施設」、湊・渡波地区「緑町給水施設」、牡鹿半島「東浜沐浴場」、以上の7つの生活支援施設である。石巻市及び女川町に残る生活支援施設は、残り12施設となった。

撤収調整3（105日目　6月23日）

　女川町以外の生活支援施設の撤収を、「7月10日日曜日まで」という腹案を持って、行政機関と調整に当たることにした。理由としては、週末の日曜日、また、区切りのよい「10」のつく日であるからだ。また、交渉がまとまらない場合でも、7月中旬、下旬では、話がまとまると考えたからだ。ただし、あくまでもその前提は、自衛隊生活支援施設に対して代替の施設がある場合、または、準備可能な場合である。

　まず、石巻市街地の生活支援施設に関する調整を6月23日に行った。石巻市防災課長木村さんは、たいへん自衛隊の立場を理解していただいている。現在、自衛隊が運営している給食施設の代替として、私が提案した7月10日までに、弁当の交付で対応してくれるとのことだった。また、温かい食事は、ボランティアの協力を得られるように手配するとのことである。ただし、「旧北上川沿い入浴場」と「ミュージアム入浴場」の7月10日の撤収案には、難色を示された。確かに水道は、順次に復旧しているが、各家庭の風呂桶の修理が間に合っていないとのことであった。また、自衛隊入浴施設の代替として期待している石巻市街地の民間入浴施設は、ほとんどが海岸部にあり、その再開の目途が立っていないとのことであった。木村さんの回答としては、「旧北上川沿い入浴場」と「ミュージアム入浴場」の撤収は、もう少し時間の猶予がほしいとのことである。

　北上・河北・雄勝地区の調整状況である。撤収調整において、行政機関の方々とは、決まって世間話から入る。世間話と言っても、地震に関することではある。発災当初より、緊急性がないという実情でもあるが、いきなり、「自衛隊の撤収に関する件ですが」とは切り出しにくい。

　北上・河北・雄勝地区で、よく出てくる話題は、海岸部から内陸部への人口流出である。将来を見通して、街が復活できるものか相当な不安を持っておられた。私は、様々な心配事を聞いて、時には相槌を打つ。そしてタイミングを見計らい、撤収に関する話を切り出す。北上・河北・雄勝地区とは、牡鹿半島と同様、先日の調整で、6月30日、応急復旧に当たる部隊の撤収については調整がついていた。ただし、雄勝地区の水浜入浴場、石巻市立大須小学校沐浴場については、7月上旬まで延長を依頼された。理由としては、海岸部の水道復旧が遅れていることにある。最終的に、2カ所の入浴施設撤収の決定した月日は、7月10日であった。それまでに、行政機関側で代替となるシャワー施設、近傍の温泉施設へのバス運行を手配するとのことであった。

撤収調整4　【女川町において】（106日目　6月24日）

　女川町における生活支援施設は、「給食・給水施設」、「入浴施設」、「テント村」がある。女川

町の生活支援施設の撤収は、困難を極めると考えていた。その理由として、街全体が津波により流され避難者数が多いこと、地が少なく仮設住宅用地の確保が遅れ、避難所から仮設住宅への入居が進んでいないことであった。このため今回の女川町との調整は、2点に絞ることにした。1つ目は、「自衛隊側は7月中に、完全撤収を予定している」こと。2つ目は、「テント村の撤収を7月10日にする」こと。

撤収調整の窓口は、女川町の総務課長であった。60歳前の誠実・温厚な方であり、その方と自衛隊の撤収について調整することは、やや気が引けるものだった。初対面ではあったが、2人で1時間ほど話し込んだ。私は、テント村の撤収に関しては、今後夏場に向け気温が上昇し、居住者の健康を保障することはできないということを理由にしていた。ただ、テント村は、意外と被災者の方々の間で人気があった。プライベートが確保できるため、特に、家族の多いご家庭、幼いお子様がいらっしゃるご家庭には、絶大な人気だった。総務課長は、渋々であったが、7月10日のテント村撤収に関しては同意をしていただいた。早速、「7月10日　テント村の閉鎖」を告知して、7月9日まで、テント村居住の方を他の避難施設に移動させてくれるとのことだった。

しかし、「7月中の自衛隊の完全撤収」に関しては、かなりの難色を示された。

理由は、3つあった。1つ目は、街が完全に被災し、給食を提供できる状況ではなく、見通しが立っていないこと。2つ目は、現在昼食を弁当に切り替えてはいるが、3食とも弁当に切り替えた場合、避難された方々の健康を維持することが困難であること。3つ目は、仮設住宅の建設が遅れているため、7月下旬まで、現在の避難者数が減少する可能性が少ないことであった。

総務課長のおっしゃることは、もっともであり、私自身、骨身にしみてわかっっている。しかし私の受けた指示は、自衛隊の撤収時期は7月下旬までである。今後、女川町総務課長のほうは、「給食・給水・入浴の自衛隊生活施設」に代わる何かの手段を提案すること。私のほうは、「上司に現状を報告する」ことで、その日の調整を終わることにした。そして、6月下旬、7月上旬に再調整を行うということで約束した。

第20普通科連隊の撤収計画（107日目　6月25日に計画を作成）

第6施設大隊第1中隊以外の施設科部隊（重機を保有する部隊）は、石巻総合運動公園を去った。次に、現在生活支援施設を運営している部隊以外を撤収させる番である。この部隊の撤収において、私が考慮していることは、次の2点であった。1点目は、活動している部隊が自然な形で撤収すること。つまり、震災以前のように、その場に自衛隊が存在しなかったようにである。2点目は、「飛ぶ鳥後を汚さず」という言葉にあるように、自分達が使用した宿営地等を最善の状態にして行政機関へお返しすることである。北上・河北・雄勝地区、牡鹿半島は、行政機関（雄勝地区の2カ所の入浴施設を除き）から6月30日の撤収は了解を得られている。よって、同地域を担任している第1中隊、第3中隊は、7月1日には、石巻市から全部隊を撤収させることにした。次に、湊・渡波地区で活動している第2中隊、重迫撃砲中隊は、同地域の道路

整備等の応急復旧に目途がついていることから、第1中隊、第3中隊と時期をずらして、7月3日に撤収させることにした。そして、7月5日に第4中隊の撤収時期を定めた。ただし、第4中隊のみは、石巻市に1コ小隊のみを残置し、順次撤収する生活支援施設跡地の整備要員とした。また、発災直後から、常に第20普通科連隊と行動を共にした第6施設大隊第1中隊は、7月1日を撤収時期とした。

　私は、その日のうちに第20普通科連隊の撤収計画を連隊長に報告し承認を得た。そして、作戦会議の中で、各中隊に次のような指示を出した。「各中隊の撤収時期までに、順次活動部隊を縮小させ、撤収日には1コ小隊程度にしておくこと」。「撤収日までに終了する作業内容でスケジュールを組むこと」。つまり、自然な形で部隊が撤収するように指示したのである。

　私は、5月上旬に立案した「石巻市・女川町安定化作戦」の大詰めにきていることを改めて自覚した。

食数を減らそう

　ある避難所においては、ライフラインが復旧し、仮設住宅への入居がすすんでいるにもかかわらず、自衛隊が行っている給食支援の食数が減少していなかった。理論的には、ライフラインが復旧し、店舗が開店したならば、当然、在宅避難者と言われる方々も減少し、避難所の方々が仮設住宅に入居したならば、避難者数も減少する。そして、これらの進展に反比例して、自衛隊が行っている給食支援の食数も減少するはずである。その食数が減少しない原因を調べてみると、住宅が健在で、ライフラインが復旧している地域の方々も給食の配分に加わり、列を作っていることが判明した。避難者に該当しない方々も、自衛隊の給食支援を受けていたのである。

　私は、その方々を非難する気にはなれない。もし、私が石巻市に住んでいたならば、そのような行動を取ったであろう。今後、先行きが不安の中であれば、少しでも経済的に余裕を持たせようとするからだ。

　しかし私の立場上、そのようなことも言ってはいられない。街の将来を見通すと、お金の回らない状況が続けば、逆に復旧を遅らせる結果となる。そこで、石巻市に相談してこのようにした。石巻市側は、避難所に居住されている方々への食券の配布を徹底し、避難者限定で給食支援ができるようにすること。自衛隊側は、段階的に食数を減少させていく旨の告知を行うこと。

　そのようなことをすれば、現場の隊員に対しての苦情も、私の見えない所であったろう。撤収に関する業務は、私自身、気苦労が多かった。私は、撤収業務を行う際には、常に冷徹な自分であるように心掛けた。

視察団

　6月から7月までの間、多くの視察団のエスコートをした。○○連盟、○○議員団等々である。被災地の状況をよく聞き、そして、よく知り今後に生かしていこうとしている気持ちが、私にも伝わってきた。

ただし、その視察が、その後の災害発生時の教訓となり、生かされているかというと別問題である。なぜならば、発生した事象を見るだけでは、教訓が得られないからである。災害対処の教訓を得るためには、「事前対策」、「初動」、「復旧」の流れを見なければならない。特に「事前対策」が重要である。「事前対策」により、被害を可能な限り、減少させることができ、かつ、「初動」、「復旧」の速度も増す。

いつ、どこに起こるかわからない災害。災害対処ばかりに、「人」、「物」、「金」を集中するわけもいかない。当然、平常な状態であれば、恒常的な業務に集中すべきであろう。ただ、行政機関も、企業も、日頃、日が当たることがなくとも、「いざという時」のために、災害に対する専門要員の配置と地道な準備は必要であると思う。

石巻総合運動公園の売店（109日目　6月27日）

多くの自衛隊部隊が集結している石巻総合運動公園の一角に、4月中旬より、小さな売店が開店していた。店主は石巻市の方で、自衛隊とは関係のない方である。店には、お菓子、カップラーメン、日用品、梅雨の時からは、防虫剤等も販売されていた。宮城県で物の購入が禁止されていた我々にとって、唯一の憩いでもあった。そして私は、石巻市における勤務期間が長いこともあって、店主や店員の方と顔見知りになった。

6月下旬になると店主も、大型トレーラー、重機の撤収により、少なからず、自衛隊の撤収時期が近いことに感づかれていた。ある時、私に、このように尋ねてきた。「自衛隊さんは、いつまで、ここに居るのですか」。自衛隊の撤収は、たいへん繊細な事柄であり、ほとんど口外してはいない。住民の方々にも、事前情報が漏れないようにして、行政機関と連携して、段階的に告知している。ただし店主には、今まで、小まめに世話をしていただいた恩義があるため、私はこう切り出した。「絶対に口外しないで下さいね。ほとんどの部隊は、7月上旬に撤収します。最終撤収は、7月下旬の予定です。今から、少しずつ、仕入れは抑えられたらいいですよ」。店主の方は、「ありがとうございます。また新しい情報をお願いします」と言った。

石巻総合運動公園に開店した小さな売店は、当時、どのくらいの利益があったかわからない。ただし、開店から撤収まで、私達に対し、「ねぎらいの言葉」と「感謝の言葉」を掛け続けてくれ、私達のほしい物をかき集めて販売してくれた。私は5年経っても、店主と店員の方に日々の活力を与えてくれたことに感謝している。

第20普通科連隊撤収開始
（112・113日目　6月30日から7月1日）

6月30日、2カ所の入浴施設を除き、北上・河北・雄勝地区、牡鹿半島から自衛隊は撤収した。自衛隊側から見送り行事は、控えていただくように事前に行政機関に頼んでいた。しかしながら、それでは気が済まないということで、各地区で、行政機関、町内会長、漁労長の方々が集まっていただき、自衛隊の撤収を見送ってくれたと第1中隊長、第3中隊長から聞いた。我々

は、任務を果たそうとしただけである。それに、感謝をしていただけるのであるので、ありがたい話である。

　7月1日、いよいよ第20普通科連隊も、段階的に石巻市から撤収を開始した。計画通り、第1中隊、第3中隊からである。連隊の宿営地は、本部管理中隊、第1中隊、第2中隊、第3中隊、第4中隊、重迫撃砲中隊の順に宿営用のテント群が並んでいる。その中の第1中隊と第3中隊の所が抜けた。宿営用テント群の2つの箇所がポッカリ空き、その場は整地された。何か寂しい感じがする。そして、この日、最後の重機を保有する部隊である第6施設大隊第1中隊も撤収した。

　7月1日、午前9時、第1中隊、第3中隊、第6施設大隊第1中隊は、列を作り、車両音を残し、山形県のほうへ去って行った。

撤収調整5（116日目　7月4日　　117日目　7月5日）

　7月4日月曜日は石巻市と、7月5日火曜日は女川町と、自衛隊の生活支援施設の撤収調整を行った。既に、石巻市街地における「石巻市立大街道小学校給食・給水施設、沐浴施設」、「石巻市立湊小学校給食・給水施設」、「石巻市立鹿妻小学校給食・給水施設」、「石巻市立万石浦中学校給食・給水施設、米軍シャワー施設」の撤収は、7月10日に決定していた。また、雄勝地区の「水浜沐浴場」、「石巻市立大須小学校沐浴場」も7月10日に撤収する。懸念していた給食数も石巻市の努力と住民の方々の協力により、段階的に減少していた。

　残るは、「旧北上川沿い入浴場」と「ミュージアム入浴場」の2カ所である。私は、現在の石巻市の復旧状況を鑑みて、石巻市防災課長木村さんに7月26日の撤収案を提示した。すると木村さんは、すんなりと承知してくれた。その2カ所の入浴施設撤収までの間、3つのことを努力していくとのことだった。一つ目は、「近傍の民間入浴施設へのバスの運行をする」こと。二つ目は、「代替となるシャワー施設の設置を促進する」こと。三つ目は、「被災した民間入浴施設の再開への助成をする」こと。

　次に、女川町における撤収調整である。「テント村」は、7月10日の撤収で決定していた。残る施設は、「給食・給水施設」と「入浴施設」である。現在、女川町においては、被災した女川町の飲食業者が協力して、避難者の方々に食事を提供しようと準備中であるとのことであった。ただし、炊事場の建設が遅れているとのことであった。また、入浴施設に関しては、被災を免れた温泉施設へのバス輸送を行っているとのことである。ただし、避難者数が多く、その所要は満たしてはいない。

　そのような状況の中、私としては、撤収日の落としどころは、石巻市と同様、7月26日と考えていた。ただし、当初から7月26日の撤収案を提示したならば、話がまとまらないと思い、女川町の総務課長には、7月15日の撤収案を提示した。女川町の総務課長は、ずいぶん困り果てた顔をされていた。女川町総務課長の提示案は、8月上旬である。その理由は、女川町の飲食業者から安定した給食が提供できると予想される時期と、一定の避難者の方々が仮設住宅へ入居できる時期である。女川町総務課長の町民を思う気持ちは、痛いほどわかる。しかし、上級

部隊から示されている撤収時期は、7月下旬である。その日は、お互い持ち帰って再検討するということで、一旦調整は終了した。

ハエとの戦い

6月下旬から7月下旬、石巻市は晴天が続き、気温が上昇した。それに伴い、ハエが大量発生した。発生源は、腐った木材が積み上げられ山脈をなしている瓦礫置場からである。

ハエは、夜明け頃から活動が活発になる。防虫剤を吹きかけ、ハエ取り紙を大量に設置するが、ハエの多さに対して全く効果を現さない。ハエの羽の音により、毎日目を覚ますことになり、朝一番の仕事はハエ叩きから始まる。

ここ自衛隊の宿営地だけではなく、瓦礫置場近くの避難所、住宅、仮設住宅も大量のハエに悩まされているに違いない。

一つの災害により複合的に様々な障害が起きることは、知っておかなければならない。地震によるハエの大量発生の事象は、その一つである。例えば、雨が降れば緩んだ地面が陥没し、道路が凸凹となり、交通渋滞となり得る。また、地盤沈下により地震以前より、河の水は溢れやすくなる。このため、災害復旧の本質は、先読みし、スピードを持ってあらゆることに対処していくことにある。

撤収調整の詰め（124日目　7月12日）

7月10日日曜日、予定通り、「石巻市立大街道小学校給食・給水施設、沐浴施設」、「石巻市立湊小学校給食・給水施設」、「石巻市立鹿妻小学校給食・給水施設」、「石巻市立万石浦中学校給食・給水施設、米軍シャワー施設」、「女川町テント村」、「水浜入浴施設」、「石巻市立大須小学校沐浴施設」は、その役目を終え、運営を終了した。それらの生活支援施設を運営していたそれぞれの部隊は、7月11日に施設を撤収し、施設のあった場所の地面を整地して、自分達が駐屯するそれぞれの地へ帰隊した。

7月11日時点で、石巻市・女川町で自衛隊が活動している箇所は、4カ所となった。石巻市の「旧北上川沿いの入浴施設」、「ミュージアム入浴施設」、女川町の「給食・給水施設」と「入浴施設」である。既に、石巻市の「旧北上川沿い入浴施設」と「ミュージアム入浴施設」の撤収は、7月26日と決定している。残る調整は、女川町の「給食・給水施設」と「入浴施設」の2カ所である。

7月12日に、再び撤収調整のため、女川町の総務課長とお会いする約束していた。私は、たいへん罪悪感の残る一手を使った。女川町には、第14旅団と部隊交代した5月23日以来、常時、連絡幹部を配置していた。連絡幹部は継続的に情報を入手することと、行政機関のニーズを間髪入れずに把握して、連隊指揮所に伝える役目を持っている。連絡幹部は、多くの時間を行政機関の方と行動を共にするため、自然と親しい仲となる。そこで、7月12日以前に、私は連絡幹部に次のことを、女川町の総務課長に言うように指示した。

「オフレコですが、第20普通科連隊の3科長がこのようなことを、独り言で言っていました。『女川町の生活支援施設は、7月20日以上は伸ばせられないなあ。7月20日が限界だなあ。』このことは、内緒ですよ」。私は、「7月26日撤収案」でまとめたかった。ただし、女川町の案は8月上旬である。そこで、女川町の総務課長に、調整前に厳しい条件である「7月20日撤収案」をインプットし、より緩やかな「7月26日撤収案」を受け入れやすい環境を整えておこうと作為したのだ。

　7月12日、午後2時、女川町総務課長とお会いした。私はこの時、いきなり撤収調整に入り、「7月26日撤収案」を切り出した。すると、女川町総務課長は、意外な顔をしてすんなりと受け入れてくれた。私の策が功を奏したのかはわからないが、7月12日、第20普通科連隊の石巻市・女川町からの撤収期日が決定したのだ。

　私は、女川町総務課長に対して、当時の状況を説明して謝りたいと思っている。その機会が得られない今、本書にて私の作為を記述して、改めて、女川町総務課長に謝罪するものである。

浮いた自分（128・129日目　7月16日、7月17日）

　石巻市・女川町の撤収調整を終え、私にも、この時期、ある程度の時間的余裕ができた。そのため3月11日以降から、2回目の休みを取ることにした。7月16日（土曜日）と7月17日（日曜日）の2日間である。

　休みを取ることを楽しみにして、山形県の自宅に帰ったが、何か落ち着かない。山形県は震災などなかったような状況であり、完全に震災前の風景に戻っていた。体を休めようとしても、私の脳裏には、津波の風景と瓦礫の山しか浮かばない。子供の少年野球の応援に行っても、周りの風景に溶け込まない自分がいた。家族との会話もギクシャクしている。なぜか、ひどい孤立感がある。自分が、日常とは別世界の人間に思える。

持て余した日常（7月中旬以降）

　活動最盛期においては、自衛官3000名以上が居住し、何百両もの大中小の車両が並んでいた石巻総合運動公園も、7月中旬には第20普通科連隊の隊員、約30名と数両の車両のみとなった。

　そして、その30名の隊員の任務は、石巻市と女川町の4つの生活支援施設の運営管理と自衛隊の拠点とした石巻総合運動公園の草刈りと清掃に限定していた。私自身も新たに作戦を立案する事項もなく、隊員と一緒に草刈りをしたり、災害派遣の記録をまとめたり、災害派遣任務終了後の訓練計画を作成したりして時を過ごした。

　夏の海は静かであり、とても3月11日に大津波が襲った土地とは思えなかった。時折、発災直後の救助を求める声や、戦場を思わせる被災地の状況が、夢ではなかったのかと錯覚を起こした。

災害派遣終了の実感（139日目　7月26日）

　7月26日火曜日、石巻市の「旧北上川沿い入浴場」、「ミュージアム入浴場」、女川町の「給食・給水施設」、「入浴場」、合計4カ所の生活支援施設は運営を終えた。これにより、石巻市・女川町における実質上の災害派遣活動は終了した。また、宮城県内においても、この4カ所が最後の生活支援施設であり、原子力災害派遣を除き、東日本大震災の災害派遣活動の終了を意味した。

　7月27日午後1時、石巻市で生活支援施設の運営を最後まで行っていた部隊は、石巻総合運動公園に集合するようになっている。石巻市が主宰する見送り行事に参加するためだ。見送り行事は、自衛隊側から遠慮するよう申し出ていたが、石巻市からぜひ行いたいと意向を受けたものだった。

　見送り行事の開始は午後2時。続々と石巻市役所の方、ボランティアの方、聞きつけた市民の方が集まってくれた。そして、青い制服を着た幼稚園児達が、幼稚園バスから降りてきた。

　見送り行事は、石巻市の代表者の方からの感謝の言葉から始まった。そして、自衛隊側に幼稚園児から、御礼の手紙と花束が贈られる。それが終了すると、我々自衛官は一斉に車に乗り、エンジンを吹かした。多くの人に手を振っていただき、一路、それぞれの駐屯地を目指し、車両の列を作り、石巻総合運動公園を離れた。すれ違う車からも手を振ってくれた。

　山形県に帰った私は、まだ、明日にでも石巻市へ行くような気持ちでいた。体は帰っても、気持ちは石巻市に残っているのだ。だが、7月31日、石巻市中瀬の旧北上川沿いで行われた灯篭流しの映像を見た。夜の静かなその光景を見て、我々自衛官が必要のない元の街に戻りつつあることを感じた。私はその時、心の中の東日本大震災災害派遣が終了したことを実感したのだった。

第9章　熊本地震に遭遇して

再び

　私は、熊本県のあるバス会社の益城町にある営業所で、運行管理者として勤務している。

　そして2016年4月14日21時26分の熊本地震前震、4月16日1時45分の本震の時は、自宅において揺れに遭遇した。自衛官時代、多くの災害による被災現場を見たが、家族と一緒に災害に遭遇するのは初めてである。揺れ始めたと同時に、妻は玄関を開けて逃げ道を確保し、子供達にテキパキと指示を出していた。家具には、耐震マットを敷いており、家の損害は、数枚の皿が割れていただけである。また、緊急持ち出し品も事前に用意していたため、避難も早かった。

　私は、自衛官時代、台風が来ようが、地震が起ころうが、常に出勤していたため、改めて家族の行動に感心した。私のほうは自衛官時代の習性が抜けず、前震の時も、本震の時も無意識のうちに職場に向かっていた。これは使命感とか言うものではなく、自然と体が動いていたのだ。ただ、本書においては、東日本大震災が主体であるため、その時の具体的内容は割愛する。

　私が、この熊本地震に遭遇したのは、本書の「第2章」あたりを執筆しているときであった。本書は、「東日本大震災という災害の記録を残すため」と「尊い命を失われた方々の慰霊のため」に、2016年の3月11日から手掛けた。しかしながら、東日本大震災、熊本地震という2つの大きな地震に遭遇した私は宿命的なものを感じ、12月ぐらいの完成を目途にしていたが、本書の作成を早めることになった。

全く同じことが起きている

　同じ地震でも東日本大震災は津波により、熊本地震は地震の揺れそのものにより、被害が大きくなっている。被害の形態は異なるが、全く同じこと問題点として起きている。

　発災直後の救援物資輸送要領、応急復旧要領、瓦礫の撤収要領、仮設住宅の居住環境、地震による複合的な災害発生等々である。特に人間の心理面は、全く同じことが起きている。

　発災直後は、ブーム的に大々的に報道される。被災された方、避難された方も多く、共感意識がある。ただし、時が経ていくうちに同じ被災者の方でも、家に居住できる方々は戻っていく。また、同じ熊本において生活するにしても、被害が大きかった地域と、そうではない地域の気持ちのすれ違いが起きる。被災が大きかった方々は、周りが普通に戻っていくのに、自分は足踏みをしていることで、孤立感を深めていく。心理的に追い詰められていく。

　災害においては、長い目線での手当てが必要である。そして、孤立する人を出さないような努力が必要である。

組織のリーダー

東日本大震災災害派遣時、様々なリーダーを見た。「率先垂範のリーダー」、「寡黙ではあるが、的確に判断し指示を出すリーダー」、「どんな状況でも、周辺を明るくし、活力を与えるリーダー」等々である。

現実を見るに、非常事態の際は、リーダーの素養が最も重要である。極端な話ではあるが、リーダーの「良否」で、その所属する方々の状況の「良否」が決まってくる。私が見た、「良」のリーダーは、皆に共通点があった。「現場を見て」、「誰よりも所属する方々のことを思い」、「鉄のような意志を持って決断し」、そして何よりも「自分としての哲学」を持っておられた。このことは、行政機関、民間企業、自衛隊等のどの組織でも共通していた。

現在のリーダーで、「現場を見ない、知らないリーダー」、「他人を思いやることのできないリーダー」、「現実逃避するリーダー」、「他力本願のリーダー」、「自分を犠牲にすることができないリーダー」は、即刻、その組織のリーダーから降りるべきである。非常事態の時、多くの人を不幸にするだけでなく。その組織を将来にわたって衰退させていくからである。

災害対処の本質

災害対処の本質は、「事前準備」にある。ただしそれは、分厚い計画書を作成するということではない。いかに実効性のある計画と訓練を、積み重ねていくかということである。そして、何を基礎として計画と訓練のモデルケースにすべきなのか。それは、やはり過去の歴史の中から、それと経験則に基づくしかない。人間の想像力を鍛えることも必要である。想像力を鍛えることにより、今の地形から、街並みから、何が起こるのか、何の準備が必要なのかがわかってくる。

また、災害の際、「助ける側」と「助けられる側」に区分されると言う。しかし、それは本質ではない。「救助する側」も、「救助される側」も、相互に助け合い、相互に努力することにより、そこに一つの事象が成立する。

私は、東日本大震災災害派遣時に、多くの方に「ありがとう」と言われてきた。しかし私としては、逆に避難者の方々、行政機関の方々、ボランティアの方々に感謝したい。その方々の協力により、我々自衛官が存在した。改めて、本書で「ありがとう」を記す。

また、私は、現在、熊本地震の被災地に居住する。何かの宿命である。今後は、長いレンジの中で、被災者の方々の生活を記していくつもりである。

著者紹介

西郷 欣哉 (さいごう きんや)

平成5年、防衛大学校卒業、37期。第43普通科連隊 小隊長を皮切りに第25普通科連隊 中隊長《北海道》最終職務 第20普通科連隊 3科長《山形》。
現在、九州産交バス 運行管理者、係長。
宮崎県都城市出身

◎本書スタッフ
アートディレクター/表紙フォーマット設計：岡田 章志＋GY
表紙デザイン：BRIDGE KUMAMOTO —吉本 清隆（吉本清隆デザイン事務所）
編集：宇津 宏
デジタル編集：栗原 翔

《BRIDGE KUMAMOTO》
平成28年熊本地震をきっかけに生まれた、「熊本の創造的な復興の架け橋となること」を目標とした、熊本県内外のクリエイターおよび支援者の団体です。
クリエイティブ制作、イベント企画、商品開発など、クリエイターや企業の様々な共創を生むことで、外部の支援だけに頼らない自立した復興プラン作りを行っています。http://bridgekumamoto.com/
本書の表紙はBRIDGE KUMAMOTOの活動に賛同した、熊本在住の若手グラフィックデザイナーが制作しました。

●本書の内容についてのお問い合わせ先
株式会社インプレスR&D　メール窓口
np-info@impress.co.jp
件名に「『本書名』問い合わせ係」と明記してお送りください。
電話やFAX、郵便でのご質問にはお答えできません。返信までには、しばらくお時間をいただく場合があります。なお、本書の範囲を超えるご質問にはお答えしかねますので、あらかじめご了承ください。
また、本書の内容についてはNextPublishingオフィシャルWebサイトにて情報を公開しております。
http://nextpublishing.jp/

●落丁・乱丁本はお手数ですが、インプレスカスタマーセンターまでお送りください。送料弊社負担に てお取り替えさせていただきます。但し、古書店で購入されたものについてはお取り替えできません。

■読者の窓口
インプレスカスタマーセンター
〒 101-0051
東京都千代田区神田神保町一丁目 105番地
TEL 03-6837-5016／FAX 03-6837-5023
info@impress.co.jp

■書店／販売店のご注文窓口
株式会社インプレス受注センター
TEL 048-449-8040／FAX 048-449-8041

震災ドキュメント

東日本大震災 陸上自衛官としての138日間の記録

2016年11月25日　初版発行Ver.1.0（PDF版）

著　者　西郷 欣哉
編集人　桜井 徹
発行人　井芹 昌信
発　行　株式会社インプレスR&D
　　　　〒101-0051
　　　　東京都千代田区神田神保町一丁目105番地
　　　　http://nextpublishing.jp/
発　売　株式会社インプレス
　　　　〒101-0051　東京都千代田区神田神保町一丁目105番地

印刷・製本　京葉流通倉庫株式会社
Printed in Japan

ISBN978-4-8443-9738-0

NextPublishing®
●本書はNextPublishingメソッドによって発行されています。
NextPublishingメソッドは株式会社インプレスR&Dが開発した、電子書籍と印刷書籍を同時発行できるデジタルファースト型の新出版方式です。http://nextpublishing.jp/